我如何真確理解世界

漢斯・羅斯林的人生思辨

HOW I LEARNED TO UNDERSTAND THE WORLD

漢斯・羅斯林 Hans Rosling　芬妮・哈耶斯坦 Fanny Härgestam——著　郭騰堅——譯

身為瑞典知名的全球公衛學家與公共教育家，漢斯．羅斯林其實出身寒微。但品格高尚的家庭教育，讓他從小就產生了解這個世界的強烈欲望；這種欲望逐漸演變成一輩子的痴迷，最後成為他的職業。照片為和父親一起滑雪的漢斯．羅斯林。（第一章）

在外婆亞格奈絲手足所住的農場，漢斯．羅斯林在不加馬鞍的情況下，直接騎在他們那匹壯碩的馬背上。這次來訪意外造成文化上的衝突，關於尊重文化差異的教訓才在他心中更加鮮明。（第一章）

1971年，漢斯暫停了在瑞典的醫學系學業，和他的伴侶安妮塔前往亞洲旅遊。在結束位於印度班加羅爾聖約翰醫學院的短暫留學生活後，來到了尼泊爾首都加德滿都，並從此地出發，在喜馬拉雅的峽谷區步道徒步健行四天。途中攀爬多處陡峭的山壁，並不安地走過危險的吊橋。（第二章）

當漢斯和安妮塔因為尼泊爾峽谷區步道的艱辛路程氣力放盡，累得坐在一處供佛教徒祈禱的地點休息時，有個小女孩剛好路過，帶他們到她父母家裡，並溫暖地接待了他們。這個家庭還有個不到一歲的小男嬰，外曾祖母背著他帶兩人參觀梯田，展示當地的農業（左頁圖）。兩人拍了幾張照片，對他們的生活方式有了真實、深刻的理解。（第二章）

四十二年後，也就是2014年，漢斯和安妮塔舊地重遊，回到了這個當初熱心接待他們的尼泊爾家庭。和峽谷中的其他屋舍一樣，原本堆著草的屋頂已經換成鋼板；當年的小男嬰如今已經成家，他的妻子就像他的媽媽一樣好客。他背著自己的孩子（左頁圖），就像當年他的外曾祖母背著他一樣。（第二章）

1978年，就在準備動身前往莫三比克時，漢斯被驗出了良性的睪丸癌。他們一家人在車上塞滿行李與家當，準備離開瑞典中北部的自治市胡迪克斯瓦爾，前往安妮塔的嬸嬸愛達位於烏普薩拉外圍的農莊，進行療養。幸而後來漢斯順利康復，讓他們得以依計畫於隔年飛往莫三比克。（第二章）

在莫三比克，漢斯被分派到該國第四大城納卡拉。當時他是去替換一名剛在納卡拉工作一個星期，就要求調到其他地區的義大利年輕醫師，這讓他還沒動身就心懷忐忑。但是在往後的兩年內，當地的沙灘成了他們郊遊、散心的好去處，帶給他們喜悅。照片中的漢斯正在記錄當地兒童成長的曲線圖。（第三章）

在納卡拉，漢斯一家人分到一間單樓的水泥房屋。沒多久，莫三比克當地的瑞典組織部統籌人員，將他們之前從瑞典寄出的大木箱轉來，箱子裡裝滿專家建議他們帶上、未來可能會派上用場的物品。當木箱打開時，家裡的氣氛簡直像是在過聖誕節一樣歡欣。（第三章）

患者、患者的親屬和醫院職員教會漢斯忍受自己並非萬能的事實。他的輔導員告訴他：「當你在極度貧困的環境工作時，不要嘗試把凡事做到十全十美。你要是這樣做，就是浪費資源和時間、使它們沒能發揮最大效益。」照片為全體職員於納卡拉的醫院前合影。（第三章）

漢斯的任務是盡全力確保納卡拉與其鄰近郊區內孩童的健康與存活。但是資源何其有限，人們對醫療的需求又是何其龐大。當他在清晨走路到納卡拉醫院上班時，愈來愈常想到：這裡的醫師人數和瑞典相比差太多了。今天有待處理的工作，相當於瑞典境內一百個醫師的分量。所以……應該以一百倍的速度為每個患者看診？還是從一百名患者中挑出一人？他每天都得在兩者之間採取折衷方案。照片為漢斯在納卡拉的教室與孩子們相處。（第三章）

同樣來自瑞典的醫師安德斯・默林，不只是漢斯的朋友與同事，也是納卡拉市除了漢斯以外的另一名醫師。他的到來意義深遠——他和漢斯一家人同住，孩子們等於多了一位叔叔，而他更大幅減輕了漢斯的工作負擔。（第三章）

露西雅修女在卡爾瓦社區醫院的天主教布道團服務，該處可說是莫三比克最偏僻的村落。她是一位義大利修女與護士，和另外兩位修女已經在當地服務超過二十年，備受敬愛。漢斯接到她的求救訊息，前往當地，這才發現了看似小兒麻痺症，實為因食用樹薯而導致的「綁腿病」。（第四章）

調查一種新爆發的疫情，工作過程算是很直率的——得先定義這種疾病的症狀，才能用簡短扼要的檢測，判別患者是否有染上這種病。漢斯和他同僚對此的定義很簡單：雙腿突發痙攣性癱瘓。拍打膝蓋下方與腳後跟的肌腱時，腿和腳掌會開始抽搐。雙腿觸覺正常，並無包括脊椎結核病在內等其他神經疾病的跡象。照片為拄著拐杖的村民。（第四章）

1930年代的剛果，也曾爆發過「綁腿病」的病情，而且直至1980年代，仍繼續在剛果的班頓杜省爆發。漢斯讀到的學術研究報告宣稱，綁腿病最有可能是由病毒感染而導致，暗指他提出該病的病因是營養不良，以及食用樹薯攝入生成氰化物物質的説法是錯誤的。因此漢斯花了兩年時間準備，前往剛果。照片為他們在剛果準備乘船。（第四章）

在剛果位置最偏遠、人口數也最多的村落馬康加村，立刻就能辨識出幾個跛著腳、落隊的孩子，他們有著綁腿病的典型症狀，也就是痙攣、行走困難。研究團隊在村內走動、計算住房數量、清點出每間房屋裡住著多少人，並開始檢查每一位行動不便的患者。（第四章）

漢斯從1983年到1996年擔任「開發中國家健康醫療」課程的授課教師，就此展開其教職生涯，他的身分認同也逐漸發生了變化——他已經告別了醫師的身分，成了國際衛生學的教授與研究員。但只要一有機會，漢斯仍會毫不猶豫，重拾研究員的角色。為了吸引學生的注意，並傳達想要他們了解的事情，漢斯時常不按牌理出牌，像照片中一樣——飛上講桌授課。（第五章）

1993年，漢斯接受邀請，前往懷疑有綁腿病病情的古巴。經過了重重測試，卡斯楚最終賦予了他自由行事的權利。他們在白天蒐集資訊，在晚上彙整。夜半時分，當天工作進度告一段落時，吉他就會粉墨登場，總是會有人演奏〈美麗的古巴〉。（第五章）

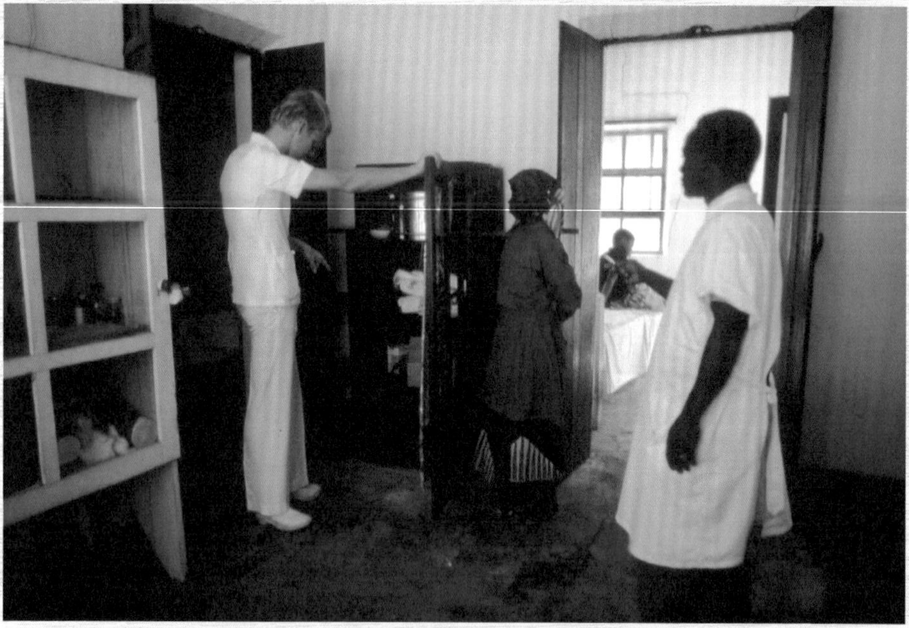

2011年，孩子們都已長大、各自成家了，漢斯和安妮塔決定重返莫三比克。他們租了車，駛向納卡拉這座曾經工作與定居過的城市。醫院仍然位於下坡處，朝向市區。三十年的時間過去，這裡的人民已經滿足了最原始、最基本的醫療需求，開始有餘力爭取自己的權益。一切循序漸進，而且漸入佳境。本頁與下頁為納卡拉醫院當年的診間照片。（第六章）

現在的莫三比克，已非漢斯一家人三十年前住過的那個地方。人們總算能夠睡在柔軟的平面上，而不是飽經踩踏、僵硬難睡的泥質地板。現代化的序幕總算拉開了，納卡拉已然成為他們所希望見到的工業城市。故地重遊，他們仍認得納卡拉醫院院區的所有樓房。本頁與下頁為納卡拉醫院現在的診間照片。（第六章）

2006年，漢斯第一次受邀到TED大會。那次演講非常成功，讓他一舉登上《舊金山紀事報》的頭條。隔年，他再度受邀出席TED大會。演講結束後，Google的共同創辦人賴利·佩吉上前和他攀談。蓋普曼德基金會不僅售出了可動式泡泡圖的原始碼，他的兒子奧拉與媳婦安娜還在矽谷的Google總部開發出Google的公開數據瀏覽器，使他們能夠很容易地找到數據；售出原始碼的金額也使漢斯有膽量辭去教授的職務，幾乎完全斷絕和研究圈的聯結，全心投入在蓋普曼德基金會上。（第六章）

2014年，伊波拉疫情在西非蔓延。為了對抑制伊波拉的疫情盡一份心力，當時已經退休的漢斯，在卡羅琳醫學院的重新聘任與其他單位的支持和贊助下，前赴賴比瑞亞首都蒙羅維亞。照片為他在賴比瑞亞，和兩位團隊成員關注著伊波拉的蔓延情形。（第七章）

蒙羅維亞早在2014年9月初便有人在街頭暴斃，在現代，這可是除了戰爭或天災以外不曾出現過的情形。照片為漢斯在牆上張貼大蒙羅維亞地區的地圖。（第七章）

漢斯家的門廊上，有一個龐大的木鐘，擺放在巨大的木製搖籃裡；旁邊則是兩張相同的紅色木椅，占據了相當可觀的空間。這是一件藝術品，也是他某次獲得的獎品；家裡也只剩下這裡有空間能容納它。照片中，漢斯和安妮塔分坐在木鐘兩旁。（結語 II）

漢斯和安妮塔經常到瑞典最南端、最接近歐陸的省分斯貢訥省靜養，甚至談到搬來此處定居的可行性。有條小溪在沙灘上蜿蜒地流著。每年夏天，漢斯總會修一小道堤，將那條小溪堵起來，就只是為了好玩。（結語 II）

漢斯傳給本書共同作者芬妮・哈耶斯坦的照片。照片中的漢斯穿著長距離滑雪裝，站在滑雪場的軌道上，照片的標題則是「姿勢擺好，精神抖擻」。（結語 II）

漢斯．羅斯林研究生涯最關鍵的突破點，也許就在於他針對以癱瘓為主要症狀的綁腿病所提出的解釋。他指出：在鬧饑荒的地區，因為以調理過程不完全的樹薯為主要且單一的食物，時常會引發這種疾病。樹薯可區分為有毒性的苦樹薯與不具毒性的甜樹薯。甜樹薯可不經調理生食；然而苦樹薯含有攝取後會在體內轉變為氰化物的氰苷，因此必須煮熟方能食用。（附錄）

各界推薦・好評迴響

作為一個流行病學家和病因探索者，我極力推薦這本很有趣的傳記。本書描述瑞典臨床醫師、全球衛生教授以及公共教育家漢斯・羅斯林的生命故事，娓娓道出這位全球百大影響力人物、百大思想家和百大創意人物的成長歷程與大師傳奇，帶給讀者喜樂和信心，努力去眞確了解現實世界，比想像中的更加美好！

本書作者在瑞典完成醫師教育訓練後，毅然決然到非洲進行醫療服務，在當地發現樹薯所引起的癱瘓症——綁腿病，這兩者的因果關係後來也在古巴得到證實。他還成立了蓋普曼德基金會，致力推廣平民教育，教導大眾「解開事實的神祕性」。讀者若能一併閱讀羅斯林醫師的大作《眞確》，必會受益更多，更能洞察世事眞相，對人類的未來充滿希望！

——陳建仁（中華民國副總統／中研院院士／國際公衛專家）

每次看羅斯林的書與影片，到最後我總是會掉下眼淚。他是如此地用熱情、數據與思考，去理解、進而改變世界。He is my inspiration, I want to be like him!

——林明仁（台灣大學經濟學系特聘教授兼系主任）

沒想到，在以無數場演說跟《眞確》一書刷新世人對世界的假知之後，已逝的公衛專家漢斯．羅斯林竟還留下了這本眞摯且震撼的回憶錄。相較於他在TED演講裡的風趣與在《眞確》裡的清晰邏輯，他在這本遺作裡勇敢揭露了自己曾有的偏見，以及這些偏見如何一次又一次被生命中的人與事打破，並重新塑造了他。平實卻深刻入骨，令我閱讀時頻頻激動，直至眼眶泛紅，但又彷彿聽見他說：擦去眼淚，捲起袖子吧！

——鄭國威（泛科知識公司知識長）

大家常說「台灣人欠缺世界觀」，但到底要如何培養「世界觀」呢？送小孩進雙語幼稚園、平常多看國際新聞，就眞的能培養世界觀嗎？從這本書我們可以看到漢斯．羅斯林這位出身瑞典勞工家庭的小孩，如何在父母的引導下建立對這個世界的關注，成爲醫生之後仍充滿對人文的熱情與關懷，並且透過他在公衛方面的經驗，以及讓數據說話的能力，讓全球數以萬計的公民更眞確地認識我們所處的世界。

這是一本好看的自傳，也是一本啓發我們「世界觀」的好書。

——姚詩豪（「大人學」共同創辦人）

上次這麼感傷又激動地讀一本書，是讀蘭迪・鮑許的《最後的演講》，他是一位熱情、風趣的大學教授，就如同漢斯・羅斯林。

上帝跟他們兩位都開了一個讓人笑不出來的玩笑，胰臟癌對他們無情叩門。

十八年來，漢斯・羅斯林建立的蓋普曼德基金會，不分學霸學渣，推廣平民教育，畢竟民主社會的一切是靠長年一票一票投出來的結果加總，感謝他們看似平凡實爲偉大的行動。

——楊斯棓（方寸管理顧問有限公司首席顧問）

想要改變世界，除了滿腔的熱血，更需要方向完善的策略，以及幫助我們認清事實的統計數據。

作者生命中所走過的早期社會發展、非洲行醫的經歷，以及統計研究的過程，完美地呈現出第一線人員在情感與數據中必須取得的平衡與掙扎。

——楊右任（舊鞋救命國際基督關懷協會創辦人）

本書充滿令人興奮的冒險故事……娛樂性與詳實的資訊兼備！

——《瑞典每日新聞報》

所有相信這個世界即將滅亡的人，都應該好好閱讀漢斯・羅斯林的這本書。故事中的冒險歷程，傳達了恰恰相反的訊息。

——《瑞典日報》

仿如驚悚電影般，客觀描繪了病患、員工和人類的命運，嚴謹且具有戲劇性與教育意涵。

——《哥德堡郵報》

報導文學的寫作方式，直率又真實！

——瑞典 *BTJ* 雜誌

閱讀這本書會讓你發現：沒有什麼是不可能的！

——瑞典每日電視節目 Go'kväll

漢斯・羅斯林能夠將慘淡的畫面，成功轉化成活靈活現的故事。

——瑞典知名新聞網 Aftonbladet

目次 Contents

各界推薦・好評迴響 033
前言 人生旅程的美好邂逅 041
Chapter 1 從文盲到教授 043
Chapter 2 發現世界 075
Chapter 3 來到納卡拉 115
Chapter 4 從醫生到研究員 187
Chapter 5 從研究員到老師 243
Chapter 6 從教室到達沃斯 289
Chapter 7 伊波拉 333
結語I 我的人生演講 漢斯・羅斯林 377
結語II 在內心的最深處，他其實並不無奈 芬妮・哈耶斯坦 389
附錄 樹薯是什麼？ 411

前言
人生旅程的美好邂逅

二〇一六年二月五日的一通電話，使我們倉促展開本書的寫作。我的醫生打來，告訴我：我得了胰臟癌。

我對這個壞消息已經有了心理準備。

當天下午的通話，只不過證明了我在最近這幾天的健康檢查過程中，逐漸體認到的事。預測很不樂觀，我大約只剩一年可活。

那個星期五晚上，我大半時間都在哭泣。好在我還有安妮塔——她是我的妻子，也是我從少年時期一路相伴走來的愛人。藉著她的安慰，以及我們的子女與朋友提供的協助，我逐漸調適自己，面對全新的現實。我下個月還不會死。即使這是致命的疾病，生命還能延續下去。我至少還能享受今年春、夏兩季的時光。

癌症使我的日常生活變得難以預測，我的工作也產生了變化。接到罹病消息的幾天後，我取消了所有演講行程以及所參與的電視劇、電影拍片行程。對於必須這麼做，我感到很難過，但我別無選擇。除此之外，有一個特定原因使我還能承受得起這項劇變。我願望清單上的第一順位——其實是另一項任務：和兒子奧拉（Ola Rosling）、媳婦安娜（Anna Rosling Rönnlund）一起完成《眞確》一書。十八年來，我們一直致力於推廣平民教育，一起建立了蓋普曼德基金會（Gapminder Foundation）。

安娜與奧拉在二〇一五年秋季，想到了撰寫本書的概念與標題。我們三人早已計畫在接下來數年間共同寫成這本書，同時持續推動蓋普曼德基金會的相關工作。我罹患癌症一事，只使得這一切變得更加緊迫。

事實很快就證明，我們手邊的資料足以支應兩本書的寫作。《眞確》探討我們爲何如此難以理解世局的發展，本書則與我個人和我如何逐漸理解這個世界有關。

總而言之，這本書中沒有什麼數據，它探討我和人們相遇、交流的經過。這些邂逅總使我雙眼一亮，重新進行思考。

漢斯・羅斯林

烏普薩拉，二〇一七年一月

CHAPTER 1

從文盲到教授

我爸晚上下班回家的時候，身上總是散發出咖啡味。他在林德瓦爾咖啡股份公司位於烏普薩拉的研磨廠上班，這使我在開始有喝咖啡的習慣以前，就愛上了咖啡的味道。我常待在外面，等他騎著腳踏車順著街道一路下來，再從車上跳下，然後擁抱我。那時，我總會問同樣的問題：

「你今天有沒有找到什麼？」

他研磨的咖啡一袋接一袋地被送進研磨廠，在輸送帶上被清空。不過這些咖啡豆必須先通過一塊磁性很強的磁鐵，這塊磁鐵會吸走所有在咖啡豆曬乾與包裝的過程中，剛好掉進袋子裡的金屬物體。爸爸把這類的金屬物體帶回家給我看。他告訴我每個物體的故事，因此它們變得很引人入勝。其中有一些是硬幣。

「你看，它來自巴西，」他會這麼說，「全世界生產最多咖啡的國家。」

我坐在爸爸膝蓋上，聽他講述每一枚硬幣的故事，一張世界地圖便在我們眼前展開。

「它是一個氣候溫暖的大國。裝著這枚硬幣的袋子來自桑托斯。」他一邊說，一邊指著這座巴西的港口城市。

他提到所有置身於這條產業鏈中，使在瑞典的我們能坐在桌前享用咖啡的工人。我很早就認識到，在這條產業鏈中，咖啡採收工人獲得的報酬是最低的。

在另一個晚上，我們談論的硬幣來自瓜地馬拉。

「來自歐洲的白人擁有這個國家的咖啡園。最先住在那裡的原住民從事採收咖啡豆的低薪工作。」

當他某次帶著一枚銅幣回家時，我記得特別清楚。那是一枚來自英屬東非（即今日肯亞）的五分錢硬幣，中央有一個小孔。

「那名將咖啡豆放在沙灘上曬乾，然後將它們倒回袋子裡的男子，脖子上大概掛著一條帶子，這枚硬幣就綁在帶子上。那條帶子想必是斷掉了。當他要撿起硬幣時，這一枚掉進裝著咖啡豆的袋子裡，所以被遺漏了。現在它是你的了。」

到了今天，我仍然將爸爸給我的硬幣保存在一個木箱子裡。他利用那枚來自肯亞的東非硬幣爲我解釋了殖民主義。我八歲時就知道肯亞茅茅起義對自由的追求。

爸爸說的故事給我一種印象：那些在拉丁美洲和非洲採收、曬乾並包裝咖啡的人，是他的同事。毫無疑問地，我想要了解這個世界的強烈欲望，就是從咖啡袋裡的硬幣和爸爸在世界地圖前所講的故事開始。這種欲望逐漸演變成一輩子的痴迷，最後成爲我的職業。

事後我理解了，爸爸用講述歐洲對抗納粹主義歷史的方式，說明世界各地對殖民勢力發動的起義。週末，當我們在森林中徜徉時，他對我詳述了第二次世界大戰的歷史。

我父母的政治傾向其實一點都不極端，他們幾乎就是非常普通的平凡人，對極左派與極右派同樣反感。我爸爸對所有爲正義與自由而戰的人感到敬佩。

我在成長過程中沒有宗教信仰，但有著強烈、分明的價值觀。比如說：「他們是否相信上帝，並不重要，重點是他們如何對待其他人。」以及：「某些人上教堂，其他人則走進森林，享受大自然。」

我們家那台用塗著棕色亮光漆木料製成的小收音機，就放在餐桌上方的架子上。晚餐時，我們總是收聽瑞典國家廣播電台的晚間新聞。小時候，對我產生影響力的並不是新聞本身，而是我父母的說明。我媽總會評論國內的問題，而我爸則對國外的問題發表看法。我爸的反應常常相當強烈。他會停止咀嚼，在椅子上坐挺，全神貫注地聆聽，要我和媽媽別作聲。然後我們會花很長的時間，討論剛才所聽到的新聞。

我最初的記憶，是自己四歲時掉進奶奶家門前一條滿是汙水的溝渠，被救起的經過。當時我離開庭院，在籬笆外圍沿著路旁的水溝閒晃。前一天夜裡剛下過雨，水溝裡溢滿著雨水和廠房工人住宅區所排放、散發出惡臭的廢水。

在這團髒汙中，某個東西喚起了我的好奇心。我踏進水溝裡，想看清楚那是什麼。但我滑了一跤，跌倒了。我無法呼吸，也沒能抓住溝邊的任何固定物。周邊一片黑暗。我驚恐地試著轉身，反而愈陷愈深，沉向水溝底部的爛泥。當年我的姑姑十九歲，她出來找我，抓住我亂踢亂蹬的雙腳，將我從水溝裡拉了出來。

我仍記得奶奶將我背進廚房時，我心裡的解脫感。當時她已經燒好洗碗用的熱水。這時她將熱水壺從燒木材的爐子上取下，將熱水倒進擺在廚房地板上的木盆裡。當我脫下衣服時，奶奶先用手肘試試水溫，才讓我踏進浴盆。我用一塊柔軟的海綿與肥皂，將自己全身上下洗得乾乾淨淨。我的心情很快就好了起來，還把玩著那塊海綿。我在多年後才理解，當時的我差點就淹死了。一九五二年，爺爺和奶奶住在愛立克山[1]，當時該區還沒有建立下水道系統。

媽媽在我四歲時因罹患結核病，被留院察看，所以我當時住在爺爺和奶奶家裡。只要我爸週日沒有上班，都會花時間陪我；當他在週間上班時，我就住在奶奶家裡。如此一來，他每天晚上就可以到醫院探望媽媽。奶奶一手撫養了七個孩子，當我住進奶奶家裡，成爲她第八個孩子時，她最小的兩個孩子（分別是十九歲和二十三歲）仍和她住在一起。

我的爺爺和奶奶出生在鄉村，並在鄉下的農莊裡成長，然而，他們已經成爲日漸擴張的都市勞動階級的一分子。爺爺的成年時光，都在烏普薩拉的艾克比製磚廠工作。他工作勤奮，相當和善，對妻子恩愛有加。工作之餘，他和兒子們在夜間和週末親手建造了一棟兩層樓的木屋，這棟木屋是他一輩子的驕傲。他利用磚廠自行建立的財務營運方案，買下林地。這棟木屋成爲都市外圍的製磚廠工人宿舍區的一部分。

這棟木屋大多數的建材，來自空地上的松樹木材。某一年夏天，爺爺用一把兩

1 愛立克山（Eriksberg），烏普薩拉的一個城區，位於市中心以西三至四公里處。本書注釋皆爲譯者所注。

手橫割鋸砍下這些松樹，將它們鋸成木板。這艱辛的工作過程，令他終生難忘。他依據自己的經濟條件，將木屋裝設得盡可能現代化，但它的衛生標準就像當時勞工住宅區大多數的住房一樣低。唯一一個水龍頭就位於廚房角落的廢水槽上方。臥室裡便盆（包括我的小孩用便盆）內的所有尿液，也被排進廚房的廢水槽。工人住宅區礫石路周圍的蜿蜒水溝裡，堆積著骯髒且對人體健康有害的爛泥。奶奶總是將屋子和庭院打掃得相當乾淨，但每年夏天的陰溝總是惡臭難當。成年以後，我曾走遍世界各地的貧民窟，從露天陰溝裡傳來的臭味，總使我憶起和奶奶度過的童年夏日時光。

我的父母親與爺爺、奶奶都屬於低薪階級，儘管如此，我們的生活條件並不困窘。在我成長期間，瑞典人的健康與收入水準逐漸提高。那時，瑞典逐漸發展爲成熟的福利國家，醫療體系爲我媽媽提供免費的新藥物，最終治癒了她的結核病。由感染所造成的死亡人數大幅降低，意外事故取代了感染，成爲孩童的第一大死因。對和我處於同一世代的瑞典小孩來說，住家附近的積水（例如我掉進去的那條陰溝）是很常見的致命陷阱。

當我還是個青少年時，我已經非常想要了解生活條件，從那時起，我就很仔細地詢問爺爺、奶奶、外公和外婆，他們的生活條件如何。對長輩們生活實境的理解，就是幫助我了解現代世界的最大推手。

我的奶奶名叫蓓塔。她告訴我，她在一九一五年和古斯塔夫爺爺結婚以後，搬到一棟烏普薩拉外圍鄉間的租賃式木屋裡。屋內鋪有木質地板，但只有一個房間和一座廚房。屋內唯一的光源是一盞煤油燈，奶奶必須到鄰近的一處水源取水。十二年後，他們已經有了五個孩子；此時，他們搬到更接近爺爺上班地點的社區。他們的第二個家空間也很小，僅有七坪多，但已有電源與自來水。他們在第二個家住了三年，在此期間，他們的第六個孩子呱呱墜地。其中兩個孩子和爸媽一起睡在廚房裡，另外四個孩子則睡在小房間。奶奶提到，擁有電燈以後的生活，和過去相比眞是天壤之別。不管是她處理家務、孩子寫作業或夜裡有人生病，生活打理都更加方便。她對電燈讚不絕口。

在他們的第一個和第二個家，全家人仍使用戶外的茅廁。但當他們在一九三〇年搬進爺爺親手建造的木屋時，全家人已經可以使用位於地下室的室內廁所。新家共有四個房間，每個房間都接有電源，但我們只在需要照明時才使用電。直到一九五二年，奶奶仍然使用爐火煮飯和加熱洗滌水。就在我住進爺爺和奶奶家裡的同一年，他們裝設了第一座電話。

爺爺在地下室裝設了一座水龍頭，並將兩個大型水泥槽固定在水龍頭旁邊。這樣一來，奶奶就可以用這些水槽洗滌我們這個大家庭的所有床單和衣物，而不須到附近的小溪邊。但就算當時能在室內洗衣服，這仍是一件辛苦、煞費時間的差事。因此奶奶在親眼見證工業革命所造就的一切現代化設備以後，夢想著能夠擁有的，是「神奇的」洗衣機。

爸爸是我奶奶的次子，或者說，他其實是第三胎——奶奶生第一胎時，胎兒在醫院裡就夭折了。我爸十四歲時完成了小學六年的義務教育，開始在磚石廠擔任搬運工。在今天，這叫童工。年長的工人常虐待這些小男孩，但對一名年輕男子來說，弟妹人數愈來愈多，他當然必須爲家裡的生計盡一分心力。

爸爸從來不計較惡劣的勞動環境或低薪，對他來說，眞正的大災難是在他十七歲時的失業。一九三〇年代的全球經濟蕭條時期，他和許多人一樣都失業了。對他而言，失業就是恥辱。失業期間，他就爲鄰居修補鞋子，賺點零用金。

德國在一九四〇年四月九日早晨侵略丹麥和挪威，開戰後數小時，爸爸被徵召入伍。隔天他就手持槍械，開始在蘭斯克羅那[2]挖掘戰壕，協助瑞典防禦德軍可能的入侵。

隨後的二戰期間，爸爸被徵召進入瑞典陸軍，服役三年，協防與丹麥、挪威、芬蘭接壤的國界。他總是重複著說，自己服役期間，部隊從沒遭到攻擊，眞是幸運。在陸軍的三年間，他從沒聽見過槍響。

他提醒我，對那些負起重責，奮力擊潰納粹德國及其盟友的士兵與國家，必須心懷感激。

「我們要挺身對抗納粹主義和共產主義。」我爸總是這麼說。

「我們」這個詞彙，很早就將我包括在內。他說話時從來不煽情，然而對那些曾被德軍占領，卻又對殖民地發動戰爭的歐洲國家，他感到驚懼不已。

---

2 蘭斯克羅那（Landskrona），位於斯貢訥（Skåne）省西岸之瑞典城市。

爸爸總是很怕自己會在受過教育的人面前出醜。他不知道搭公車的時候該如何付款，因此他不願意搭公車。他不知道書店的收銀台怎麼運作，所以他不進書店。當他在商店裡打零工、跑腿時，曾經有體面的有錢人想請他吃飯，但是他總是拒絕，因爲他不懂餐桌禮儀。

大家都到Konsum超市購物，而不是ICA超市。[3]他年輕時曾參加「青年之鷹」，也就是社會民主黨青年團主辦的童軍活動。工人的身分與認同，使人感到安心，也使我爸心中充滿了歸屬感。

戰後，我爸先從事了幾份短期的工作，而後進入林德瓦爾咖啡股份公司任職，負責研磨咖啡。他在那裡一待就是近四十年。他每天晚上會在地下室做點木工。我們家從來不會扔棄壞掉的物品，而是把它們修理好。我們第一個塑膠水桶的提把壞了，爸爸就用木頭做了一個新的提把。

我爸是全烏普蘭[4]最棒的定向運動員，他的體格結實，運動能力很強。在我兩歲時，他參加一百公里定位競賽，在第八段取得領先，最後拔得頭籌。他常常講到這段往事。他在從事自己有興趣的活動時，總是能獲得成功，並且勇於挺身而出。他所有的行動，總是充滿這種精神。我有一個粗心大意的朋友，名叫漢瑟。某天他騎腳踏車和一輛車相撞，前輪被撞彎成一個「8」字形。「噢，幹，漢瑟今天晚上等著被打死囉。」街區裡所有孩子都這麼說。被撞壞的是漢瑟媽媽的腳踏車，而漢瑟在家裡經常挨揍。

我爸迅速將漢瑟和那輛腳踏車帶進地下室，摘掉車前輪，將它弄平，又敲又打，讓它的外觀恢復正常。前輪的內胎破裂了，所以必須更換。我爸取來油漆，並用亮光漆覆蓋車身的刮傷處。整整一個半小時以後，漢瑟牽著一台完整的腳踏車走過我們這個小屋林立的社區。

///

我爸來自一個平凡的勞工家庭，我媽則來自社會底層。帶領全家人走出恥辱與

---

3 不同的超市反映出不同的階級／客戶群體。作者原生家庭屬於勞工階級，該階級在那個時代或許傾向到Konsum超市採購，而不常到小資／中產階級常去的ＩＣＡ超市購物。

4 烏普蘭（Uppland），位於瑞典中部的舊省分，範圍相當於今日的斯德哥爾摩省與烏普薩拉省。

貧困，迎向體面人生的，是外婆亞格奈絲。

外觀上，亞格奈絲和養老院裡的任何人相比都沒有兩樣，但對我們來說，她可是個英雄。

我外婆八十八歲時，我媽問她，是否能爲她做點什麼，讓她開心起來。我外婆回答：「我想要知道我爸爸是誰。」

一八九一年，亞格奈絲在一座位於烏普蘭省鄉村外圍的簡陋小屋裡出生。她將它稱作「茅舍」，屋內的地板就是泥土地面。亞格奈絲出生時，她的媽媽只有十九歲，但她絕口不提亞格奈絲的爸爸到底是誰。

就算我媽做了廣泛的調查，也始終沒能得到「父不詳」以外的答案。外婆提出上述要求以後，過了幾年，我和媽媽便駕車前往外婆的出生地，也就是一座名叫霍爾姆的小村莊。我們徒步走在一條蜿蜒於幾座零星紅色小木屋之間的小路上。

我媽走到一名男子面前，對他說明，她的媽媽就是在這座小村莊出生的。過了幾分鐘，我們就坐在他家漆成白色的戶外座椅上。他以咖啡、現烤的餅乾與小圓麵包招待我們。

「是的，那邊草原的盡頭曾經有過一座小屋沒錯。我知道亞格奈絲是在那裡出生的。」他說。

但他也不知道亞格奈絲的生父究竟是誰。

喝完咖啡以後，我們走過那片草地，查看小屋所遺留的石基。我們被引導到幾個住在鄰近村落、關係更疏遠的親戚家裡，然而直到當天下午即將結束時，我們才找到突破點，這一切都要歸功於燕鷗湖教區的拉許・埃里克・蘇丁牧師。事實證明，他也是我的遠房兄弟，我媽媽之前已經聯絡過他。我們喝了更多咖啡、吃下更多小圓麵包以後，他告訴我們，他曾經搜尋過年代古老的教區檔案庫。在瑞典每一處教區裡，你幾乎都能找到關於出生年分、婚禮與死者的詳盡檔案庫。瑞典享有兩百年的和平歲月，這些文件保存得相當完好，甚至可以免費在網路上找到。過去，路德教派的牧師會定期進行家庭訪問，確保每個人都通曉《新約聖經》的內容，因此你也能夠在檔案庫中，找到關於哪些人住在哪一座房屋裡的年度清單。

拉許・埃里克證明亞格奈絲的確生於草原盡頭的小屋裡。但就在前一年，也就是亞格奈絲誕生以前，我的曾祖母布莉塔曾經在附近一處農莊打工，那名農人的妻子於同一年生下一個女兒。拉許・埃里克沒有停止搜尋，他甚而發現，那個在我曾祖母打工期間在農莊裡出生的女孩，受洗時被取名爲亞格奈絲；半年後，我外婆也被取名爲亞格奈絲。一名未婚生子的女性只能用少數幾種方式暗示孩子父親的身分，這正是其中之一。她不能直接說出孩子父親的身分，這會引來人們的閒言閒語，她會被稱爲「婊子」；但她若選擇以父親其他小孩的名字來爲孩子命名，父親是不能抗議的，而她生活周遭的人們也會理解。

成年以後，我曾經問外婆，她小時候是否很窮。她迅速而明確地回答：

「不，從不！媽媽每天都將食物端上桌，我們有屬於自己的家，每天晚上睡在乾淨、溫暖的床上。我們有鞋子穿，而且每天上學。」

可是我的爺爺、奶奶、外公、外婆也才上了四年學校而已，他們究竟學到多少東西呢？

我還記得，古斯塔夫爺爺讀報時，總得費勁地拼出單詞的字母；奶奶和外婆都沒有能力讀床邊故事給我聽；爺爺和奶奶也都沒有能力朗讀報紙的內容給對方聽。我爸媽讀過許多小說。閱讀能力的培養分爲不同步驟——從不識字到基本閱讀能力，進而能流利地閱讀，最後才能閱讀外文。爺爺、奶奶的閱讀能力，只能算是中等水準；爺爺甚至不鼓勵閱讀，他宣稱那樣對眼睛不好。當他的兒孫大量閱讀時，他便產生了隔閡感。他希望我們多做點木工，多聊聊他理解而且喜歡的東西。

我也問過亞格奈絲外婆，童年與養父的相處帶給她那麼多困擾，她為何還要與一個酒鬼結婚？

「我愛上他了。」她說著，臉上沒有絲毫微笑。

她覺得村裡其他男人很無恥，沒有教養。

「那些來到農莊工作的人從來不放過我。他們打我屁股，用最壞的方式對付我，還用各種最難聽的名字喊我。」她說，「他們知道我是私生女，也知道我永遠不敢把這些事告訴我的養父。」

某一年夏天，維利來到教區工作，負責疏通水溝。他的父親是個沒有田地的農場工人。他在斯德哥爾摩的外圍區域長大，也服過兵役。他幫亞格奈絲挑牛奶桶，讚美她的頭髮。每天收工時，他都會洗澡。他很乾淨，溫文有禮，將亞格奈絲視為一個對等的人，而不只是個私生女。這種事從未在村裡發生過。一個月內，她就懷孕了。維利遵守了當時不成文的道德規範——你可以有婚前性行為，但假如你的伴侶懷了孕，你就得娶她為妻。

事實證明，我的外公維利是個酒鬼；在他人生的某些歲月中，也酒癮纏身。他是個技藝精湛的泥水匠，他在清醒、不受酒癮困擾時賺錢，更從不毆打妻兒。亞格奈絲生了三個孩子，她人生的目標就是給自己的孩子更美好的人生。她達成目標所面臨的最大阻礙在於，她罹患了結核病與大腸癌。免費的醫療照護治癒了亞格奈絲的結核病，也奇蹟似地治好了她的大腸癌。

在我外婆住院期間、我媽媽和她的妹妹開始上學以前，一所以中央政府稅款營運的孤兒院負責照顧她們。在救世軍服務的女性志工教導亞格奈絲如何使用縫紉機。她說服丈夫爲她買了一台，理由是，假如她可以自己縫製孩子的衣服，長期來看，治裝費就會比較便宜；而且親手縫製的衣服可是很有價值的。

媽媽的童年充滿不確定性與不可預測性。她在一九二七年的一個秋日註冊就讀小學低年級。那是一所新學校，位於烏普薩拉，鄰近廣場，外表相當美觀。在那個意義非凡的日子，她穿著一件新洋裝，外婆牽著她的手，陪著她一起走到學校。她們來到瓦克薩拉廣場時，外婆一看到校舍建築，就停下腳步。亞格奈絲就讀的學校是一間木屋，她做夢都沒有想到，自己的女兒即將進入一間宛如童話故事城堡的學校就讀。她緊緊握住我媽的手，凝視著她的雙眼，低聲說道：

「他們爲妳蓋了這麼一間美麗的學校。所以他們一定認爲，像我們這樣的人也是有價值的。」

然而除了建築風格以外，這所學校還有一個更明顯的優點——我媽的老師，布隆斯科女士。她受過良好的教育，很有幹勁，而且採用現代化的教學方法。這些由中央政府稅款營運的學校，給了這些來自烏普薩拉僅存的貧民區（這些社區內許多小巷弄甚至還沒有名字）的孩子相當寶貴的資產，而這位老師就是這些資產的一環。這些孩子得到相當優質的教育，更重要的是，他們的自信心得到了強化。我媽的老師也安排她參加為了患有結核病孩童的父母所設計的夏令營，我媽總是提到那些美好的夏日時光。夏令營活動的高潮，在於拜訪當時就住在墨爾巴卡[5]（離夏令營活動地點不遠）的塞爾瑪・拉格洛夫[6]。媽媽仍記得自己和其他孩子坐在地板上，聆聽這位瑞典文壇巨匠高聲朗讀作品的情景。

我媽在就學期間也染上了結核病，但是由中央政府統籌的醫療體系妥善照顧了

---

5 墨爾巴卡（Mårbacka），位於瑞典維姆蘭（Värmland）省的小鎮。

6 塞爾瑪・拉格洛夫（Selma Lagerlöf, 1858-1940），瑞典作家與教師，一九〇九年成為第一位獲得諾貝爾文學獎的女性。

她。在她復元期間，全家人也領到代幣，可以到街角的小店免費換取牛奶。媽媽提到，用代幣付款是很難堪的一件事，這讓店裡排在你後面的人意識到，你來自一個罹患結核病的家庭。她在外婆家裡抱怨這件事情。亞格奈絲嘆了一口氣，說道：

「唉，不過牛奶眞好喝，不是嗎？」

外婆對於滿足物質需求、過上安穩的生活，已經感到滿意，但我媽想要的並不只如此。然而她受到阻撓，沒能得到她最想要的事物，也就是受教育。我媽非常熱愛學習，但在小學讀了六年書以後，她根本無法說服自己的爸爸繼續讓她讀書。

在她最後一年的學校生活中，對我媽而言，最感屈辱的是老師問她能不能指導班上家裡比較有錢的同學寫作業，這樣一來他們就可以拿到比較高的成績，就能錄取媽媽沒機會申請的較高級學程。我媽十五歲時，就開始在社區的生鮮超市工作，負責搬貨與打雜。

我的長輩所描述的往事，使我能夠理解世界的發展與動態。在我外婆出生前的時代，是常年的饑荒與赤貧。這是我家族先人的親戚，自一八四六年起開始移民到伊利諾州、明尼蘇達州與俄勒岡州的首要原因。外婆亞格奈絲和我媽布莉塔得以脫離赤貧，迎來美好的人生，要歸功於幾個相互影響和彼此強化的因素。

第一是瑞典的經濟成長，這足以解釋爲什麼我的外公儘管有酗酒問題，卻仍能找得到工作。身爲泥水匠，他的薪水穩定提升，就算他浪費了一大堆錢買酒，仍然買得起一台縫紉機。

第二則是包括學校、醫療體系、國家營運的孤兒院，和針對酒精濫用者的戒斷中心在內等，由國家稅收經營的社會服務項目。如果沒有這些，我外公的酒癮問題到後期可能會更加嚴重。他在接受戒斷治療時期所寫下並被保存到現在的情書，充滿眞摯的愛意，以及他最深刻的歉意。這說明了爲什麼我外婆的一生雖然充滿不確定性，仍能和他一起走下去。

第三個因素是，民間社會以許多方式幫助與挽救了我們這個邊緣化的家庭。這包括爲我媽開授縫紉課程的救世軍「貧民窟姊妹」，以及在夏令營擔任志工的大學生帶給我媽的文化體驗。當我回首審視自己的身世時，就是這種由市場、政府與民間力量構成的協同作用，將我的外婆與媽媽推離苦難，並將我放在通向福利國家的門檻上。

不過某些文化常規變革的速度比經濟發展來得慢。在一段非常漫長的時間裡，性交是瑞典日常生活中絕對不能提起的禁忌。我所指的，主要是避孕藥的容易取得，以及今日被我們笨拙地稱爲「性生殖健康與權益」的概念。我外婆和媽媽被剝奪了享受親密性關係與規畫何時生兒育女的權利，主要是因爲政治性的決定，以及文化規範。

在生下三個孩子、勉強戰勝結核病與癌症以後，亞格奈絲外婆決定再也不生孩子。對她來說，三個孩子意謂著責任已經夠沉重了。她曾聽說過，有一名男子會對群眾說明該如何使用保險套。從一九一〇年到一九三八年，瑞典法律明文禁止發送保險套並說明其使用方式。但就在一九二〇年代中期的某天，我外婆和她的幾位女性友人得知，有一名勇敢的男子會到烏普薩拉大廣場上，以保險套爲題發表演說。她們鼓起勇氣，來到廣場聆聽演講。對瑞典所有政黨而言，相當難堪的是只有最左翼政黨的領導人敢爲言論自由挺身而出，也就是說明保險套的使用方式。他登上一個大木箱子，發表直接、犀利的演說，提到每對夫妻都有權利決定自己何時以及要不要生小孩。但他剛從夾克的內層口袋裡掏出保險套，準備展示給聽眾看時，警方就逮捕他了。

一九三五年，也就是我媽十四歲時，她最要好的朋友懷孕了。她和我媽同齡，住在我們家對面那棟簡陋公寓的二樓。懷孕一事也暴露了她爸爸對她進行了長期的性侵害。當然，這件驚人的事情很快就傳遍了整個樓梯間。警方訊問了這名父親。過了幾天，瑞典信義會的牧師也登門拜訪，和這家人見面。牧師告訴女孩的媽媽，說父親對女兒伸出狼爪是她的錯，因爲她「不願意和他性交」。

我媽就是在那樣的現實中長大。十八歲時，她愛上了我爸。他們對避孕措施所知十分有限，而她也懷孕了。當時她在超市從事全職工作，負責搬貨，並且在夜間部進修，期望能完成接受高等教育的夢想。我父母的經濟條件堪稱拮据。我媽不想那麼早生小孩。當她詢問墮胎是否可能時，人們告訴她，有位頗具聲望的醫生提供私人門診服務。他會爲經濟條件欠佳的患者調降看診費，因而相當知名。

我媽在某天傍晚來到這位醫生的門診處。他要她脫光衣服，在房裡走動，這讓她感到很可恥。隨後醫生要求她提供性服務，才能幫她墮胎。我媽掉頭就走。走投無路的她，只能請一位女同事用便宜的方式幫她墮胎。某天晚上，這名女子走進我媽的房間，將一根針插進她的子宮內。我媽被獨自留在房中。當天夜裡，她產下一名死胎。隨後她按照指示，在她單房公寓角落的壁爐裡將嬰屍焚毀。當時，女性在墮胎後很常發生危及生命的出血或感染，幸運的是，她沒有遇到這些問題。

由人稱「奧塔」[7]的愛麗絲．奧特森．顏森所領導的全國性教育協會，推動了避孕措施的普及化，使它成爲免付費的資源。在這個組織的大力推動下，國會解除了對發送與說明該如何使用保險套的禁令。直到今天，全國性教育協會仍然是瑞典最大的保險套分發者。只要一有機會，我媽和我外婆都會極力讚揚「奧塔」所促成的改變。

///

在我讀小學的最初幾年，爸爸經常帶我去旁聽勞工教育協會主辦的夜間演講。這些演講在一個能容納數百名聽眾的演講廳內舉行，主講人是幾個經歷豐富的探險家與旅遊者。演講時，他們會談到自己在遙遠國度裡的經歷。他們用一種現代版的簡易幻燈機（這是投影機發明以前的主要科技）在屏幕上放映黑白照片。對當時七歲的我來說，這眞是個魔幻般的夜晚。能和爸爸旁聽爲了大人所舉辦的活動，聽到關於遠方被殖民國度人民生活的故事，我感到神往不已。而這些演講，也分爲幾種不同的類型。

艾瑞克・倫奎斯特是最受歡迎的講者。他是一名瑞典籍的林務官，在一九三〇年代前往印尼，在荷蘭殖民統治的行政體系中工作。他娶了一名印尼女子，而後成爲著名的作家，以對大自然生態系和他曾工作、生活過的當地社會的理解著稱。我爸媽都讀過他的書。在當時的瑞典，他是最主要的反種族主義者之一。

史坦・柏格曼是另一名講者及探險家。他和倫奎斯特完全相反。他是一名生物學家，具有關於鳥類與自然環境的豐富知識。在我爸和我一起聆聽的其中一場演講中，他還不只談到鳥類而已。他曾經在新幾內亞的一座村莊生活並觀察鳥類，演講時，他放映一部自己在那座村莊內拍攝的黑白默片。在這部影片裡，他豎立起一根約四公尺高，表面光滑的木樁，有一把漂亮的斧頭固定在木樁的尖端。然後他在木樁表面塗抹肥皂。村民努力想要攀上表面溼滑的木樁，拿到那把斧頭，卻都徒勞無

7 奧塔（Ottar），其實是由瑞典性教育與知識推廣協會發行的雜誌名，每季出刊一次。

功。這些畫面全被他拍攝下來。影片播放到一半，我爸就站起身來，牽住我的手，說：「我們走。」我們離開時，我看到爸爸臉色蒼白；他只有在憤怒時才會臉色發白，而這種情況並不多見。他低聲告訴我：

「他不尊重這些人。史坦．柏格曼是個紈褲子弟。他逼迫那些人去拿那把斧頭，使他們變成笑柄。他們住在森林裡，本來就很需要斧頭。我受不了他的態度。」

某天晚上，我在勞工教育協會遇見同班的同學英格瑪，他爸爸是瑞典行道會的牧師，父子倆一起來聽演講。英格瑪的父親曾經在法屬剛果擔任過傳教士，我們就讀三年級時，他曾拜訪我們家，讓我們看看他在當地工作留下的照片。我仍記得他對一個如此不同的國家（當時應該被稱爲殖民地）的介紹。即使他是牧師，他最主要還是談論爲土著（人們當時還這樣稱呼剛果的居民）蓋學校、建立醫療體系的事蹟。英格瑪三年級時，第三次和家人離開瑞典，前往剛果。對當時還是個孩子的我來說，和某個前往非洲、住在當地的人保持親近的關係，是很不尋常的事。英格瑪出發以後，我的老師指派我前往郵局，把一封由全班同學寫的信寄給他。我現在仍然能感受到第一次寄航空信件時的興奮之情。傳教士子女就讀的寄宿學校地址很奇怪，這讓我學到了第一個非洲城市的名稱——「黑角」，這是剛果共和國最重要的港口城市。

學校教了我許多地理知識，然而我感覺自己對世界上其他地區人民的生活方式，所知仍十分有限。我們所學到的世界觀，基本上就是以西方爲中心，看待其他地方（也就是「土著們」生活的地區）。看起來，全世界絕大多數居民都是土著，有著落後的文化。

印象中，我就讀五年級的時候，老師曾經解釋說，印度人是印度教徒，相信宿命論。我們學到必須改信基督教才能獲致成功與發展。我從沒弄懂，早在瑞典人學會將符號刻在如尼石碑前，印度人已經擁有歷史悠久的文明、字母系統與文學。老師和教科書也從未解釋該如何定位蘇聯、日本和拉丁美洲，以及它們到底屬不屬於西方世界。爸爸在家向我說明那些被殖民國家如何繼續保持獨立，學校老師則不怎麼說明這點。

我的世界觀是在家裡和爸媽交談、聽收音機廣播以及和人們交流所建立的，而不是在學校裡形成的。

我媽最終戰勝了結核病，而瑞典經濟起飛和我爸加薪的幅度，遠遠超過我爸媽的想像。我五歲時，我們搬進一棟房屋，這棟房屋還附有種著許多果樹的庭院。對我爸媽來說，這簡直是夢想成真。他們能買下這棟房屋，還得歸功於多年的存款，以及由逐漸興起的「工者有其屋」運動（目標爲讓勞工階級買得起房子的民間運動）所間接促成的國家貸款。他們向銀行申請私人貸款，未婚的馬丁叔叔也很慷慨地借了我爸媽一筆錢。那是一棟現代化的房屋，有中央暖氣系統以及冷熱水，浴室裡裝有陶瓷浴缸，還有電爐、冰箱和洗衣機。

圖書館就位於街道下方，我媽經常帶我到那裡借一大堆書。她會朗讀給我聽。周圍鄰居家裡也有和我年齡相仿的孩子，我結交到了好朋友。我爸帶我看了那條從博爾佛森[8]電廠延伸出來、令人讚嘆的管線，並且說明水力如何爲我們家的洗衣機帶來電力。

我爸總會在城市外圍、剛砍伐完畢的林地上，收集粗大的松樹枝。他的雇主允許他在週末時用公司的貨車將樹枝載回家。冬天時，這些柴薪被用於加熱洗澡水，讓屋內保持溫暖。我父母親還在庭院種植馬鈴薯、蔬菜、蘋果和草莓。

我們大多數的衣服，都是我媽媽親手縫製的。已織好的成衣很貴。我媽唯一沒能親手織出的衣物就是我們的內褲。我們買的是「費克斯」牌內褲。我仍記得，由國外進口的內衣褲在某一年開始銷入瑞典市場，我媽和鄰居隔著樹籬討論，讓孩子穿國外縫製的內衣褲是否有害健康。消費與商品全球化的前兆，也就是來自葡萄牙的內衣褲，立刻引起了人們的懷疑。

不過，在新家住了幾年，努力省錢以後，我們開始可以到外地渡假。爸媽買了一輛紅色摩托車和一輛藍色的協力車，媽媽則縫了一座帳篷。第一年，我們在烏普薩拉省境內各地旅遊，不曾在離家一百公里外的區域活動。那趟旅途即將告一段落時，我們拜訪外婆亞格奈絲的手足。他們終生未婚，一輩子都住在一座農場上。我們得到熱烈的歡迎，他們還讓我在不加馬鞍的情況下，直接騎在他們那匹壯碩的馬背上。但是這次交流卻以一場文化衝擊作收。當時亞格奈絲的大哥佩卓牽著那匹馬，我騎在馬背上，我爸照下了這一幕。其中一張照片拍得特別好，將身穿厚重長靴和連身工作服的老農夫、健壯的馬匹，還有馬背上的小男孩都拍了進去。

我爸影印了這張照片，將它寄給佩卓，藉此表達對他們熱情款待的感謝之意。

---

8 博爾佛森（Bergeforsen），位於瑞典北部的小市鎮，境內設有水力電廠。

然而老農夫卻認爲這張照片在羞辱他。他無法接受自己身穿連身工作服和長筒靴入鏡。如果要拍照，他非得穿著自己唯一一套暗色西裝不可。如果那些城裡來的親戚拍下他穿著工作服的模樣，目的肯定是要羞辱他。我爸媽整整花了兩年，才解決這場衝突。其實佩卓眞的是個聰明、善良的人，正是因爲這樣，關於尊重文化差異的教訓才在我心中更加鮮明。

在另一次渡假時，我們一路騎著機車來到哥本哈根。一九六〇年，我的弟弟麥茨出生，我們家在三年後買了一輛灰色的金龜車。這樣一來，全家就可以到挪威渡假了。

我爸媽在一九七二年買下一塊海邊的空地。爸爸蓋了一座夏季渡假小屋，還用奶奶的遺產買了一條裝著舷外馬達的小艇。他用奶奶的名字，將小艇取名爲「蓓塔」。

在超過十年的家庭主婦生活以後，我媽在鄰近的烏普薩拉舊市區圖書館謀得一份兼職工作。她還在社區大學的夜間部進修，將瑞典語、英語和社會科學提升到相當於高中畢業的水準。然而，她始終沒能錄取自己夢寐以求的師範或新聞學程。

因此，我的長輩們的人生歷程，代表了生活在各方面都有相當迅速且正面的發展。從我外婆的四年小學教育到我的教授頭銜，只經歷了三個世代。而更戲劇化的一點是，我的曾祖母不識字。若將她也算進來，其中一共經歷了四代人的時間，而我們身上反映出了現今世界上所有不同的教育水準。

要區分這四種不同的水準很容易。從健康與醫療領域來看，這意謂著由感染引發的各種疾病，演變爲平均壽命的延長與更健康的生活。從一座有著泥土地面的小屋，到寬敞、現代化住房之間的變化，則標誌著幾代人之間物質生活的提升。但這些都不是迅即發生，一切都是漸進的。

CHAPTER 2
發現世界

我對世界感到好奇。我努力存錢，並且開始獨自旅行。十六歲時，我騎著腳踏車遊遍英國。我探訪的第一座村莊，立著一塊寫著許多名字的石碑。這個村莊有將近二十人死於第一次世界大戰。當我在那塊保存完好的灰色石碑周邊走動時，發現石碑上還寫著另一排名字，他們是第二次世界大戰中的死難者，人數和一戰中的死者相當。

在瑞典，我爸媽曾經帶我到溪谷槍擊事件[1]的發生地；一九三一年，軍方在該地射殺了五個人。因此我直覺的反應是，我所探訪的第一座村莊，一定在兩次大戰中遭受過特別沉重的打擊。在接下來的六個星期內，我騎著腳踏車遊遍英格蘭與威爾斯，再順著南部海岸騎回倫敦。我所探訪的村莊，幾乎每一座都立有類似的紀念碑。石碑上的人名數量不一。我和幾個年齡與我相仿，父母在戰爭中受過傷甚至死亡的青年對談，我仍記得這些對話。

---

1 溪谷槍擊事件（Ådalshändelserna），爆發於一九三一年五月中旬，最初是勞資衝突，最後卻演變爲軍警射殺遊行工人的事件。

現在我了解了，爸爸曾經試著爲我說明的世界大戰的殘暴與衝突的範圍，以及歐洲各國受影響程度不同的事。在瑞典長大的我們，基本上很難理解歐洲殘暴的現代史。

我在一九六六年夏天先來到巴黎，再取道蔚藍海岸，南下羅馬城，然後來到位於長靴狀的義大利半島鞋跟處的東南海岸，進入希臘。希臘鄉間的景觀和我之前所見的一切都截然不同。身著黑衣、披頭散髮的老婦人，肩膀上背著沉重的柴薪，在道路旁邊走著。許多家庭的住房十分簡陋。

循著馬其頓、蒙特內哥羅、克羅埃西亞、斯洛文尼亞、奧地利、德國的路線回到家，就彷彿上了一堂親眼見證到生活條件逐步改善的課程。我在回家路上經過柏林時，柏林圍牆才剛建立滿五週年。我在其中一天穿過查理檢查哨，在東柏林散步。這是遏制極左派思想的有效預防針。在我初次短暫地造訪東德以後，很難不痛恨共產主義。

安妮塔在一九六七年後成爲我的伴侶，我們在那年夏天到南方旅行。首先，我們搭乘大眾運輸系統，來到斯德哥爾摩最南方的地鐵站之一，我們原本打算從那裡開始搭便車旅行。就在通訊設備商愛立信的總部前方，我們爆發了第一次的爭吵。

我覺得我們前方一百公尺就是南向高速公路的起點，我們應該開始搭便車旅行；安妮塔則指著高掛在空中的太陽說午餐時間到了，我們應該先吃飯。我們遲疑地望著對方。我說：

「我們可以一邊試著攔車，一邊在路旁吃點東西。」

「每分鐘都有幾百輛車子經過這裡，而我們有一整個夏天的時間探險。陰影下有一條長凳，在那裡可以望見公園的美景。現在，我們在這裡就可以吃我準備的野餐盒了。它放在你的背包裡呢。」她說。

我有一個很嚴重的壞習慣，就是不吃正餐。這是我們第一次渡假，她在假期的第一天就明確表示，我應該改掉這個習慣。我們在公園裡享用了浪漫的午餐，搭了一段長途便車，並在晚上入住一間位在瑞典南部的溫馨民宿。第一天晚上，我們這對十九歲的情侶住在一間「家庭房」裡，這意謂著那裡就只有我和她。等我沖完澡回來，安妮塔已經躺在床上了。

「我把裝著牙刷的小梳妝盒放在水槽邊。」她說。

我很快就找到牙膏和牙刷。牙膏的味道怪怪的，可是我的甜心微笑著躺在床上，我的視線也始終停在她身上。她對我露出眞誠、溫厚的微笑，不過，她很快就開始咯咯笑。在我搞清楚這是怎麼回事以前，她已經笑到岔了氣。對一個帶著浪漫想像、臀部只圍了一條毛巾的十九歲年輕人來說，被這樣取笑是很恐怖的。就在她笑個不停的同時，我的視線很快就被從我嘴裡湧出的白色泡沫給攻占。安妮塔從床上起身，告訴我：我拿來刷牙的不是牙膏，而是洗髮精。

我們繼續旅行，先是搭乘渡輪到波蘭，再穿越東歐，來到伊斯坦堡，然後踏上返家之途。

在我開始讀大學時，我已經到歐洲絕大多數地區（包括東歐與西歐）體驗過；我想要理解這個世界的情感，也隨之投射到歐洲以外的大片區域。這是一項很大的改變。我在冷戰期間長大，未來的關鍵在於是否能夠避免東西方之間的核武戰爭。蘇聯的占據以及一九六八年捷克斯洛伐克的天鵝絨革命遭到鎮壓，都是很慘痛的失敗。但從另一個層面來看，時局仍然是很振奮人心的，共產主義可能會從內部開始瓦解。

我所屬的這一代人體認到全球各地對建設與進步的重大需求，正如我就讀小學三年級時，那位同學的傳教士父親所說的：在教育、醫療、公路與就業等最基本領域取得進步。我的家人與親戚不久前才在瑞典經歷過的重大改變，當時還沒有擴散到世界各地。使我感到驚訝的是，西方世界支持許多無心促成這些改變的政權，而越南、古巴和中國則急起直追，社會迅速呈現出欣欣向榮的跡象。這令我感到很困惑。我從來就不屬於一九六八年極端左派浪潮的一部分，在內心最深處，我是死忠的社會民主黨員，更反對共產主義。許多較貧困國家的左傾政權，似乎做了一些受西方扶持的國家都沒做過的好事，這挑戰著我的觀點與理解。

我開始讀大學時，美軍在越南的戰事是吸引全球關注的國際衝突。在美國扶持的政權身上完全看不到未來。我在烏普薩拉就讀主教堂高級中學時，表態反對美軍侵入越南；一開始，班上只有我抱持這種看法。但在我就讀大學的那幾年，我對政治的興趣逐漸退去，其他學生反而對政治愈來愈感興趣。對於所謂的革命浪漫主義以及美化武裝衝突的傾向，我一直很反感。

當你對政治感興趣的時候，你很容易高估政治改革對一個國家造成的改變。政治改革通常對一個國家的實質影響不大，這些改革只是改變了發展的機會。

在我心中培植出這些思路的人，是個曾經在美國擔任研究員的莫三比克人。一九六七年秋天，我在瑞典就讀大學一年級時結識了他。

一九六七年十一月，一個陰暗的夜晚，我站在烏普薩拉社會民主黨學生社團團部的門外。我很緊張。一九五〇年代的瑞典，在一個勞工家庭長大、爸爸在工廠上班，是很尋常的事；可是成爲家族中第一個上大學的成員，就很特別了。我的家庭一直希望有人能夠加入社民黨學生社團，身爲大一新生的我算是滿足了這個他們不曾明說的願望。這個小小的學生社群立刻讓我擔任國際事務祕書。

我的第一項任務，是爲我所屬的學生社團和一個名叫恩達多·蒙德萊的男子，安排一場晚會。他在莫三比克出生、成長，是該國最早前往美國的黑人留學生之一。美國爲有才華的留學生提供了機會，他最終成爲美國雪城大學的助理教授。但恩達多·蒙德萊卻拋下自己的學術生涯，回到非洲，成爲莫三比克解放陣線黨的創黨人，並在剛獨立的坦尚尼亞境內的該黨黨部擔任領導者。一九六四年，他們在莫三比克的葡萄牙殖民統治區邊界發動武裝叛亂。

此時，恩達多·蒙德萊來到瑞典，爲了獨立運動尋求支持。來聽他演講的只有學生社團的八名成員，我對此感到很丟臉。計程車抵達時，我本來預期會見到非洲版的切・格瓦拉[2]，然而我沒有見到迷彩服、軍靴和鬍鬚，從車內走出的是一位身穿灰色西裝，皮鞋晶亮，鬍子刮得乾淨，溫文有禮的紳士。我爲到場的聽眾太少向他致歉，他卻安慰我，並且在一走進房間時便提議，我們可以坐在角落咖啡桌旁的沙發上。

他隨後所說的話，比他的形象更令人感到驚訝。毫不誇張地說，他在接下來兩小時內敘述的論點，對我的職業生涯有關鍵的影響。他所說的話大意如下：「我們莫三比克黑人對白種人、葡萄牙文或葡萄牙文化都沒有什麼不滿的感情。我們只是爲了祖國的獨立，挺身對抗里斯本的法西斯殖民政權。戰爭是悲慘的，但爲了獲得自由，我們不得不戰鬥。我們在這場戰鬥中所解放的不只是我們的祖國。我相信，我們也能將葡萄牙從法西斯主義中解放出來。」

他接下來所說的話更讓人驚訝：

「獨立很簡單，我們會打贏這場戰爭。因爲葡萄牙士兵不會認爲爲了保衛殖民

2　切・格瓦拉（Che Guevara, 1928-1967），生於阿根廷，爲古巴革命運動的要角之一。

主義和法西斯主義而死是值得的。對我們莫三比克人來說，眞正困難的地方不是打贏戰爭，而是如何在國家獨立以後，改善人民的生活。人民對此有很高的期望，而我們達成這些期望的能力非常有限。」

他提到當時大多數剛獨立的非洲國家所經歷的困境。他的結論是，莫三比克人口中的文盲比例相當高，受過高等教育的國民很少，面臨的挑戰會比其他國家更爲險峻。聽到一名戰爭統帥談到勝利之後將面臨的挑戰，我感到很敬佩。

他在離去前，和我們每一個人單獨話別。

「你讀哪一個科系，什麼時候畢業呢？」他問道。

當時的我只有十九歲，只是個統計系的大一新生，還沒想到畢業的事。我覺得自己回話時，幾乎是結結巴巴地說：

「我下學期開始讀醫學系，會在……一九七五年拿到……醫學系的畢業證書。」

「太好啦。到那時候，我們應該已經獨立了。請你向我保證，你會到我們的國家來擔任醫師。我們將會需要你。」恩達多·蒙德萊說著，露出微笑。

他直視我的雙眼，非常愼重地握了我的手。我聽見自己回答：

「好的，我向你保證。」

兩年後，也就是一九六九年二月三日，恩達多・蒙德萊在坦尚尼亞三蘭港的一起爆炸案中遇刺身亡。他的死亡使我憶起自己做過的承諾，而這也減少了莫三比克獨立戰爭成功的機會。

他說過，必須藉由開戰來獲得獨立是一件很不幸的事，而這場戰爭是針對殖民主義，並非曾經殖民過這個國家的人。打從聽到這種說法以後，它就在我的腦海裡揮之不去。往後我還會從納爾遜・曼德拉口中聽到同樣的話。又過了十年，我才有機會到莫三比克行醫。不過我花了一輩子才了解蒙德萊所給我最重要的訊息：和開發一個充斥著文盲、疾病以及極度貧困國家所面對的挑戰相比，打贏獨立戰爭容易多了。

///

我進入醫學系就讀後不久，就被選入學生會的國際事務委員會。某一天，祕書在走廊上攔住我。

「別再提這個問題了。」他對我耳語道。

委員會剛在旁邊的會議室裡開了一次會，會議中，我提到跟預算與資產負債表相關的問題。資產負債表裡包括了一筆描述模糊的基金，基金的金額大幅減少，而且沒有任何備註或說明。

祕書解釋說，他們利用這筆祕密基金，爲需要前往波蘭做墮胎手術的女學生提供短期貸款。去年秋天，需要貸款的女學生人數超乎預期，而大多數人還沒能還清債務，所以基金的金額減少了。我聽說過，有些人會到信奉天主教的波蘭墮胎，因此很自然地保證，不會再提這個問題，更不會把他說過的事告訴別人。

一九七五年，瑞典通過免費墮胎的法案。值得注意的是，這是在印度將墮胎合法化的三年後發生的。當我在印度讀書的時候，我會學到很多與此相關的知識。我和安妮塔關注的焦點，逐漸從意識形態轉移到好奇心以及對理解的渴望，因此，我們開始計畫到亞洲大規模旅行。

當我透露將暫停醫學系學業半年，前往亞洲旅遊的計畫時，我父母並不贊同。我覺得關鍵是，暫時停止攻讀一項這麼有吸引力的學程的想法，讓他們感到很氣惱，但他們的主要論點卻是這趟旅程很危險。然而，他們很快就理解自己無力勸阻，也接受了這個事實。我媽用下面這番話結束了討論：

「對我們來說，教育和文憑只是個夢想。我們已經不再了解你了。你書讀得太多，我們都認不得你了。」

一九七一年的孟加拉獨立戰爭，對我們造成了直接的影響。安妮塔和我的計畫非常前衛，我們將由陸路駕駛福斯麵包車進入印度；然而印度和巴基斯坦的邊境因爲這場戰爭而封閉，我們必須改變計畫。安妮塔在同年年底取得護理系的學位，開始工作。我修完醫學系第四年的學業，可以擔任臨時約聘制醫師。我們賺足了旅費，在二月中旬出發。當時「背包旅行」一詞尚未出現，但我們在辦理前往斯里蘭卡班機的登機手續時，可是帶上了兩個裝得滿滿的背包。

這趟旅程中，我們在一間小巧、精美的海灘旅館度過愜意的兩個星期，但我們沒有搭乘回程的班機，而是繞著島走，在斯里蘭卡島的北部搭乘定期航船，前往印度。當我們抵達印度境內的雷美斯萬朗[3]時，我們走過一座狹小的階梯，跳上一條划艇，它將我們載到海岸上。海關和移民署的檢查站設在帳篷裡，他們讓打著赤腳、

3 雷美斯萬朗（Rameswaram），位於印度東南岸的港口城市。

身穿卡其短褲和及膝羊毛暖腿裏套的士兵盯住我們。他們配備了令人印象深刻的舊制武器。入境手續極其仔細，包括驗血（以便排除罹患瘧疾的可能性）以及檢閱我們的世衛黃色小卡（確認我們已經接種過天花疫苗）。設置在海灘上的印度政府機關，硬體設備雖然簡陋，卻運作良好。

我們在斯里蘭卡島待了一個月，對這個國家的古老歷史驚嘆不已。我們完全沒有料想到的是，僧伽羅文字已經使用了超過兩千年。一千年前就已建成的人工灌溉用水庫，也讓我們感到敬畏、謙卑。它們在那古老的年代，就展示出令人讚嘆的工程學技術，我們也從沒想到斯里蘭卡的文明原來曾經如此先進。

當我們來到印度，便感到更加羞愧。最初幾天，我們探訪了幾座寺廟。我們發現，印度的各種語言，每一種都擁有數千年歷史的字母系統。

這和我入境希臘時相比，差別真是太大了。我事先已經知道希臘各處的地標和歷史功績，印度和斯里蘭卡之行，則讓我們對自己的孤陋寡聞感到窘迫。而且更糟糕的還在後面。

///

我們在來到亞洲前已經事先做了安排，因此具有班加羅爾[4]的聖約翰醫學院的留學生身分。那個學期完全改變了我對印度的觀感。課程相當好，但改變我的並非課程內容，而是我在上課第一天、第一個小時內所體認到的殘酷事實：印度醫學院四年級學生所擁有的知識，遠勝於我。我其實已經算是個很認眞的學生了，或許不是第一名，但我總能保持在頂級。我得承認，我一開始的理解是，假如我在瑞典的表現是頂級的，那麼和印度學生相比，我應該是最優秀的。然而我在印度卻迅速發現，自己只能排得上末段班。

我在印度擔任醫學生的第一天，被安排和一群準備檢查前一天醫學部X光片的學生同組。第一張X光片是所謂的血管造影圖。這名患者有血尿的症狀，院方因此檢查他的腎臟。我仍記得自己當時對印度醫院能夠進行血管造影檢查，感到震驚不已。血管造影是一種針對血管的X光檢查，檢查時會將一根塑膠導管插進腿部動脈，順著主動脈推進；當導管的一端觸及腎動脈血管時，放射學家會注入顯影

4 班加羅爾（Bangalore），位於印度南部之城市，爲該國卡納塔克（Karnataka）邦之首府。

劑，顯示出腎臟所有血管的位置。在一九五三年以前，這是一項很危險的過程。任職於卡羅琳醫學院[5]的瑞典研究員史文．依瓦爾．瑟丁格，在一九五三年發明了一種塑膠製長導管，簡化了這項檢查。瑞典的醫學院教育大肆吹捧這項現代化的檢查技術，人們總說，全世界都在使用這項技術。但我當時仍然太過自大，以致不相信一九七二年時的印度大學醫院，也已經在使用這項技術了。

我看著顯示在螢幕上，像樹枝一樣密集分布，相當漂亮的腎臟血管。X光片的品質與清晰度，和我在瑞典大學醫院所見到的一樣。就在我對印度大學醫院的醫療照護品質之高感到不可思議的同時，我突然發現腎臟上部血管的形狀不太一樣。那些血管比較單薄，而且形成一個球狀結構。那一定就是腎臟的癌細胞。這名印度老師問道：

「所以各位，你們覺得患者有血尿的原因是什麼？」

至少我很禮貌，想讓那些印度學生先試答，然後再告訴他們。我事後才想到：自己當下的這種念頭，只是再度顯示了我妄自尊大的態度。

「尿中有血的原因，一定就是我們現在所看到，位於腎臟上部的癌細胞。但是這位患者很幸運，癌細胞相對比較小，而且及早發現。當我們在醫院為他做檢查的時候，即使按壓他的腹部，都還感覺不到那顆腫瘤。他自己也提到，我們按壓他腹部的時候，他不覺得疼痛。」第一個印度學生回答。

這位老師繼續詢問：我們爲何能及早發現癌細胞？另外一名也曾在醫護部門見過這名患者的學生說，這是因爲患者一發現自己尿中有血就直接就醫，而沒有使用民間偏方或推遲檢查時間。他說，他認爲原因是患者在電話工廠擔任電子工程師，因此相信現代醫學。這位老師繼續問道：早期腎臟癌可能還會出現哪些症狀？這些學生也逐一回答。在研究X光片的課程期間，這種問答不間斷地重複著。我已經不再想著要回答老師提出的問題，反而努力想了解：怎麼可能有這種事？他們掌握的知識居然比我還多。

課程結束後，我們一離開教室，來到走廊，我做的第一件事就是詢問其他幾個學生，我是不是剛巧被分配到某個專業課程了。我對他們說明，我其實應該要跟醫學院四年級的學生一起上課。

5 卡羅琳醫學院（Karolinska Institutet），位於斯德哥爾摩的國立醫學大學，建立於一八一〇年。

「喔，我們都是四年級學生啊。」他們說，「有什麼問題嗎？」

我回答說，他們在課堂上提到關於腎臟癌和其他疾病的潛在症狀時，展現出相當豐富的知識，讓我感到很佩服。

「你們用哪一本教科書？」我問道。

「我們大多數人都讀《哈里森》。」其中一個學生回答。

《哈里森》是內科醫學中，現存最大本的教科書的簡稱；A4大小開本，共計一千一百二十頁，以極小的字體印刷。一九七一年，當時滿懷抱負的我就買了這本書。然而就在我寫下這句話的時候，這本書還擺在我身後的書架上，而我從來就沒讀過。我在瑞典用來準備醫科考試的，是一本體積較小，總頁數只有《哈里森》一半、印刷字體也比較大的手冊。我們繼續比較瑞典學生和印度學生，結果發現，印度學生閱讀大部頭教科書《哈里森》的總次數，恐怕比瑞典學生閱讀篇幅較短的應考手冊的總次數還要多。

我發現，瑞典學生和印度學生另一項重大的差異，在於派對的品質。印度的學生派對可謂無聊至極，男學生和女學生分別站在房間裡的不同區域，派對上最刺激的則是益智問答。而一九六八年後的幾年內，我們瑞典醫學系的學生派對則可說是棒呆了。當然，我們犧牲了大量自修、閱讀的時間來規畫這些派對，我們十分享受，更藉著這些派對來恢復元氣。我提到派對，只是爲了平衡一下自己最重要的經驗——印度學生比我優秀。在我成長過程中，我的世界觀是：西方世界是最優秀的，全世界將永遠望塵莫及；此時，這種觀點第一次發生了變化。我第一次認爲，西方不會永遠控制這個世界。我相信許多人都有同樣的經驗：和你相遇、互動與交流的人，會讓你改變自己的世界觀。

我們總認爲印度是貧窮的。我們的確見到了印度的貧困，然而我們對它輝煌的古文明，甚至年輕有才華的印度人在現代學術界所占有的絕對優勢，卻都一無所知。今日的研究成果、專家分析和生硬的統計數據，都證明了這個強烈而明確的趨勢：印度正在迎頭趕上現代化的世界。然而，所有來自舊西方文明的人，似乎都得親身體驗，才能領略到這一點。一九七二年，我在班加羅爾的X光授課中領悟到：亞洲總有一天會趕上歐洲與北美洲。在這之後所發生的一切，只是證明了我四十四年前的觀察。

之後我們離開班加羅爾，繼續旅行。印度鐵路公司爲我們這些學生提供了三等車廂優惠。在我們漫長鐵道之旅中的許多對話，揭露了印度的多元性。我們在來到尼泊爾以後轉乘巴士，然後從首都加德滿都出發，在喜馬拉雅的峽谷區步道，徒步健行四天。

我們獲得政府所核發的登山證以後，沿路上的當地家庭便爲我們提供住宿；他們以米飯和小扁豆招待我們，而我們需要繳付的旅費卻相當微薄。這些友善而自豪的家庭，僅能靠著在梯田上種植玉米，勉強維持生計。他們居住的社區看來規畫完善，但生活十分艱苦。學校的數量屈指可數，沒有醫療照護，嬰幼兒的死亡率高達百分之二十五，婦女平均生下六個孩子。尤有甚者，許多小女孩在成年以前就被許配給他人。

很快地，覆蓋著白雪的山頂進入我們的視線。我們有點不安地走過一座危險的吊橋，攀爬了最後一小段陡峭的山壁。我們氣力耗盡，坐在一處供佛教徒祈禱的地點休息。這時，一個小女孩剛好路過。她將雙手貼向臉頰，朝我們比出一個睡覺的手勢，並引領我們到她父母家裡。那是一棟屋頂堆著草的兩層樓小屋，他們讓我們睡在小屋二樓的臥房。

那是個月圓的夜晚，村裡的人們演奏著樂器、唱著歌。但接待我們的這家人並沒有這麼做。他們家有個還不到一歲的小男嬰，夫妻倆用一個盛著熱水的浴缸給小男嬰泡澡，用奶油塗抹他的身體，並且用稀粥餵他。他們不在乎我們就躺在幾公尺外的地方，打量著他們。安妮塔掏出自己的日記簿，開始詳細記下他們的行爲。她一連記錄了好幾頁。空氣相當清新，在小村莊周圍流動的山澗聲宛如管風琴的演奏，響徹了整個溪谷。

隔天，外曾祖母帶著我們參觀梯田，向我們展示當地的農業。我們拍了幾張照片，對他們的生活方式有了眞實、深刻的理解。

在向他們道別之前，考量到我們將來可能會舊地重遊，我們記下了他們的名字。四十二年後，也就是二〇一四年，我們回來了。如今村莊已經有了連外車道，身穿公路局防護背心的男子在路旁鏟沙，使水溝能保持清潔，同時讓路面保持平穩。當地已經開始以養殖漁業作爲出口產業，社區已經興建了數所學校，孩童死亡率降低，大多數家庭都只生育兩個子女。

我們來到當年接待我們的家庭門口時，還眞有似曾相識之感。同一棟房子座落在原地，但外觀已經變得比較現代化。和峽谷中的其他屋舍一樣，原本堆著草的屋頂已經換成鋼板。當年我們見過的小男嬰已經成家，住在這棟房子裡。他的妻子就像他的媽媽一樣好客。他媽媽已經在二十年前過世，他的父親年事已高，目前住在印度。我們拿出前次來訪時的舊照片，並讓住在附近的鄰居和親戚一起觀看。

當我們一起用餐時，這位兒子和他的家人告訴我們，現在村裡的孩子都接種了疫苗，也到學校受教育。家庭生育規畫頗有進展，社區醫院為年輕女孩提供事後緊急避孕丸，兒童死亡率已經降到百分之四。但我們在旅程中也得知，現在有許多女孩會到大都市賣淫。

當天夜裡下著雨。但雨水非但沒有留下任何惡臭味，反而順著被鋼板包覆的屋頂滑落。

「屋頂堆著草不是比較美觀嗎？鋼板真的有這麼好嗎？」我這麼問的目的，是想要測試一下村民的反應。

其中一名男子向我跨出一步。他回答時，站得離我很近：

「你聽清楚了，這個屋頂可是二十年都不需要維修的。二十年哪！換成鋪草屋頂，我們每兩年就得翻修一次。同時還得割草，將它們收集起來，然後曬乾。」

「現在屋子裡是乾的，一點臭味也沒有。」好幾個女人這麼說。

我佇立許久，打量著鋼板屋頂。從堆著草的屋頂、美麗的芒果樹、十四歲就被許配給別人的少女，到半都會化或都會化社區裡的體面生活，通常必須經歷幾個非常醜陋的階段：賣淫、貧民窟、缺乏人權，還有鋼板屋頂；不過同時也有各種壓倒性的力量存在：經濟成長、教育程度提升、健康醫療條件改善、小家庭，以及個人權利的提高。當我們打量著這些處於過渡期的社會時，我們很容易會發現它們的醜陋面，覺得很礙眼。

那些和我交談的尼泊爾村民都知道，這些改變已經勢不可當。「一切就從現在開始。」他們這麼說。長達十年的內戰在二〇〇六年結束以後，尼泊爾已經度過一段相當精采的轉型期，其中聯合國兒童基金會和援助款項功不可沒。現在的大問題是缺少就業機會。

就在我們即將再度離開時，安妮塔朗讀了自己在一九七二年春夜裡記下的幾頁日記內容；那是關於一對年輕夫妻餵養小孩、幫孩子洗澡的文字紀錄。所有人都被感動了。那位兒子哭了起來，我們也跟著哭了。我們給了他一張他母親的照片，他把這張照片放在一個收藏重要物品的檔案夾裡。這是他手上唯一一張她的照片。假如你只有三天時間深入了解一個人，你可以先和他共處兩天，並且將第三天延遲到四十二年後，再和他重逢。

在七〇年代的那趟旅程中，我們從尼泊爾的山村啟程，往東南方前進，穿越印度、緬甸、泰國、馬來西亞與新加坡。

那次旅遊的最後一個月，是在印尼度過的。我們在亞洲度過的這半年，相當精采而充實。除了學到很多東西，更重要的是，我們回到瑞典所做的第一件事就是結婚。我們將所有存款花在旅程上，也共同生活多年，因此，正式的結婚典禮感覺有點奇怪。我們走到市政廳，登記成為夫妻。市政廳的推事念了一首讓我倆喜極而泣的詩篇，之後，我們在公園裡一起吃了一顆桃子，才騎腳踏車到我父母家，告訴他們這件事。我爸對他不必參加正式而隆重的婚禮感到高興，我則不許我媽為婚禮安排宴會——她始終沒有原諒我這麼做。當時安妮塔的父母還在瑞典南部的夏季渡假屋，我們用明信片通知他們這件事。他們打電話來，向我們道賀。

///

葡萄牙的法西斯政府在一九七四年四月二十五日垮台，同一天，我們帶著我們的第一個孩子離開婦產科。

我們就住在醫院隔壁。當天早上，我們用嬰兒車推著安娜，在燦爛的春陽下穿過都市公園。當時藍鐘花已經盛開，生產過程順利，我們的小女兒狀態良好。看到她熟睡的樣子，我們感到心滿意足。

那天下午，我躲了起來，收聽新聞，得知葡萄牙的不流血政變已經成功。然後，我和安妮塔收聽「今日之聲」頻道的新聞。我們感覺，這件事其實已有徵兆，現在它成真了，恩達多·蒙德萊斬釘截鐵提過的這件事終於成眞了。

所以，我們這個年輕、和樂的小家庭，或許有機會前往即將獨立的莫三比克，在那裡工作。

結束亞洲之行後，我花了一年半的時間完成醫學系的學業。在這段期間，雖然我仍痴迷地想多了解這個世界，但在心態上已經愈來愈實際。我和安妮塔決定要到非洲某個最貧窮的國家工作幾年。她申請助產士學程，這樣才能有比護士更顯著的貢獻。我們開始具體規畫在非洲的工作，以及家庭生活。

安娜出生以後，我不得不認眞考慮自己育嬰假的問題。我們曾在安妮塔懷孕時達成共識，我會從一九七四年十月開始在家照顧安娜。安妮塔必須完成她的學程，因此對她來說，我們平均分配育嬰假是很重要的。我在烏普薩拉的肺臟診所代班，還不知道自己能否在那裡謀得一份全職工作。

我一再推遲和診所主任談話的時間，但最後我再也忍不住了。我去找他，並告訴他：我太太必須完成學業，因此我在十月到明年二月之間必須請假。

「請假？可是你是代班人員，我不能聘另一個人來暫時代理你啊。」他說。

「對，可是……我們難道不能這麼做嗎？」

「這樣的話只能請你二月再和我們聯繫，看看那時是否還有職缺。如果你選擇留在這裡，就可以繼續工作。」

「可是關於父親育嬰假的新法案，明年就會通過了。」

「會不會通過，沒人說得準啦。」診所主任說。

我垂頭喪氣地回家。當天和安妮塔一起吃晚餐時，我沉默不語。但在我們吃完晚飯、坐在沙發上時，我提到，我已經和診所主任談過了。

「太好了。」她說。

「是，可是如果我請假，就不能保留代理的職務。」

「可是這種代理職務，對你來說似乎不難找啊。」

「對。可是我在想，如果我秋天繼續上班，可能比較理想。」

她只是靜靜地望著我。我繼續說：

「假如妳秋天能在家裡帶孩子，我就可以繼續代班，累積申請家醫科醫師職務所需要的經驗和履歷。」

「可是我得修完我的學程啊。」安妮塔說。

「妳也許可以等到明年吧？」

她站起身，閃進我們的房間，走到衣櫃前面。我以爲她要拿什麼東西。過了一會兒，她拎著我們的小型登機箱出來，走到玄關，將登機箱放在門邊。

「這是給你的。」她冷靜而堅決地說。

安妮塔從來不大吼大叫。

「這是什麼？」我困惑地問道。

「襯衫、內衣褲、襪子。滾出我的人生，永遠別再回來。我們明明已經講好了，我都已經通知學校了。」她說。

隔天我去找診所主任，告訴他我會在九月結束後離職。然後我就在家照顧安娜。我太太把一個登機箱放在門口，要我「滾出她的人生」。很不幸地，我非得經歷過這種事情，才能眞正意識到自己想要放育嬰假，在家照顧我們的第一個孩子。

安娜出生後的那幾年間，瑞典反種族隔離運動應莫三比克衛生福利部等單位的要求，成立會員招募組織。他們最後將該組織定名為「非洲事務小組招募組織」（簡稱ARO），我相當主動地參與ARO成立的事宜。從不流血軍事政變為葡萄牙的殖民地戰爭畫上句點的那天早上，到我們在一九七八年夏天準備前往獨立的莫三比克，整整過了四年之久。

令人喜悅的是，當時我們已經生下了第二個孩子。奧拉在一九七五年十一月出生，那時我們住在胡迪克斯瓦爾[6]。安妮塔獲聘成為助產士，我則擔任家醫科醫師。我們認為，在瑞典一家小醫院上班，是在前往莫三比克工作前的準備事項中，相當完美的一個環節。

我們的其他準備事項，範圍很廣泛。我們參加了為期一年，名為「災害與急難救助款教育」的講習課程，上課地點是安格曼蘭[7]的沙島學校。最重要的也許是我們學會了葡萄牙文。我們還在烏普薩拉修了長達十星期，關於貧困國家醫療服務的課程，這和葡萄牙文一樣重要。最後我們還參加了由ARO主辦，為時兩個星期的講習會。我們在講習會上簽了合約，而合約則被寄往莫三比克。我們通過了甄選。莫三比克公共衛生與醫療部門直接聘用我，他們提供我們全家在一九七八年八月啓程的機票。當時，我剛開始修習內科專科學程，也已經擁有三年多的行醫經驗。安妮塔擔任助產士的工作經驗，則和我的行醫經驗一樣久。我們準備就緒了。但我在一九七八年五月某個深夜裡的發現，卻讓一切計畫戛然而止。

「漢斯，我很遺憾。是癌症。」

拉瑟・維克斯壯是我的主治醫師兼首席外科醫師。五月的某一天，他在辦公室裡當著我的面說出這幾個字。他先前打電話給我，要我到他的辦公室坐坐。他說出這幾個字時，用凝重的表情望著我。

他拿在手上的一張黃色紙張，就是病理學的檢驗報告。他從綠色橡膠桌墊下方

6 胡迪克斯瓦爾（Hudiksvall），位於瑞典中北部耶夫勒堡（Gävleborg）省境內的自治市。

7 安格曼蘭（Ångermanland），位於北瑞典的省分。

抽出這份報告時，我還在想：這塊綠色桌墊和亮色系的書桌，眞是不協調。拉瑟·維克斯壯等著我的反應，才陳述下一步該怎麼做。

幾天前，我在洗澡時發現了這件事。當時我在身上塗抹著肥皂，突然間，我的手和想法停頓了下來。我的手指尖伸回右睪丸的外側。的確，我觸摸到一小塊凸出物；它並不在皮膚裡，而是在睪丸的表面上。我比較了兩顆睪丸。和右邊相比，左睪丸的表面完全是平坦的。這是一個迅即、令人震驚、恐怖的發現，我非常可能得了睪丸癌。

那天晚上，我單獨在家裡照顧四歲的安娜和兩歲的奧拉，安妮塔正在修習爲時兩個星期的葡萄牙語課程。瑞典的工作單位已經批准我們的請假，也任命了臨時約聘雇職員；我們剛和一名房客簽訂了二手租房合約，效期兩年；我們還已經訂好八月到莫三比克的機票。這時已經五月，而我可能得了一種在數年之內會讓我喪命的疾病。

幸運的是，我發現這件事時，孩子們已經睡著了。我沒法眞正描述自己是如何度過那一夜的，因爲我記不起來。我所記得的下一件事，就是首席外科醫師拉瑟·維克斯壯在隔天早上對我進行檢查。

「你準備前往莫三比克，所以我必須得到精確的檢查結果。我會把你全身上下掏空，徹底檢查一次。」他說。

他打電話給護士，定下兩天後的手術時間。我保持低調，告訴安妮塔：她不需要退出葡萄牙語課程。手術當天，我一如往常地將孩子們留在幼稚園。當我在手術後睜開眼睛時，站在我身旁的拉瑟湊上前來，神色凝重。

「漢斯，你有聽到我說話嗎？」

我點點頭。

「我沒法摘除腫脹物，它有一大部分已經陷在右睪丸裡面了，所以我切除了整個右睪丸。我已經將它送到化驗中心，一得到檢查結果，就會打給你。」

手術後，我走路時會感到疼痛。不過在手術後的那幾天，我的生活一如往常。安妮塔繼續語言課程，我早上則送孩子們到幼稚園，繼續在內科部門上班。

現在，我接獲了通知。

「現在請你仔細聽好。這是精原細胞瘤，屬於良性的睪丸癌，化療能取得不錯的治療效果。所以就算癌細胞可能會擴散，你痊癒的機會還是很高的。我已經和烏普薩拉大學醫院談過，他們會妥善照顧你，下星期就會開始化療以及進一步的檢查。我已經批准了你三個月的病假。你得延遲前往莫三比克的時間。」

拉瑟．維克斯壯是個好人。他已經打給醫院，知道下一步該怎麼走。我獨自從外科看診處走了一百三十公尺，來到藥物治療中心，走進我同事伯爾的辦公室，當時他並沒有在看診。他問我情況如何。在了解以後，他就細心地將我下午班表上的待診病患分成幾批，讓同事們幫忙看診。我想去幼稚園接孩子們回家。

當我給孩子們煮飯的時候，我沒有哭；當我們在地板上玩積木的時候，我也沒有哭泣。我們活在當下。我一如往常地給他們讀故事書，唱歌給他們聽。直到安妮塔當天夜裡回家時，我才崩潰。她接管孩子，並且告訴他們：爸爸工作很累，得自己靜一靜。他們年紀還小，不明白發生了什麼事，對爸爸提早下班跟他們玩，而媽媽也提早回家，只覺得好開心。對他們來說，今天真是美好的一天。

就連我們也不理解這是什麼意思。這是死亡判決嗎？

二十九歲的我育有兩個孩子，已經得了癌症。我和安妮塔緊緊相擁，抱頭痛哭。我還有機會看著孩子們長大嗎？我能倖存下來嗎？我心中懷著最強烈的愛情與最陰暗的混亂。

當你的人生出現這樣的變化，你需要制定一個計畫。明天會發生什麼事呢？這就讓安妮塔來處理。她將一切都打理好，陪伴我度過每一天、每個星期、每個月。她在一小時內，就辦妥了自己工作單位接下來幾個月的無薪假。她和愛達嬸嬸談好，我們一家人可以住在她位於烏普薩拉外圍的農莊，而不是胡迪克斯瓦爾。安妮塔向孩子們說明，他們會先住在愛達嬸嬸家裡，而不是前往非洲（我們往年通常在愛達嬸嬸家裡過聖誕節）。我們將東西打包好，送上車。我被分派到的任務是和孩子們收拾玩具。當時的安妮塔剛考取駕照，不怎麼喜歡開車，但是她仍然開車載我們前往。

當天是星期天。就在我們駛入烏普薩拉，望見城堡和大教堂的時候，我的心情相當激動。這是我成長的地方。突然間，我覺得好難過。安妮塔停車，讓我下車到外面靜一靜。

化療和驗血在接下來的一星期內陸續展開。這真是一場煉獄。肝功能檢測發現異常的結果以後，院方懷疑癌細胞已經擴散到肝臟和淋巴管。淋巴管的異狀可以用化療治癒，但出現在肝臟的轉移瘤，意謂著我只剩下一年可活。我的人生戛然而止。莫三比克是去不成了，我只能苟延殘喘下去。

我一連哭了好幾天。安妮塔照顧孩子們，並安慰我。罹患疾病讓我對自己周遭的人事物產生怨恨的心理。他們過著優哉、快樂的生活，而我只能承受傷痛與苦難。我只能躺在庭院的吊床上，把麥格雷[8]探長的所有探案一冊接一冊讀完。我媽承受不了這種打擊。她太過悲痛，無法為我提供任何支援。

安妮塔的嬸嬸愛達和她的丈夫波爾對我患病的事絲毫不加掩飾，這讓我感到很自在。他們不會問我「感覺怎麼樣」，而是用具體行動幫助我們。波爾是西格圖納[9]小艇專用港的駐埠副船長，他替我們弄來一條小帆船。我可以直接從農莊動身，前往烏普薩拉的腫瘤學中心接受治療。我的目標是盡可能撐久一點，直到親眼見到孩子們上學。

幾天後，我坐在農莊三樓的床鋪上，望著院子裡的蘋果樹。這時，有一件事猛然掠過我的腦海。另一位醫師曾經在十年前叮囑過我，我的肝功能指數偏高，我應該盡可能地節制飲酒量。但是我根本就滴酒不沾，因此這種說法非常奇怪。我們本該繼續追蹤肝功能指數，但之後卻不了了之。

這份病歷表想必還保存在我曾經任職過的傳染病門診部。門診部裡一位相當能幹的護士也是我的熟人。一分鐘內，我便意識到自己該做什麼：找出這份病歷，看看當時化驗中心的檢查報告顯示了哪些資訊。

我一旦決定要弄清楚某件事情，就會鍥而不捨，因此對許多人來說，和我相處是很難受的。當我開始在歐洲各地搭便車旅遊時，這種特質就逐漸顯現出來。當時的我坐在馬賽的青年旅館外，在所有搭便車旅行的遊客裡，我的年紀最小。我手上總是拿著全國機車騎士協會的歐洲地圖手冊，因此其他人稱我是「拿著藍色書的小男孩」。那本書有一大部分的內容，包括歐洲各大城的資訊，使我能夠確認周邊人們閒聊內容的眞實性，然後三不五時插入一句類似這樣的評論：「不對，你弄錯了。布拉格的歷史比你說的要長得多。」我終其一生進行研究和教學的基礎，就是弄清楚事情的眞相。

我開車來到醫院。過了整整一小時，護士才發給我許可，允許我到地下室的檔案庫找出那份手寫的病歷表。我們將那份病歷表放在檔案庫的小桌子上。一束光線透過地窖的窗口，映照在我們身上。

8 麥格雷（Jules Maigret），比利時作家喬治．西默農（George Simenon）小說中的虛構人物。

9 西格圖納（Sigtuna），位於斯德哥爾摩省最北端之自治市，以聖誕市集聞名。

沒錯，早在十年前，我的肝功能指數就已經偏高。總之，癌症並非原因。現在，我能夠在感情不受影響的前提下意識到，也許我還有救。當時的我仍然深陷在黑暗中，但重要的是搞清楚到底發生了什麼事。一星期以後，我被確診患有慢性肝炎，而不是肝癌。這樣一來，情況就好得多了。

院方在兩個星期後重新檢查了我的淋巴腺，結果顯示，我的淋巴結內並未出現轉移的癌細胞。第二輪的化療可以中止了。這眞是翻天覆地的變化。現在，我的人生是否可以重新運轉？難道癌細胞沒有發生轉移？我們搬回胡迪克斯瓦爾的公寓。我每個月檢查一次，然後降爲每兩個月一次。隨著時間流逝，癌細胞也不再復發。

我返回工作崗位時的心情無比沉重，許多人甚至不知道我之前生過病。我在電梯裡遇見一位同事，他脫口而出：「你回來啦！你在非洲過得怎麼樣？」不得不將這段過程描述給大家聽，或是選擇不這樣做，是很痛苦的事。

但是我們的生活仍將繼續下去，前往莫三比克的動力再度浮現。一年過去了，問題是我接受化療後是否夠健康？對我慢性肝炎的新診斷，是否會影響我前往非洲，以及在當地工作的能力？

好幾個晚上，我和安妮塔都在促膝長談這些問題。我們是該去，還是不去呢？

我們想怎樣過生活呢？我們很想去。我們覺得自己就是爲了這件事而生的。我們在亞洲旅行、接受醫學教育、參與非洲事務小組招募組織的運作，就是讓我們的人生爲此做好準備。

假如我只剩下幾年可活，把最後這幾年花在我們眞正想做的事情上，不就是最理想的嗎？還是，我們也許應該在家裡花時間陪孩子？周遭的親友努力阻止我們成行。然而，我們最終做出了決定。我們完全憑自身的意願做了決定，就這樣出發了。

保險是很關鍵的問題。腫瘤學中心不願意簽署能讓我得到必要保險的證明。他們讓我去找傳染病防治部門的主任佛克．諾柏林。過去我曾是他的下屬。我已經就此事寫信給他，描述了現在的情況。

一踏進他的辦公室，我意識到，他的裁決將影響我的職業生涯。但我非常信任佛克．諾柏林，由他對這件事情做出裁決，這種感覺其實蠻好的。

「請坐，請坐。不需要做健康檢查，我們只需要好好談談。我已經看過你的病歷了。」他一面說，一面將手擱在自己面前的那堆文件上。

他問我：我準備在莫三比克從事什麼樣的工作？這份工作是否可能透過食物、

飲水、瘧疾、蚊蟲等途徑，讓我罹患傳染性疾病？他繼續提問，而我對他的所有問題都回答「是」。要是我生病了，當地是否有良好的醫療照護？是否有醫師能爲我提供治療？是否有化驗中心？對這些問題，我的答案則是「否」。他沉靜地點點頭，聽我陳述。

當我聽見自己的聲音時，我心想：這樣肯定行不通。

他繼續問我：我爲什麼在這樣的情況下還想到當地工作？我回答：莫三比克是個剛獨立的國家，該國亟需醫師。我還說明：我爲這件事已經準備多年，而我太太也將會擔任助產士。他注視著我，沉默不語。

「我看不出任何讓你無法成行的理由。我會簽署所有必要的文件。」

多年以後，我在一場於越南舉辦的抗生素學術會議上見到了佛克。當我走上前，準備爲他當年的那個重要決定好好致謝的時候，他脫口而出：

「哇，你還活著耶。」

我驚訝地回答：

「當然囉。當初你保證我在接受化療以後已經完全恢復健康，我想好好謝謝你。當時，這讓我能夠前往莫三比克工作，而那讓我能夠從事現在這份國際性的工作。」

「是的，漢斯，我對你的健康做了擔保，但事實上，我是很猶豫的。我覺得你的癌症很快就會復發，而且你會死於癌症。但我從你的眼神裡看到，你眞的很想出發，進行這份你已經和太太一起準備好的任務。當時我心想：『如果他就只剩下幾年可活，爲什麼不讓他做自己最想要做的事呢？』所以我就簽署了那份假的證明，讓你得以前往莫三比克。」

佛克．諾柏林勇於承擔責任。一九七九年十月二十三日，我、安妮塔、安娜與奧拉搭上飛往莫三比克首都馬普托的班機。

CHAPTER 3

來到納卡拉

那天下午，我們降落在馬普托那座樸實無華的機場。當我們帶著興奮的孩子們爬出機艙時，炎熱的空氣撲面而來，淺色的水泥建築表面反射著陽光。我們在旅途中讀了《洛杭、馬薩林和達塔楊》[1]，孩子們聽完故事以後就睡著了。現在他們可是精神抖擻，背著我媽親手縫製的側背包。當我們走進入境大廳的時候，孩子們堅持要自己拿自己的護照。

這架飛機的機身上用葡萄牙文印著：「我們不只搭載乘客，也搭載團結。」飛機上半數乘客是國際援助計畫的工作人員。許多人蜂擁進入莫三比克，想在當地工作。我們自命不凡地稱自己是「團結的工作者」。

要不是因為孩子們的喜悅實在太強烈，此時的我想必會覺得傷感至極。十二年前，我答應莫三比克獨立運動的第一位領導者，我將會來他的國家行醫；一年前，睪丸癌曾經阻撓我實現這個諾言。然而孩子們沒給我時間多想。

---

1 《洛杭、馬薩林和達塔楊》（*Loranga, Masarin och Dartanjang*），瑞典頗受歡迎的童書系列。最初於一九六九年寫成，其後經多次改編，並在二〇一七年推出有聲書。

護照檢查人員看看我們的護照，瞧了瞧衛生部長核發、效期兩年的合約，臉上露出熱情的微笑，歡迎我們入境。我和安妮塔知道，我們會分別擔任醫生和助產士的職務，但我們對自己會被分派到這個國家的哪個區域，卻一無所知。當初我們同意讓他們把我們安排到最需要我們的地方。

取完行李以後，我們的腦海裡浮現了一個大問題：我們會被分派到哪裡呢？妮妮·烏魯斯是瑞典組織部配置在當地的統籌人員，她到機場來接我們。她對我們入境後的事宜，制定了一份完美的計畫。她開車載我們到馬普托唯一一間正常營業的冰淇淋店。對孩子們來說，窩在陽傘下大舔冰淇淋成了在非洲的初體驗，這很正面。同時，我和安妮塔也得到了向她提問的時間。

接下來那幾天，我們會住在一對挪威夫婦家裡。他們的子女年齡與奧拉和安娜相仿，而且他們家還有庭院。

隔天我們就得來到衛生部，討論我們的分派地點。衛生部在將外籍人士分派到某個地點以前，一定會和他們見面，聽聽家中每個成員的想法。妮妮說過：「他們的行爲不會那麼官僚。」

接待我們的是一位很有魅力，和衛生部其他雇員共用辦公室的人力資源主管。

這是一棟功能齊全、運作正常的建築，門板是褐色的，標示也十分清楚。

這位女士顯然事先已經仔細閱讀過我們的文件。她馬上就問道：我不久前才接受過癌症治療，從事醫療工作是否有健康上的顧慮？她重複問說：我們的孩子對來到莫三比克，是否感到高興？她記下我們希望住在貝拉[2]的事，我們有瑞典朋友住在那裡。幾乎同樣重要的是，當時是全國第二大城的貝拉，還擁有一座景色相當棒的海灘。即使還不知道眼前的工作會有多困難，我們都很清楚，等著我們的是艱鉅的任務。但對我們來說，最重要的是爲全家人找到良好的居住地點。

我們在幾天後就回到衛生部，這次是要和另一名位階更高的主管開會。他直接切入正題：很遺憾，當時貝拉附近的區域並不怎麼需要我們。他希望我們盡快前往位於北部的楠普拉省，全國第四大城與最重要的港市納卡拉，開始工作。這座城市與其周邊的區域亟需醫生和助產士。往後我才了解，衛生部從一開始就打算將我們送到納卡拉。但他們不得不與我們開會，評估我們的個人特質，了解我們是否承受

2 貝拉（Beira），莫三比克第四大城，與印度洋接壤。

得了壓力。他們仍然認為我是個相當欠缺經驗的醫師。

我會和一位名叫安娜・依迪特的當地醫師一起工作；當時莫三比克全國剛畢業的新到任醫師寥寥可數，而她就是其中之一。如此一來，我只需每兩晚值班一次，我意識到這是一個很明顯的好處。當我們問到住房時才得知，地方政府機關會打理我們的住宿問題。我們提出最後一個問題：當地是否有海灘？這位人力資源主管笑翻了，他將身子貼在桌面上說：

「你們絕對不會失望的！那裡的海灘甚至比貝拉的海灘還要好！」

事實證明他是對的。在往後兩年，當地的沙灘成了我們郊遊、散心的好去處，帶給我們喜悅。

離開建築物以前，我們收到了「行軍指南」——那真的就是我們必須交給納卡拉地方政府機關的文件名稱。就像其他事物一樣，軍事術語是殖民時期所留下的遺毒，但這同時也反映出剛獨立的莫三比克、鄰國南非的種族隔離政權，以及由伊恩・史密斯為首的白人少數菁英統治的羅德西亞之間的緊繃情勢。這幾個鄰國間，經常爆發戰爭與武裝衝突。

我們在收到文件時被告知，我們是來替換一名剛在納卡拉工作一個星期，就要求調到其他地區的年輕義大利醫師。這令我們很擔心。但他們保證說，那只是因為這個義大利人對非洲有著「天眞浪漫的遐想」，他想要在「原汁原味」的非洲工作。我們了解到：納卡拉的居民覺得「眞正的非洲不應該有城市」這種說法是一種侮辱。

我在一年後見到了那位義大利醫師，他承認自己剛到非洲時有點太天眞了。但我也了解，他要求調派到其他地區，有很大程度是因爲每個醫師超乎尋常的工作量嚇壞了他。這可是一座人口超過耶夫勒[3]的城市（約有八萬五千人），加上周邊人口密集分布的郊區（居民數超過三十萬人），而當地卻只有一間醫院以及五十多張床位。幾個月後，我將會成爲這個超大行政區裡碩果僅存的醫生。

但就在我們駕車駛向城區，看到由屋頂堆著草的泥房所形成的貧民窟時，這一切都還沒有發生。我們愈接近市中心，住房的分布就愈密集。

道路旁栽植著椰子樹和腰果樹。插在這些樹木之間的小徑，直接通往周邊的貧

3 耶夫勒（Gävle），瑞典中部城市，爲耶夫勒堡（Gävleborg）省首府。

民窟。

我們從高原上望見大海。不久之後，有「水泥叢林」之稱的城市便出現在右手邊。比較富有的城區是由三或四層樓的房屋及別墅所組成，水泥則來自這座城市本身的水泥廠。海灣在山坡下方突然出現，醫院與足球場就在海灣旁邊。另一邊則是被森林所覆蓋的山丘。

這座城市裡設有藥局和郵局，卻幾乎沒有醫療體系，年代較久遠的屋舍也屈指可數。原因在於，這座城市十五年前還不存在，都市裡的成年人也都不是在這裡出生的。

我們分到一間單樓的水泥房，它不怎麼需要重新裝修，但需要重新上漆。由於這個社區採中央規畫，我們不能挑選油漆的顏色——他們也只提供一種顏色。我們的屋子內部漆成了淺藍色。

我們所居住的住宅區，是在獨立前幾年爲了以葡萄牙語爲母語的人所興建的。從我們家到醫院的路上，你會經過一排排販賣工具的商店、賣椰果的攤販，還有一家幾乎什麼商品也不剩的顏料店。

我的同事安娜相當堅定地告訴我：每天早上七點五十分會有一輛車來載我上班。第一天上班時，那輛車晚了幾乎一個小時才到。所以我告訴他們，以後我可以走路到醫院。醫院的職員對此提出抗議，不過我堅持己見。當我隔天早上走出家門時，心情相當亢奮。

我剛步出鐵柵門，行人就開心地向我打招呼。在第一個街角拐彎時，我馬上發現，大多數行人（不分年齡）一看到我，都停下了腳步。當時街上走動的人很多，但他們目光如炬地盯著我。當我經過他們身邊時，他們有禮貌地和我打招呼。在我走到醫院的路上，這種情況一再出現；晚上我下班回家時也仍然如此。這些關注讓我很不自在，但我心想，這種情況應該很快就會消失才對。可是並非如此，這種情形仍繼續發生。過了幾天以後，我問助產士羅莎，我會不會是哪裡有問題？共事短短幾天後，她已經成爲我在所有職員中最親近的朋友。她比其他人年長，更有自信，經驗也更豐富。對於我的問題，她笑了起來。

「你是個白人，結果卻走路上班。安娜明明就說過，要你早上等車子來接。」

我覺得她誇大其詞，心想：人們會習慣看到我走路上班的。

第一個星期，我繼續走路上班。不過，一個在週末即將來臨前從瑞典寄達的大木箱，讓我有了全新的想法。早在我們還沒離開瑞典以前，我們就將這個大木箱以水運寄往馬普托；現在，妮妮則將它轉寄到了納卡拉。箱子裡裝滿專家建議我們帶上，未來可能會派上用場的物品。當我們打開木箱時，家裡的氣氛簡直像是在過聖誕節。

一整個星期日，我們都在新家整頓箱內的物品。孩子們收到樂高玩具，興高采烈；安妮塔打開裝著衣服的袋子；我則開始動手組裝兩輛腳踏車。我們知道，單憑我們的薪資是買不起車子的，而我事先已經想過，假如我們騎腳踏車，人們就不會覺得我們比大家更有錢，鄰居就會比較能夠接納我們。一些莫三比克人有車，不過他們的人數可眞是少。在瑞典時，我們也常常騎腳踏車。我們在瑞典有車，不過最主要還是以腳踏車代步。因此當我將腳踏車組裝好，在庭院裡測試，證明它們運作正常時，我心中滿懷著思鄉之情。經歷了第一個週末以後，全家人歡欣愉悅地上床就寢。

星期一早上，我比較晚出門上班。現在我已經有了腳踏車，速度會比較快。當我騎著車高速衝出大門時，感覺自己彷彿回到了家鄉——我的家人擁有一棟房屋，而我則騎腳踏車上班。但短短幾秒鐘以後，我就意識到背後傳來的嘈雜聲，並不是一輛消音器故障的貨車所發出的喇叭聲，而是狂笑聲。我不得不回頭看看。先前在街上很有禮貌地向我打招呼的人們，此刻正在高聲狂笑，對我指指點點。當我繼續向前騎，前往工作崗位時，被我甩在後面的人則對我前方的人高聲呼叫。我看到成年婦女笑到抽搐不止，跌倒在地面上。

當我騎上大街時，這種情況繼續出現。到了這個地步，我覺得相當害臊，因爲我不懂到底有什麼事這麼好笑。我檢查了自己的褲襠，頭髮和臉上也沒有任何看起來很蠢的東西。當時的我一定臉紅了。我唯一的反應是愈騎愈快，但在眾人眼裡，這樣想必更加好笑。來到醫院的中庭時，我見到排排站的病患，結果病患和他們的親屬也笑到前仰後合，笑聲的音量大到醫院職員在我還沒能從腳踏車上跳下以前就衝了出來。

值得慶幸的是，羅莎也出來察看情況。她並沒有跟著笑，只是用嚴厲的目光注視著我。我們走進急診室，這樣才能不受干擾地談話。我感到十分困惑，內心被一種不知道該哭還是該笑的強烈感受震懾著。

「爲什麼大家都嘲笑我？」我朝羅莎吼道。

「你爲什麼騎腳踏車到醫院來？」她問道。

「我在瑞典就是這樣上班的啊。」

「可是你現在是在納卡拉上班。這裡的人從來沒看過成年白人騎腳踏車上班。我們這些職員，沒有人騎腳踏車上班的。葡萄牙人都把腳踏車送給小孩。而且還有啊，上城區住著一個葡萄牙男人，他每次喝得爛醉的時候就會騎腳踏車。」

「可是對我來說，騎腳踏車很方便啊。我又不是葡萄牙人，而且莫三比克現在已經獨立了。」

我幾乎要大發脾氣。但羅莎挽住我的手，說道：

「不，這樣一點都不方便。你這樣做是讓自己丟人現眼，而且沒辦法再做醫生的工作。我會請清潔工阿賀梅把你的腳踏車牽回家去。你可以和孩子們騎腳踏車，但請你以後別再騎腳踏車到醫院來。我不多說了。有個女人今天大清早就來到我們的產房。她在自己家裡生產。胎兒已經死掉了，她現在生病了。她得了破傷風。」

///

破傷風是一種很恐怖的疾病，我得說服所有婦女在懷孕期間施打破傷風疫苗。

如果我要完成這項任務，就不能被全城的人當成小丑。我被迫做出選擇。爲了保持自己的可信度、引進能夠保護人們健康的新方法，我不再騎腳踏車上班。類似的問題以同樣的方式一再出現，讓我不得不捫心自問：哪些事情是必須改變的？哪些事情又是能夠輕易改變的？

爲了讓自己能夠冷靜下來，在接下來的幾個星期中，我把需要改變的一切寫在一本小筆記簿上，並時時將筆記簿放在口袋裡。我在週末時檢閱這份清單，先將所有不重要的內容刪去，再把不那麼容易的事項刪除。在那個星期中，增加破傷風疫苗的接種人數成爲重要事項，被保留在清單上。這應該是能夠達成的任務，也的確不難辦到。一年之後，不再有任何罹患破傷風的婦女與新生兒來到我們的醫院求診。不過我還是不能騎腳踏車。一句箴言逐漸浮現出來：先改變必須改變的事情，然後靜觀其變。

我的第一位非洲朋友協助我釐清工作的方式，他也是第一個告訴我希望自己的國家（莫三比克）達到歐洲國家水準的人。不過他也說，他知道那會花上很長一段時間。

他來自鄉下的一個小村落，三個兄姊都在剛出生時就夭折了。他出生時，母親將他取名爲「奈赫雷瓦」。這是個很原始的名字。根據當地文化，假如人們擔心一個孩子不久之後就會夭折，就會暫時爲他取這個名字。這名字的意思大概是「準備入土」。

不過奈赫雷瓦存活了下來。他的父母是辛勤工作的小農民，順利讓他進入學校就讀。從小到大，奈赫雷瓦始終保留自己的暱稱，他說這麼做是爲了榮耀母親的勤懇勞動，同時提醒自己，生命一直都是很脆弱的。

奈赫雷瓦能流利地說十種語言。他在校的學業表現是如此優異，使他被牧師講習會錄取，準備接受擔任天主教牧師所必要的神職教育。但莫三比克的解放戰爭打響時，他就從學校裡逃了出來，徒步進入坦尚尼亞。他向莫三比克解放陣線黨位於三蘭港的辦事處報到。

我曾在一九六七年秋天寫信給莫三比克解放陣線黨的總部，詢問資訊；當時就是他回信給我，而那就是我們之間的第一次聯繫。奈赫雷瓦很有才幹，在莫三比克解放陣線黨的資訊部工作幾年以後，獲得到東德留學的機會。我們之間偶有書信往返，他在就學期間還曾經到瑞典來拜訪我。他在幾年後取得德國大學的學位，成爲莫三比克最初幾名礦業工程師之一。

機運使我們再度相逢。當時已經是一九七九年，我和全家人正在馬普托機場的登機手續辦理櫃檯前排隊，準備飛往納卡拉。突然間，我看到奈赫雷瓦排在我旁邊。我們高興地呼喊著，緊緊擁抱彼此。

「嗯，你們要住哪裡？」奈赫雷瓦問道。

「納卡拉。」我們說。

「這樣的話，我會來拜訪你們！」

奈赫雷瓦才剛回到祖國，準備接任家鄉所屬省分一處礦場的主管。礦場的進出口必須仰賴納卡拉的港口。

他在接下來的幾年間都定期來拜訪我們。奈赫雷瓦身材魁梧，孔武有力。他的臉部表情在凝重與充滿活力的歡笑之間擺盪。他很重視朋友，還教了我一個招數，防止救護車司機把車上嶄新的備用零件拿去變賣，再用已經過度使用的老舊零部件代替。但最主要的是，他引導我，使我完成一項艱難的課題：在一個貧困、幾乎沒有人具備醫療從業人員專業學歷的國家擔任主管，管理屬下的職員。

他告訴我，我不需要講太多。通常我只需要保持安靜，提出問題，讓大家表達意見，真正聆聽他們的看法，努力了解他們的擔憂。

等所有人都發表完意見以後，你得稍微思考一下（這會讓職員感到緊張），然後說：我了解你們的想法，但我們之後會這樣做。接著，你就說明大家往後該怎麼做。根據奈赫雷瓦的說法，你可以透過這種方式建立紀律，成爲受眾人擁戴的領導者。不要在會議中表達不滿；在他人面前始終保持冷靜；當你站在走廊上的時候，不要和人吵架。

他成爲我的朋友，以及我們家的一分子。對孩子們來說，他就像個叔叔。某個週末，奈赫雷瓦來拜訪我們，我們一起到海灘去。東非海岸線最優良的深水港之一，就在納卡拉。一座彎曲的半島創造出深水海灣，連噸位最重的船舶都能夠在此地停靠。印度洋邊幾處最美麗的海灘，則在更遠的地方。我們就在前往海灘的路上。

抵達海灘時，我們將車子停在路邊一棵義大利雨傘松下，走下車，望著眼前長達數百公尺，在陽光下閃亮生輝的海灘。奈赫雷瓦走了出來，站在我身旁。此時海灘上的遊客比平常要多，大概有二十多個小團體。

「今天海灘上人眞多，好可惜。我們得趕快找個地方安頓下來。」我說。

奈赫雷瓦整個人僵住了。他搭住我的胳臂，口氣凝重起來：

「看那邊！我們可以清楚地看到，納卡拉就在數公里外。當地有超過八萬個居民，其中一半還是小孩。在爲數如此多的孩子中，只有四十多個小孩在海灘上。這個比例可是千分之一哪！而你覺得這樣叫『多』？當我在德國讀書的時候，常常去羅斯托克[4]附近，波羅的海海邊的幾處沙灘。每逢週末，那些沙灘上全都是小孩。數以千計的小孩，和家人、朋友玩得好開心呢。」

最後他放開我，在車身周邊來回走動，幫孩子們把玩具和蛙鞋搬到沙灘上。我負責拿墊子和遮陽傘，安妮塔提著午餐籃。興高采烈的孩子、他們的爸媽和來訪的叔叔只需要走上一小段路，就能找到屬於自己的空間。我看了一下，原來我們已經走到一處空蕩蕩的沙灘。

這幾年來，我的非洲同事一再證明，我腦海裡的想法仍然和絕大多數歐洲人沒兩樣，這讓我感到很驚訝。他們的目標，其實也就是奈赫雷瓦內心想望的目標。

不管我們再怎麼努力，想要讓非洲不再受貧困與災荒侵擾，我們仍然很難設

---

4 羅斯托克（Rostock），位於德國東北部的城市，人口將近二十萬。

想非洲人過著像歐洲人一樣的生活。世界上絕大多數家庭都想要過上好日子，這件事為什麼這麼令人難以接受呢？他們想要偶爾到某個遠方國家渡假，他們也想要快樂、無拘無束地在沙灘上休息幾天。

///

某天傍晚，一名較為年長、一條腿骨折的婦人，被兩個兒子抬進醫院。村子裡的一棵樹被劈斷、樹幹砸在她的房舍，她來不及走避。她的大腿骨刺穿了皮膚，我不得不將骨頭弄回原位。患者因傷口感染導致死亡的風險很大，她的雙腿將很難恢復原狀。尤有甚者，我們本來就沒有X光機，而麻醉藥剛好已經用完了。我們對她說明，因為這些因素，治療過程將會十分痛苦。

我謹慎地清洗她的傷口。兩名護士攙住她的手臂，將她的身體朝一個方向拉動；職員間最強壯的助理護士則抱住她的腳，往反方向拉動。我費盡千辛萬苦，才將骨折處的表面固定下來。我先縫合傷口，在整條腿（從鼠蹊部到腳趾）塗上石膏，最後在石膏層貼近傷口處的表面上鑽了一個洞，以便包紮。在經歷兩小時的劇痛以後，她必須在床上休息一個星期，以點滴施打抗生素。我們也告訴她，不能用腳站立。那天晚上，我帶著某種滿足感走回家。這完全是整形外科手術，其實已經超出我原本的能力範圍。

隔天早上，我回到醫院所見到的第一幕是：那名老婦人站在門邊，向我招手。我衝向她。

「妳得在床上休息！」我惱火地用葡萄牙語吼道。

但她只會說馬庫阿語[5]，所以我用手勢說明。一名哭喪著臉的護士站在老婦人身邊，試圖將她拉回病床上。這名護士不得不口頭翻譯，替我說明：老婦人想要回家，否則她家的母雞會被偷走。

「石膏撐得住，我可以走動啦。」她一邊說，一邊用裹著石膏的腿輕敲水泥地板，想要證明自己是對的。

當我低頭看她的腳時，我發現了一個大錯誤：那隻裹著石膏的腳尖並沒有指向

5 馬庫阿（Makua）語，莫三比克境內的馬庫阿族人所使用的方言，屬班圖（Bantu）語族。

前方，而是指向側面。

外科主任的聲音從我後腦勺傳來。當我還在瑞典實習時，他曾警告過我：「你在替一條折斷的小腿裹上石膏以前，必須先檢查膝蓋和腳掌的位置。感到疼痛的患者通常會將腿的上半部往內彎。」我犯下了一個經典的錯誤。現在，患者的腳尖指向外側。這眞是太丟人了。

感到好奇的患者與家屬逐漸在我們身邊圍成一個圓圈。當他們也看到那隻指往錯誤方向的腳尖時，便咯咯笑了起來。我請護士替我口頭翻譯，對患者說明，我將不得不把石膏拆掉，將那隻腳扭正，再重新裹上石膏。我將自己的腳掌向外彎，向她說明，如果我不修正那隻腳的方向，她的餘生將只能跛腳而行。我的右腳尖指向外側，在圍成一圈、哄笑不斷的觀眾周邊蹣跚而行。當我把話說完時，老婦人面露微笑，將手搭在我的胳臂上。

「嘿，醫生，能夠像你那樣行走，我就滿足了。這麼一來，我就可以餵家裡的母雞，照顧孫子們啦。只要能倖存下來，用這種方式走路，我已經很高興啦。你今天還得給新的病患看診呢。我到這裡來是要跟護士拿藥片，同時等你過來，向你道個謝，然後回家。」

圍在我們周邊的群眾點點頭。當她和我握手時，他們發出贊同的呢喃聲。他們讓出一條路來，使老婦人能夠跛腳走在醫院入口處前方那片覆著沙土的小廣場上。連同我在內的五十多個人，望著她所留下的腳印。她的腳印看來很像大型拖拉機的輪胎印痕。之後我聽說她存活了下來，不過我再也沒在醫院裡見過她。石膏在一個月以後脫落，腳掌彎曲得很嚴重，不過家裡的母雞還在，她也能夠餵養母雞。這樣一來，她的孫子三不五時就有雞蛋可吃。

患者、患者的親屬和醫院職員，教我忍受自己並非萬能的事實。最讓我難以理解的一點是，由患者本人來決定要接受什麼樣的治療。我開始逐漸理解，最底層的窮人當然極爲迷信，但當他們面對自己人生中最艱困的決定時，基本上還是很明智的。我的輔導員英格蕾·魯斯終其一生擔任海外傳教團的隨團醫師，她這樣告訴我：「當你在極度貧困的環境工作時，不要嘗試把凡事做到十全十美。你要是這樣做，就是浪費資源和時間，使它們沒能發揮最大效益。」那名斷腿老婦人教會我的，也正是同一件事。

我把這個教訓轉換成一種新的工作方式：區分爲四個象限的表格。那是在一個多月以後的事。當時是星期天晚上，我們在海灘度過了美好的一天，我也已經跟孩子們講完床邊故事。我坐在空蕩蕩的餐桌旁。此時客廳裡的空氣十分清爽，所以不需要開電風扇。我取出過去一星期的「減壓列表」——我會在口袋裡放一本小小的筆記簿，用不同的筆將詞彙和短句記在上面（這就是減壓列表）。當發現工作單位的組織和醫療照護有任何必須改善或改變的事項，我就會用這種方式使自己冷靜下來。一開始，我試圖當場、刻不容緩地糾正所有錯誤，周遭的人都受不了我，而我也逐漸受不了自己。我找到的解決方案就是：在口袋裡放筆記本，看到任何錯誤，就先寫下來。

此時已是星期天晚上，我應該看一下自己在這星期所記錄的一切，進而選擇必須改變的事項。首先，我把自己所看到的一切錯誤完完整整地寫了下來。有些錯誤是根本解決不了、必須直接扔掉的。我在一張紙上畫了一個大正方形，再用一條直線和橫線分出四個象限，並藉此區別我所見到的問題。在上半部的兩個象限中，我在左邊寫上「容易」，在右邊寫了「困難」；而在左半邊的兩個象限中，我在上方寫上「重要」，在下方則寫了「不重要」。經過二十分鐘的沉思，左上方（也就是被標示爲「容易、重要」）的象限中出現四個錯誤，其中第一條是「門診包紮時，區分乾淨和已經受到感染的傷口」。換句話說，我得在星期一和恩利奇老爹談談。他是負責管理所有傷口包紮的護理員，年資最老，非常友善。

早上巡視過醫院以後，我穿過醫院前方的小廣場，踏進恩利奇老爹在狹長形門診樓房中心處的小房間。他的房間想必是整個醫院院區唯一沒有異味的房間。除了這裡以外，整座醫院都瀰漫著一股輕微的腐臭味。那有時是患者傷口或已經腐爛的身體部位所散發出的惡臭；有些人從來沒機會清洗堆得老高的衣服；有些人直接在床單裡大小便；親人坐在一邊協助餵食患者，食物卻灑落在地板上；人們在室內穿鞋或赤腳走動，但整座城市裡全是沙，所以沙子弄得到處都是，連床上都不例外。持續的打掃是十分必要的，但醫院的資源僅能確保每天最多清潔一次。此外，我們還缺乏通風設備，而某些日子可是炙熱難耐。雨季來臨時，空氣中的溼度居高不下，掛在曬衣繩上的毛巾就是曬不乾。即便如此，我們還是努力保持體面，並且決定在所有窗口擺上剛摘下的鮮花。

但你一打開恩利奇老爹的房門，就會聞到一股濃烈的清潔劑味。房間的其中一側，有十幾名患者坐在低矮的木凳上，等著接受治療。房間的另一側，有一名患者坐在高高的桌子上，桌面上鋪著一條布滿斑點，但原來是白色的花邊襯墊。恩利奇老爹站在桌旁，正準備爲患者的手包紮繃帶。

他馬上湊過來，友善地跟我打招呼。當我說明自己的來意以及工作任務的重新編排（這表示他得先處理所有乾淨的傷口，然後再處理已經受到感染的傷口）時，他看來憂心忡忡。他不了解我說的「乾淨」與「已經受到感染的」傷口是什麼意思，我的解釋也無助於他的理解。我要求他先包好正在處理的繃帶。與此同時，我望了望坐在長凳上等待的患者，選出兩名小腿受傷的男性。其中一人臉部表情痛苦，小腿上有一大塊剛生成的燙傷區。他說自己早上不小心碰到一個裝著滾水的儲水器。

「這是一處完全乾淨的傷口。當你清洗傷口，準備用繃帶包紮時，它絕對不能被感染。」我向恩利奇老爹說明。

然後我轉向另一名同樣是小腿受傷的患者，腐液從他傷口上緣的一個小孔裡流出。很不幸地，這是一起骨潰瘍病例，患者小腿內部出現感染，腐液從莖管中持續流出。我問恩利奇老爹，他是否能看出大片燙傷區域和從小孔裡流出的腐液之間的差別。

他仔細地查看，然後對著我搖搖頭，相當憂慮地說：

「我沒看到什麼孔啊。」

「什麼？你沒看到腐液從孔裡流出來？」我的音量，簡直像是在尖叫。

他非常安靜地回答：

「沒有，我現在看不太清楚了。」

我大吃一驚。但隨即想到，我的眼鏡是凸透鏡，因爲我從小就有遠視。我讓恩利奇老爹戴上我的眼鏡，匆匆地瞄了一下那兩條腿，雙手一攤。現在，輪到他大吼大叫了。

「是，我有看到！那個只是燙傷，可是在這裡，腐液從一個小孔裡流出來。」

他摘下眼鏡，再看了一次。然後他朝我舉起眼鏡，喊道：

「沒有這個，我就看不到那個孔。」

於是吃完午餐以後，我就戴著自己的備用眼鏡了。爲了這份對他意義重大的禮物，恩利奇老爹眞誠地向我道謝。不過，我打斷他禮貌性的話語。

「你看看這兩張紙吧。在我將所有患者送到這裡接受包紮以前，我會替他們寫一張這樣的紙條。」

我把一切都弄得很簡單。其中一張紙上寫著「**乾淨的傷口**」，另一張紙上寫著

「弄髒的傷口」。我將這兩張紙交給恩利奇老爹。他接過這兩張紙，但臉上再度露出憂慮的表情。

「這並不難。」我一邊安慰他，一邊指著空蕩房間裡的那張木凳，同時解釋道：傷口乾淨的患者可以先進來，坐在房裡的木凳上。每天早上，傷口已經被弄髒的患者必須先等著，直到傷口乾淨的患者包紮完畢。之後，板凳必須用強力消毒劑清潔過。

這時恩利奇老爹深深皺起眉頭。他帶著十分難為情的表情，低聲回答我：

「呃，醫生，還有一件事。我不識字。」

我仍然記得，當時我的心裡彷彿有一道地板門，直接在我腳下開啓。我腳步踉蹌地走到那張木板凳上，坐了下來，那位年邁的護理員愈發不知所措，看起來簡直要哭了。我已經在這家醫院工作近三個月，卻沒有意識到幾乎所有護理員都不識字。他們絕大多數工作都很勤快，也樂於學習，但事實將會證明，改善並非易事。我開始緩慢、逐漸地理解，發展落後國家的問題是極其複雜的。我當天下午向羅莎老媽表達我的遺憾之意時，她冷冷打斷我的話。

「我還以為你知道殖民地時代是怎麼回事呢。對大多數莫三比克人來說，他們根本沒有機會上學；有機會讀書的人，就能從事比護理員更好的工作。可是現在很多人在晚上、週末上字母拼讀課程。不用幾年，所有的職員就都能夠閱讀了；這還包括恩利奇老爹在內，因爲你給了他眼鏡。很多人正是因爲買不起眼鏡才沒機會學會閱讀的。」她說。

///

就在恩利奇老爹收到眼鏡的那個月月底，我負責將許多患者安置到一輛墨綠色的路虎吉普車上。我們負責爲三十萬名居民提供醫療照護，而這是我們唯一能使用的汽車。這天夜裡，司機會把急症患者載到楠普拉的省立醫院。這是一段長達兩百公里的車程，道路上半鋪著柏油，路面坑坑洞洞的。不幸的是，當夜大雨滂沱，但這輛車必須即刻出發，因爲病患正飽受我在納卡拉無法施以治療的急症所折磨。

其中一名男性患者患有思覺失調症。他前一天就到醫院來了，病情已經相當明顯，還有嚴重的幻覺。他的家人相當害怕，將他綑綁起來，送到醫院。我給了他劑量很強的鎮靜劑，這讓他變得消極、昏昏欲睡，幾近失去知覺。他必須被送到在省會設有小型門診中心的精神科部門。在我們等待其他動作拖泥帶水的急症病患時，我努力使他保持昏睡。因爲我不能一次只載運一名病患，所以這名男子被迫要在醫院過夜。

隔天，一名婦女到醫院來。她已經處於懷孕的最後階段，有出血的情形。我懷疑她體內的胎盤就位於胎兒頭部的正前方，位置相當低。要是不剖腹產，當臨產的陣痛期開始時，這名婦女就會因失血過多而死亡。我讓她等了幾個小時，由於吉普車能載運三名病患，我想等看看是否會有其他的急症病患。那天傍晚，一名腹股溝疝氣的患者到院求助。十年來，這名中年男子左側腹股溝疝氣，卻始終沒有就醫，導致現在他的腸子都絞在了一起。如果不動緊急手術，這會在十二到二十四小時內就要了他的命。現在吉普車可以出發了。

司機提議讓那名陷入昏睡的思覺失調症患者坐在前座；腹股溝疝氣的男子必須躺在車身中央，固定在座位的擔架上；那名懷孕的婦女可以坐在後座，她的親戚則分到最後一個座位。這位親戚保證，如果那名腸子絞在一起的男子嘔吐，她一定會協助處理。

我們爲什麼讓這名婦女的親戚上車，而不選擇帶上一名護士呢？原因很簡單，如果沒有親戚陪同，這名懷孕的婦人不願意到城裡的大型醫院，因此羅莎老媽決定讓這名親戚上車。

車內空間已經塞滿，只容得下患者的少量私人物品。我確保司機已經加滿油箱，而我們的護士也有再為那名精神病患多打一針的鎮靜劑。當天日落時分，我們醫院唯一一輛吉普車便開上大路，駛向三小時車程外的楠普拉。

我在確保單位內沒有需要立刻處理的緊急狀況以後，就步行回家，全家人享用了一頓寧靜的晚餐。我希望患者能夠在大醫院得到幫助。當天夜裡，我睡得很熟。大雨仍然滂沱，我在響徹屋內的「滴滴答答」聲中安然入睡。

喀、喀、喀。我在睡夢中聽見一些聲音，然後才意識到有人在敲打門板。我披上大衣，打開燈，開啓安全鎖，透過門縫向外面窺探。一名男子站在雨中。當他看見我時，雙眼閃閃發亮。

「晚安，醫生。」他說。

當我意識到這人就是救護車的司機埃曼紐爾時，我驚訝地說：

「你已經從楠普拉回來啦？」

「不，**先生**，我是帶著這個被刺穿的車胎回來的。我今晚就需要你幫忙處理這個破洞，我覺得這件事不能拖到明天。」他一邊說，一邊向我出示自己夾在腋下的那個車胎。

我一時語塞，問他那輛車現在在哪裡。他說：他將車子停在水壩的另一邊，離市區僅有十五公里，但那裡完全是鄉間。

「病人在哪裡？」我吼道。

「喔喔，他們都在裡面啦。」

「在什麼裡面？」

「在車子裡面。那個老媽子要我動作快點，因爲她女兒已經開始出血了。醫生，所以我才不得不叫醒你哪。」

司機說，他手邊沒有螺絲起子，因此費了一點時間才拆下車胎。

「可是，你沒有備胎嗎？」我問道。

「這個**就是**備胎。我原先就是使用備胎。你記不記得我上個月曾經說過，我們需要一根新的軟管？它一直沒有送到。」

情況顯然糟透了。在這個傾盆大雨的夜晚，由我轉送的三名急症患者，被擱置在停在鄉間的一輛車上。

我穿好衣服，帶上螺絲起子和備胎，開著我們的私人轎車到全天開放的港口，並找到了港口的主任。他先花了點時間講述自己家人的健康狀態，然後才說他手下有個技工，可以在港口的修理廠修好輪胎。就在我監看修補輪胎的過程時，港口主任回來說，雖然現在大雨滂沱，但他手下有一輛貨車正準備駛向楠普拉。一小時後，救護車司機和輪胎就坐進了那輛貨車的乘客座，我則回家補眠。

隔天下午，埃曼紐爾就回來了。所有患者都活著抵達醫院，接受省立醫院完善的照護。這讓我感到解脫。

在資源捉襟見肘的情況下，眾人合作的效果始終很難準確預測。一般來說，運輸、能源、職員的訓練水準、現有設備以及醫藥供應，限制了我們能夠達成的目標，或是我們在日常生活中能夠承受的危險程度。

///

這一天，我差點喪命。當時，鈴木吉普車前排的乘客座與駕駛座之間硬塞了一片木板，我就坐在那片木板上。當天是星期五，我們剛和楠普拉省醫療衛生處處長及省內十八個行政區區長開完會，獲益良多。我和幾位來自其他省分的醫師同事不斷嘮叨，表示我們今晚就必須回家；我唯一一位來自納卡拉省的醫師同事安娜·依迪特也是其中之一。我們把先前在市集買的袋裝麵粉和酪梨裝進車內。

這條路的起點在馬拉威。它貫穿莫三比克北部，一路直通納卡拉港。它的路況相對良好，不過路面上有積著雨水的大型坑洞，這些坑洞的邊緣已經支離破碎。幾座村莊在道路旁延展開來，我們周圍則是沒有顯著溝渠環繞的樹薯園。感覺起來，我們好像在一片低矮的柳樹林中前進。

樹薯的生長速度很快，它們的根可供食用，是包括莫三比克在內，眾多熱帶國家的主要糧食來源。樹薯的根含有大量澱粉，但如果沒有以正確方式充分烹調，就可能會導致食用者中毒。

我們可以望見地平線遠端的花崗岩質山岳，頂部宛若糖霜，高數百公尺，足以將你的思緒帶回歷史的起源。

駕駛員是個沒有駕照的電工，他的時速達到一百一十公里，而且陷入半昏睡的狀態。

在開往納卡拉的半路上，有座橋坍塌了。擺在坍塌地點前方約五十公尺的大量警告標誌，示意車輛駕駛改道；這些警告標誌就只是一堆木桿和樹枝，而不是正規的交通號誌牌。政府機關無法擺放鋼製的號誌牌，因爲會被偷走。

爲了標示危險程度，工人們堆起一道橫越路面的土堤。莫三比克境內，這個省分的土壤是紅棕色的；每逢雨天，這些土壤在傍晚時分會變得十分美麗，總是令我讚嘆不已。

我們在黑暗中高速前進。司機錯過了警告標誌，當我驚覺時，我們離橋面坍塌的地點只剩下大約三十公尺。我高聲咆哮起來，卻沒能用葡萄牙語喊出任何話。吉普車直衝進那道土堤，司機才扭動方向盤，想讓車身側滑。

當他拐彎時，車身轉動起來，被拋入半空中。旋轉的力道如此猛烈，感覺我們簡直被送進了離心機裡。我沒有感到自己處於頭下腳上的狀態，但我看到世界正在旋轉。青綠的草地在上面，漆黑的夜空則位處下方。

我們飛行著。我還來得及想到這三個字：我完了。

隨後的事讓我感到很驚訝。我已經準備被撞得粉身碎骨了，但預期的撞擊並未發生，車頂反而持續在青綠的草地上滑動，原來覆蓋著泥濘的草坪已經變得很柔軟了。車身沒有撞到任何物體，我們簡直像是水上衝浪板。這時，我從擋風玻璃被擠出車身，臉朝上滑動著。我完全搞不清楚狀況。片刻之後，我一動也不動，仰面朝天躺在高高的草堆上。我緩緩用雙手撐起身子，站了起來，目光直盯著探照燈。

吉普車的引擎還在轟鳴。我唯一能注意到的是，我的右腳光溜溜的。我左腳上的鞋、襪都還在，但右腳的已經被撞飛了。我幾乎不假思索就朝吉普車走去。突然間，我看見自己的鞋子，便將它穿上。我隨即又看到自己的眼鏡，便也將它戴上。然後我才開始想到那輛車。對這輛車，我總得做點什麼吧。車燈亮著，引擎正常，但車身上下顛倒。

當時我心想，車子會著火爆炸的。我在電影中看過這種畫面：車身先是被掀翻，然後爆炸。

我還沒來得及想到自己大難不死，就直接走到空蕩蕩的駕駛座，將手伸了進去，轉動鑰匙。

四周一片寂靜。

「你幹嘛熄火啊？現在全暗下來了。」我身旁傳來一個冷靜的聲音。這是一位來自其他行政區的醫師同事，在我從草叢裡起身，套上鞋子的時候，他從後門鑽了出來。和其他幾名倖存者簡單討論一下，我們得到一個結論：司機不見了，他肯定是開溜了。

「坐在車身後方的三個人受了點輕傷。」我這位醫師同事說。

但車身內傳來一聲哀號——安娜．依迪特還被牢牢塞在車身內。吉普車車頂的橫梁和我們那些裝滿麵粉和酪梨的袋子，將她壓得密不透風。

我們意識到，得先將層層壓在安娜身上的那些袋子弄出來。我們先嘗試搖晃車身，但安娜立刻發出慘叫，讓我們了解這樣行不通。這時我猛然想到：總可以將她挖出來吧。那些美麗、紅棕色的土壤被雨淋過，相當柔軟，這救了她的命。我以口袋裡的鑰匙爲工具。當她開始鬆動時，我們緩慢地將她向前拉出。她的雙腳先從車身探出，隨後我們再將她安放在車頂的鋼板上。

之後，我們就站在莫三比克鄉間，在夜色中等著。大約每過半小時，才會有一輛車經過當地。

住在道路另一端草屋裡的當地人找到我們，給了我們幾盞煤油燈，讓我們能稍微看清楚一點，同時評估安娜的狀況。我察看她的傷勢時，她表示自己左腹部劇痛難忍。她正在內出血。當我坐在她身旁，一邊量測她的脈搏，一邊等待經過的來車時，便察覺到這一點。脈搏正在升高，這是她有內出血的跡象。

我檢查她的全身上下。查看她的頭髮、臉部、手指，確認是否還有其他受傷的地方。

當時我束手無策，心想：如果她運氣不好，內出血很快就會要了她的命。要是走運，我們還來得及將她送醫。

「他們已經在路上了，他們會送妳回楠普拉。」我這麼說，只是爲了讓她平靜下來。

「我老公，你必須通知他才行。」安娜說。

很快地，有一輛車開了過來。我的一位同事任職於僅僅數公里以外的莫那波[6]醫院，他認識車上的這戶人家。當夜，安娜就接受了手術。她未來將不得不復健多年。在她的餘生中，有一條腿失去正常功能，影響了她的生活。但是她活了下來。

我對那些爲我們帶來煤油燈的人感激涕零，想將一整袋酪梨送給他們。事過境遷後，安娜·依迪特的丈夫在一陣爆笑之後告訴我，這些居民原本就是販賣酪梨維生的小農，要想送他們酪梨是不可能的。

當天夜裡，我無比痛恨自己。最重要的規則是：別在一個充滿危險的國家夜間長途行車——尤其是雨夜。我明明知道規則，卻仍力主安排這趟行程。因爲這件事，我失去了很多朋友。使我感到慶幸的是，當時安妮塔並沒有等我夜歸，而是認爲我最快在隔天中午才會抵達。當夜我睡在一位同事家裡，洗了腳，將破掉的襯衫沖乾淨。

當我在家門口下車時，安妮塔就站在門口，面露微笑。我淚如泉湧。我猛然想到，自己才剛在鬼門關前轉了一圈。

我們安靜地站在廚房的門邊，擁抱彼此。但當下的激情並不持久，很快地，門板上便傳來敲門聲。安妮塔惱怒地開門，「機動小組」的人大踏步走了進來。這個小組是社區黨團的分支，負責在星期六到民眾家裡，檢查人們家裡是否有「確實打掃乾淨」。你不能是個「壞分子」——經營黑市交易，骯髒的反革命派。

安妮塔試著跟他們解釋剛剛發生了什麼事，告訴他們不應該在這時搜查，不過「機動小組」對此充耳不聞。他們喝令我躺到床鋪上，縮成一團，他們則在屋子裡到處走動。他們只盯上一件物品：那個裝滿酪梨的袋子。這戶人家明明住在城裡卻

---

6 莫那波（Monapo），位於莫三比克北部的城市。

能弄到這種東西，很不尋常。是不是從黑市搞來的？

這無比荒謬的一天即將進入尾聲時，我猛然想到一件事，這件事對我們往後在納卡拉的生活，將有重大的影響。回家後的幾小時內，即使我努力讓自己平靜下來，這個想法仍然揮之不去：安娜．依迪特往後無法繼續工作了。現在就剩下我一個醫生了。現在起，我每天都是值班醫師。

我們的資源何其有限，人們對醫療的需求又是何其龐大。從那天起，當我在清晨走路到醫院上班時，愈來愈常想到：這裡的醫生人數和瑞典相比差太多了。我心想：今天有待我處理的工作，相當於瑞典境內一百個醫生的分量。所以……我該以一百倍的速度爲每個患者看診呢？還是說，我只能在一百名患者中挑出一人呢？我每天都得在兩者之間採取折衷方案。

不過事實上，已經羅病卻從來不曾到醫療單位或醫院看診的病患，數量極爲驚人，而我們的醫院規模也很小。我們手邊五十個床位總是客滿，其餘的患者只能躺在地板上。但限制我們提供醫療措施的並不是床位數，而是我們這些醫療人員的質量與數量。我有兩年多的執業經驗，少數莫三比克護士只上過四年學校、接受過一年的職業訓練，剩下的職員則有半數以上目不識丁。

就算瑞典境內有一百個醫生來照料我手邊必須應付的人數，莫三比克的嬰幼兒死亡率可又比瑞典高出一百倍。當你面對一百倍的需求，又只能使用百分之一的資源，你該怎麼辦？

了解我們的資源何其稀少，並且以最佳方式使用手邊的資源，成了對我的一項挑戰。這和了解鄉間居民終其一生擁有的資源何其稀少一樣困難。基本上，每個人都處於赤貧狀態，他們幾乎把所有的資源都用來養家活口；而在許多日子裡，他們仍然沒有東西吃。漸漸地，我被迫認知到自己太過好高騖遠。職員和居民努力將我的期望拉低到一個合理的水準，但這個「合理的水準」卻遠低於瑞典醫學院的教育所灌輸給我的目標。百倍的需求、百分之一的資源，表示病患與資源的比例差距達到一萬倍。一萬倍哪！我得承認，爲了調適自己、了解自己該如何應付這種差異所做的種種努力，對我的大腦造成了創傷，我稱之爲「我的一萬倍創傷」。

關於大眾資源匱乏的心理學，使我更爲深入地認識自己。你會以爲自己生命中的價值是絕對的，你不覺得自己會蓄意打死一個小偷，直到你被推到臨界點爲止。我們原有兩輛救護車，某天夜裡，有人鑽開其中一輛車的探照燈座，偷走了白熾燈泡。這表示那輛救護車再也不能在夜間出勤了。

這起竊案使我感到濃厚的恨意。要是我逮到那個小偷，我擔心我會打死他，就像當初我準備撞死那個偷走我們畜養的鴨子的竊賊一樣。那些鴨子是孩子們的開心果，在這個由中央政府管控、平民難以取得食物的計畫經濟體中，牠們更是我們的肉類來源之一。但是某天夜裡，安妮塔被鴨子的吵鬧與尖叫聲吵醒。她探頭朝窗邊一望，看到有竊賊正在偷鴨子。他很快就衝出鴨舍的門口，我開車緊追在後。突然間，他出現在我前方的路上。我踩下油門，衝過街角，繼續加速。

「幹！他甭想偷我們養的鴨子。」我腦中響過一個聲音。

這時我意識到：我正準備要撞死他。我及時冷靜了下來。

那個竊賊趕緊溜進一個街角，消失不見了。算他走運。在沒有司法體系的社會裡，人們動用私刑的方式可是很殘酷的。偷竊對人們造成的傷害相當巨大。

這些刑罰還挺駭人的。一個常見的招數是，用從汽車內胎割下的橡膠帶，將小偷的手反綁在背後。一、兩個小時以後，血液循環就會停止，如果沒人能迅速割斷橡膠帶，這人的雙手就會殘廢，終生無法再使用。我在醫院曾經治療過幾個雙手被反綁的人，而最讓我火大的，就是必須花時間治療他們的傷。

赤貧社會中殘忍的日常生活，也能從我們在醫院裡救治的其他傷口看出。全城唯一一家生鮮超市的葡萄牙語名稱是*loja do povo*（意思是「人民商店」），店內的貨架常常空空如也，但他們卻是有購進漁獲的。你必須通過超市那道用鋼鐵製成的後門，才能到達卸貨碼頭上的魚攤，因為如果超市在進漁獲時還正常營業，人們準會將櫥窗玻璃打破。店長會打開鋼鐵門，每次放五十多人到魚攤採購。現場人多雜沓，情況混亂，總是會有人被門板夾到，弄傷手臂。每次只要有許多骨折的病患到醫院求助，我們就知道：超市今天又購進漁獲了。

///

我們的瑞典朋友在我們家前方剎車，笑著從車內走出。我們的住處並不難找。「我們遵照你們的指示，問大家醫師住在哪裡。他們全都指對了耶！」這對夫婦週末前來拜訪我們。他們與我們年齡相仿，也是透過同樣的招聘機構，準備到兩百公里外的楠普拉大型省立醫院任職，最近才抵達莫三比克。他先前在新生兒部門擔任小兒科醫師。

家裡有訪客是很美妙的事。我們都很想講話，也渴望與能夠了解我們處境的人對話。我們聊得太投機，以致這頓午餐拖了很久。大半時間我們都在比較雙方的工作場所。

「我底下所有的護士都沒受過專業訓練。」他說。

「我有一半的職員不識字。」我回答。

我們繼續以一種相當男性化的方式各說各話，不過事情仍然很清楚，我們工作上獲得的資源完全不在同一個檔次，而情況也必然是如此。省立醫院必須培訓出新的醫療職員，前提是醫療體系必須維持在一定的水準之上。

厚實、暗褐色的大門門板上傳來的劇烈敲門聲，打斷了我們的談話。由於電話不通，一位護士徒步從醫院走到我家，請我出動。原來是院裡來了一名患有重病的孩童。

我們驅車前往醫院。我朋友跟我借一件白袍穿，和我一起去看看醫院的情況。我們踏進狹小的急診室時，見到一名母親；她的雙眼充滿驚恐，努力想給一個極其瘦弱的孩子餵母奶。這個才出生幾個月的小孩雙眼凹陷，幾乎毫無意識。護士表示，這個孩子有嚴重的腹瀉。我先用手指在小孩肚子上捏出一個皺褶，鬆開手以後皺褶仍未散去。診斷結果很明顯：這孩子由於不斷脫水，即將死亡。

小女孩現在極度虛弱，已經無法接受哺乳。我將一根細管插進小女孩的鼻子，深入她的胃部，然後告訴護士應該使用哪些補液、劑量該定在多少。

我的朋友驚駭不已。當我差不多完成治療時，他抓住我的肩膀，將我拽出狹小的急診室。他在走廊上用充滿怒意的眼神瞪著我。

「你太不道德了！換做是你自己的小孩，你絕對不會使用這麼低劣的治療法。這個患有重病的孩子需要立刻接受靜脈內輸液，你卻只使用細管提供補液療法，罔顧這孩子的性命。她會嘔吐，無法獲得維持生命所需要的水分與鹽分。我看你是急著在晚餐前到海灘透透氣才會這麼做。」他說。

他沒有做好心理準備。他還沒有被迫接受我已經體認到的殘酷現實。

「不。在這家醫院，這就是標準治療法。根據手邊資源以及包括我在內所有可調動的職員人力，我們就只能做到這樣。每個星期，我總得挑出一、兩個晚上回家吃飯，要不然我和家人在這裡是撐不了一個月的。你也許得花上半小時才能給這孩子打點滴。此外我也知道，護士很有可能不具備管理點滴的技能，這孩子可能完全得不到補液。用細管給予補液比較快。你得接受我們這裡提供的醫療水準。」

「不，我不接受。用細管來治療這個孩子，太沒有道德了。我打算爲這孩子做靜脈內輸液，你休想阻止我。」我的朋友說。

我沒有攔阻他。醫生辦公室的一個櫃子裡，還有幾支給嬰幼兒打點滴時會用到的細針筒，我把它們取來。我朋友多次嘗試將針頭插入靜脈，卻一再失敗。然後他要求取來在小型手術中觸及血管所需要的設備，做了個小手術，護士也盡全力協助他；我則回家和家人以及我朋友的太太一起吃晚餐。由於沉重的工作量，我已經一連多天沒和家人吃晚飯了。之後，我才回醫院接這位同事。他費盡千辛萬苦，總算啓動了點滴，小孩的狀態略有好轉，但仍然沒有接受哺乳。

當晚我們徹夜未眠。孩子們就寢後，我和這位朋友坐在沙發上，針對最符合醫學倫理的措施，促膝長談。這是我們之間一次坦誠的對話。

「你得盡全力救治每一個到醫院看診的病患。」他說。

在牽涉到醫學倫理的討論中，數量是很重要的因素。當討論範圍限定爲一名患者時，把事情做對並不困難。

「不對，投入所有的資源和時間，試著救治每一個來到醫院的人，才是不道德的。」我回答。

我解釋道：假如我多花時間，致力於改善基層的醫療服務水準、社區醫院與小型衛生處，我們也許能更有效地降低嬰幼兒的死亡率。我的任務是盡全力確保這座城市與其鄰近郊區內孩童的健康與存活。我堅信，大多數死於可防治性病因的患者，都是死在自己家裡。如果我們集中職員人力與資源，使醫院提供最優質的醫療服務，接受疫苗注射的孩童人數將會減少，社區醫院人力會更加欠缺，孩童的總死亡人數將會遽增。對於在我面前死掉的孩子，以及沒有在我面前死亡但之後卻仍然死掉的孩子，我都有責任。面對手邊拮据的資源，我不得不接受醫院的治療水準低落，導致事倍功半的事實。

我的朋友不贊同這種看法，他的立場和醫院裡大多數的醫師和群眾相近。他認爲，身爲一個醫師，面對每一位前來求助的患者，都必須全力以赴。

「你認爲自己能救助更多身處其他地方的孩子，但這不過是理論性的猜測罷了。」他說。

大約到了這個階段，我就不再爭辯了。但我心想：徹底研究你的努力在哪些地方能夠救助更多人，豈不是比全憑感情行事更合乎道德嗎？

有一天，我面對一名臨盆的婦人時，這個想法引導了我。生產過程已邁入第二天，胎兒卻堵在產道內，手臂被卡住——有人拉動過胎兒的手臂，嘗試將胎兒弄出來。現在，那條手臂已經發黑，無法獲得血液供輸。那條已經毀掉的手臂必須截肢。胎兒還活著且仍有心音，但母親高燒不退。子宮破裂的風險極高。

我在檢查時注意到，胎兒的頭部朝下，位於產道裡。我可以感覺到，它離產道出口僅有幾公分。情況非常緊急。

守則告訴我們：一名臨盆婦女的生產過程，不會拖過兩天。在正常情況下，助產士會建立一份特殊的病歷表，每小時觀察並記錄產婦的狀態，這就是所謂的「產程表」。我在一張紙上自行繪製產程表。我將紙上一半面積塗成黑色，另一半則保留爲白色，用以區分日夜。每過一個時辰，我就將紙片撕去一部分，當紙都被撕光時，就不得不採取某些行動。要是產程拖入第三天，那就跟戰爭沒兩樣了。到了那個時候，就非得把小孩弄出來不可，母親就像戰爭中的傷患，那就是災難情境下的外科手術，是另一種完全不同的醫學領域。我的工作就是，在一定程度下，學會處理這種情況。

當時我心想：該怎麼辦呢？

爲了救這位母親，我意識到我得殺死胎兒，也就是所謂的「將胎兒肢解」。我沒有正規的器材，但還是取來一把長柄剪刀，將它伸入囪門，劃開胎兒的頭部；他的腦子流了出來，胎兒死亡了。我將剪刀的手柄張開，順勢將胎兒的屍身拉出（他的手臂朝下），同時確保母親的子宮沒有破裂。接下來，母親的泄殖腔可能會開啓（陰道與盲腸之間的膈膜被毀，糞便將從陰道流出），因此當務之急是裝上導管。我必須非常謹慎，不能像一般情況下對導管吹氣，而是以手工輕巧地將導管縫上。隨後她必須接受完整、妥善的照護。

如果這位母親能夠挺下來，就能健康回家，和自己的其他子女重逢。但要做出將一名活生生的胎兒「肢解」的決定，是很難受的。殺死胎兒的決定是正確的嗎？是，在這個情況下，那是正確的決定。最困難的不是做評估，而是在必須評估時，下定決心。

生產是非常戲劇化的過程。一開始，一個健康的人來到醫院，滿心期望和親愛的寶寶見面；兩天後她就已經身處煉獄中，在鬼門關前徘徊。

你該做什麼？不應該做什麼？勇於做出這種決定的關鍵，是能夠對自己說明：你遵守的是哪些原則？你爲何選擇這麼做？

我非常想要比較兩個孩童群體的死亡人數，也就是死在納卡拉醫院裡的兒童人數，以及在納卡拉的自家中死亡的兒童人數。即使資源捉襟見肘，我們還是改善了實際來到醫院求助的患者的醫療服務，患者的死亡率緩慢下降。居民們似乎發現，大多數到院求助的孩童都能夠存活下來，這就是我們有愈來愈多孩童需要照顧的原因。大多數兒童患有瘧疾、肺炎與腹瀉等足以致死的疾病，因爲營養不良以及所謂的鉤蟲感染所導致的嚴重貧血，常使病情更加惡化。我們每年安排約一千名兒童留院察看（相當於每天安排三名兒童住院），所有住院觀察的患者都患有重病，非重病患者則在接受治療後返家休養。即使我們努力救治，住院患者的死亡率仍高達二十分之一。

也就是說，我們每星期都會見到一起孩童的死亡病例。假如我們擁有更多職員與資源，這些孩子的生命其實都是可以挽救的。我們努力救治的重症孩童，大概都是患了肺炎、腹瀉、瘧疾與麻疹這四種致死率最高的疾病之一。我永遠不會忘記這些情景。我們用細管爲腹瀉不止、身體乾枯的兒童輸送水分與食鹽水，竟要花上數分鐘；我判定病人患了肺炎以後，還必須指望盤尼西林注射劑即時送達。

但我最強烈的記憶，還是那些罹患重度瘧疾、失去意識的孩童。這種疾病能在一天以內殺死一個健康的兒童。我們的注射劑存量，是否足以拯救他們？他們通常都需要重症護理，而我們無力提供這種醫療服務。

白天，在醫院大門外候診的孩童總是大排長龍。中庭總是擠滿抱著自己染病的孩子，等候接受檢查的人。只消一眼，你就能看出病情輕重。某些孩子還能起身，其他人則已經癱倒在地。

貴塔女士是我們唯一一位受過完整六年制學校教育以及兩年護理專業職訓的護士，她在人龍的另一端接待病患，備受大家愛戴。她接待所有孩童，並根據病情輕重做出區分，病情尚輕的孩子到門診處等候；已經瀕死、必須立即住院的兒童則會被送到中庭對面的急診室，這類孩童有些高燒不退，必須馬上接受治療。

通常你從母親的表情就能看出孩子的病情。當孩子無比疲累，小嘴根本無意吸住母親的乳頭時，母親的眼神中往往只剩下絕望與對死亡的恐懼。

這時的她知道，情況已經非常險惡。

我們有體溫計，能夠替患者測體溫。罹患瘧疾，發燒到攝氏四十一度的孩子大有人在。我詢問孩子的呼吸是否正常，母親常會回答：我孩子呼吸正常，只是身體很熱。

我學會了馬庫阿語的關鍵字：咳血、肚子很痛。你得非常仔細地查看孩子，要是病童無法和你保持眼神接觸，就代表病情已經十分危急。母親常將患病的孩子擱在自己膝蓋上，我常得蹲著或坐在母親面前的一張小椅子上，才能替孩童看診，這樣母親也比較安心。我用冷靜的口吻簡短提問，並且盡可能多了解母親。

能在短時間內造成致死風險的，通常是瘧疾，但只要開對藥，病情在數小時內就會好轉；這同樣適用於肺炎。

我仍記得某個雨夜中的急診室景象。有一名絕望的母親，帶著兩歲的孩子來看診。父親也在場，一樣悶悶不樂。孩子的呼吸相當急促，血球計數很低，臉色異常蒼白。如果不接受輸血、服用瘧疾藥物，這孩子沒有生還的可能。

但醫院沒有建立血庫，我們也沒有接受匿名人士捐血所需要的資源，所以一旦遇到急需接受輸血的患者，我們會請與患者同血型的親屬捐血。

「可是我不能捐血給我的小孩。」父親說。

「爲什麼不能？」我質疑道。

時間已經很緊迫了。

「我家裡可能有人需要。」

我無法理解。不過很幸運地，羅莎女士，這位聰明的護士，當時就站在我後方的門縫邊。她向我說明：這是個母系社會，這代表孩子的舅舅（孩子母親的兄弟）是孩子第一順位的監護人。在這危急關頭，我難以理解這種制度的力量究竟有多強大。

「可是據我所知，他有好幾個舅舅會很樂意捐血的。」父親說。

我取來針頭。

「難道我不能試試看嗎？」

羅莎女士向我解釋說，那是行不通的，這位父親絕對不會捐血給自己的孩子。他認爲兒子身上流的是其他族裔的血，而不同族裔之間的捐血行爲是不健康的。

我只好選擇放棄，這位父親卻奔入雨中。他不消多久就跑回醫院，還帶著兩名滿頭大汗、全身被雨淋溼的舅舅，其中一人的血型和小男孩相同。之後的進展相當迅速，十分鐘後，小男孩的呼吸就順暢多了。他開始咳嗽。過了幾個小時，他就不再發燒。

在莫三比克爲孩童看診是很特別的經驗，這總是讓我想到自己的孩子。凡是跟他們有關的事，我從不妥協。我們家總是存放著對治瘧疾的特效藥奎寧，那是我從醫院拿回家的。他們永遠不會缺少藥物，你總得保護自己的孩子。

身處混亂中的我們需要規則。我們不會出借自己的私人車輛來載運患者，也永遠不會將患者安置在自己家裡。如果不能維持家中的秩序，我們就沒法在這樣的環境中生存下去。

我在醫院時，也積極推動公共衛生。有一天，我爲一名想用奶粉餵小孩的女士看診。她或她的丈夫可能受過一點教育，她的女用襯衫比其他絕大多數婦女的襯衫好看。她不僅比其他人乾淨，頭髮也梳理整齊。她項鍊上掛的裝飾物，並不只有玻璃珠，而且她還佩戴了耳環。

她用非常誠懇的口吻拜託我，是否能讓她取得奶粉。就算母乳遠比奶粉營養得多，奶粉的地位還是比母乳高。我很有禮貌地反問她：是否能讓我檢查她的胸部？她同意了。我是否能用手觸摸她的雙乳？是的，她也同意了。

我觸摸她的乳暈，馬上就發現她的乳房是有母乳的，施加適當壓力的話，乳汁就會從她的乳頭噴出來。我意識到，我有機會用一種詼諧的方式讓這位母親改變想法，而不是堅持用奶粉餵小孩。我用手蓋住那個乳房，非常輕柔地握住它，但手指仍固定在乳頭周圍，並將乳頭對準我的眼睛，輕輕地按壓。一道乳汁從乳頭噴出，直接噴中我的眼鏡。

「這可是絕佳的乳汁哪！」我高興地說。

這位年輕的母親不勝喜悅地叫了出來，對著我笑。我的臉上沾著她的乳汁。她從善如流。其中的關鍵是讓她感到驕傲。醫生有權力指引方向，強調某件在病患眼中看來稀鬆平常、無關緊要的事，但是你這麼做得花時間。我在莫三比克醫院做的大多數工作，都屬於公共衛生領域。你可以到處走動，以某種方式和各位母親交談；你在談完以後會知道，當這些母親搬到新的村莊時，她們會把你的理念傳遞下去。因爲在這種環境裡生活的母親，會一連好幾個星期都在談論健康檢查以及健康檢查的過程。

這對我來說就是一個認同問題：我的定位是什麼？是單純治好眼前的病患，還是增加整個社會的健康程度？

我決定進行一項以訪談爲主體的研究，藉此**計算出**哪一種定位才是正確的。爲了設定這項研究的範圍，我決定忽略鄉間地區，單純探討納卡拉市內孩童的死亡人數。即使大多數都市居民的物質生活條件都相當匱乏，每個人都有合理的機會到全市三所社區醫院的其中之一，再被轉診到這所大醫院；而孩童如果突然生了疾病，他們也能到急診處求診。

那天夜裡，我和同事針對醫學道德的討論，讓我下定決心進行這項研究。我根據現存的數據，寫下自己的粗略估計。

一九八〇年的人口統計顯示，納卡拉市裡有著八萬五千名居民，每年大約有三千八百名新生兒。過去一年內，共有九百四十六名兒童住院，儘管我們已努力搶救，仍有五十二名孩童不幸過世。住院的孩童年齡幾乎都在五歲以下。問題是，有多少孩童是死在自己家裡的？據估計，全國五歲以下孩童的死亡率大約爲百分之二十五。像納卡拉這樣的城市，孩童死亡率理應較低。我假定納卡拉的孩童死亡率爲全國的一半，大約爲百分之十。三千八百名孩童的百分之十，也就是三百八十名兒童。

總之，根據初步估計，納卡拉的孩童死亡數字，每年約爲三百八十人，這表示每天大約就有一名兒童死亡，而這還只是城市裡的數字。假如我們把整個區域都納入計算，數字將高出數倍，因爲市區裡的人口只有約五分之一。我們的預防工作效果基本上僅限於市區，但我們在醫院裡每星期只見到一起死亡病例，這必定表示孩子是死在醫院以外的地方。我從醫院職員得知的資訊是，許多生了病的小孩因爲各自相異的原因而沒有到醫院來，病情較嚴重的就死在家裡。首要原因，看來是這些家庭會向全天執業的「傳統醫生」求助，而不是白天到社區醫院，或是醫院的急診處看診。

擔任助產士的安妮塔，同時也負責我們在城中不同街區施打的兒童疫苗，我們一起規畫了這項調查。瑞典醫師安德斯・默林隨後被配置到納卡拉，他成爲納卡拉市除了我以外的另外一名醫師。他不只是我們的朋友與同事，更參與了這項研究。他的到來意義深遠——他和我們同住，孩子們等於多了一位叔叔，而他更大幅減輕了我的工作負擔。

能夠用於投入這項研究的資源相當匱乏，因此我們的規畫相當簡單。我們選定了一個根據人口普查，擁有三千七百名居民，名叫馬塔普希的城區，並和該城區的行政首長見面，與他們一起規畫這項研究。

一九八一年夏天，來自我們醫院團隊的七名成員，以三天時間，訪談了該城區內的所有女性，以統計過去十二個月內出生與死亡的孩童人數。絕大多數女性沒上過學，因此不知道月曆上十二個月的名稱，於是我們使用了一個淺顯易懂的方式讓她們了解——我們訪談時，距離最近一次齋戒月已過了十二個月。我們提問的方式與措詞也非常謹愼。我們在訪談時，同步爲孩子注射預防針，並在該城區設立了一個小型門診處，爲罹患一般疾病的民眾看診。也正是出於這個原因，訪談進行得很順利。

蒐集數據的過程進展得很快。隨後，我假設我們選定研究的城區相對具有代表性，並藉此推估全市的情形。調查結果非常明確，毋庸質疑，排除了一切不確定性：過去一年內，死於醫院的孩童有五十二名，死於家中的孩童則有六百七十二名，這是高達九倍的差距。也許更重要的是，有一半死亡的孩童，在罹病的最後一個星期內，不曾到任何醫療機構看診。我們揭露了組織、援助與監控有能力在孩童重病瀕死前，就能夠醫治瘧疾、肺炎與腹瀉的基層社區醫院，確實有其必要。比起爲重病垂死的孩童打點滴，這樣做能挽救更多生命。

城市裡的孩童死亡率大約爲百分之二十，在擁有全國四分之三人口的鄉村地區，這個數字預計還會更高。簡單來說，我有責任預防三千名孩童死亡，而這其中只有五十名孩童在醫院病逝。在大多數人口獲得某種形式的基本醫療照護以前，就將更多資源投入在大醫院，眞的是不太道德。

自一九七八年起，基礎醫療照護就是世界衛生組織的政策。數十年來，聯合國兒童基金會也將協助各國盡可能將爲孩童提供疫苗注射與基礎醫療照護列爲優先要務。對我來說，能在甫獲獨立就開始採取這項政策的莫三比克工作，是很幸運的。

在我於莫三比克行醫的那幾年，許多村莊推派代表前來接受一項短期培訓。培訓課程的重點是，利用爲各區域提供母親能帶著孩子徒步到達的小型醫療單位，盡可能爲孩童注射疫苗，並治療致孩童於死的幾種主要傳染病。

假如我們選擇參照從家庭與各街區驚人的孩童死亡數據所反映出的現實，而不是繼續遵從大醫院裡看似符合絕對道德的唯一原則，是否會有任何成效呢？

噢，是的。當我在一九八〇年到莫三比克行醫時，該國的孩童死亡率據估計約爲百分之二十六；在三十五年後的今天，這個數據已降到百分之八。而瑞典整整花了六十年（從一八六〇年到一九二〇年），才將孩童死亡率由百分之二十六降到百分之八。過去三十五年間，莫三比克經歷過血腥的內戰以及相當嚴重的愛滋病疫情，儘管如此，該國孩童死亡率降低所花費的時間，卻幾乎只有瑞典的一半。將歐洲與非洲進行整體比較，也會得出相同的結果。非洲的孩童醫療水準，已逐步趕上歐洲國家，這必須歸功於建立在客觀數據上的政策與投資。你很難讓思維說服自己的情感。假如冷靜地計算、用清晰的思路思考，或許辦得到。但赤貧根深蒂固的程度，則是我永遠無法藉由數據了解的事；我藉由恐懼——最爲強烈的情緒——才能了解這一點。

///

我們在納卡拉的生活夾雜著充滿悲劇性又離奇的事件，但也不乏美好的記憶。安德斯．默林到來以後，我就能在海灘與家人共度最美好的週日時光；安德斯執勤的時候，我就能充分放鬆。當我不用持續值夜班時，就有時間在晚上陪陪孩子，在夜裡充分補眠。

當我們的人生在工作上經歷最險峻的挑戰時，我們一家人仍十分快樂；而孩子們在學校和社區裡，都結交到好朋友。那片乾燥的沙原成了我們的庭園，我們在沙原上種木瓜、養鴨子。而我們也都健康。在某個魔幻般的夜裡，安妮塔擁抱我，在我耳邊低語：「我想再生一個孩子。」在我們的人生中，孩子就是喜悅的來源與生命的意義所在，而我們多年來就一直規畫以這樣的模式生活。對我來說，安妮塔的願望不僅僅是愛情的鐵證，它更彰顯了不因癌症而中斷的人生旅程。

就在我們來得及料想到以前，安妮塔再度懷孕了。這次的懷孕過程起先相當順利，我們每星期六都會自己詳細地測量腹圍，觀察她逐漸變大的腹部，把自己當成前來例行檢查的助產士。但一九八〇年年底的某個星期六，腹圍不再增加；在接下來的一星期內，腹圍仍然維持不變。我們知道事態嚴重了。

我們在接下來的一星期內，必須決定：我們是否願意冒險，在資源匱乏的莫三比克醫院裡生產呢？答案是否定的。一九八一年一月，安妮塔帶著孩子們飛回瑞典，我則獨自在納卡拉繼續工作，並且計畫在一個月後跟著他們回家，迎接新生兒的到來。

安妮塔和孩子們離開後的隔天，我們的轄區內爆發了霍亂。霍亂可是急性病，患者在出現腹瀉症狀後的幾小時內就會死亡。我馬上帶著設備，隨著由三名職員組成的醫療團隊離開納卡拉。我們在爆發的疫情中暫時安頓下來（當時我已經學到了這一點）。我們建立了一個簡便的急診站，在接下來的兩星期內前往位置最偏遠的村落，以防止疫情繼續蔓延。

某天晚上，一名背著自己已經失去意識、染上霍亂兒子的父親攔住我的去路。這名男子有個女兒已經病死，而他當時意識到，自己的另一個孩子也即將死於霍亂。他家離這條路很遠，但當我們在小男孩開始腹瀉幾小時後駕車經過該地時，這名父親聽見了車輛的引擎聲；而他知道，我們稍後會循著原路折返，所以他剛好來得及背著自己的兒子趕到路旁。

我在車燈下看到，那名小男孩下方的沙地已經溼成一片。他大量脫水，必須立刻被送回醫療站。我們不想將小男孩安置在車內的床墊上，因爲床墊會染上霍亂弧菌，於是我們將他安置在車內的地板上。他已經沒有意識與脈搏了，我們完全無法讓他攝取任何液體。

這名父親非常冷靜、沉著，盡心盡力照料自己的兒子。他知道我是他兒子性命的依靠，因此相當配合。他也知道我們過去曾經治好過霍亂患者。這個小男孩可能會在半小時內喪命。

抵達醫療站時，天色已經黑了。我們將車停在醫療站外，讓車燈提供光線。我請司機熄掉引擎，這樣我才能聽見小男孩的呼吸聲。此時我耳中所聞，只剩小男孩的呼吸聲與屬於夜晚的聲音——也就是住在周邊森林內的青蛙與壁虎所發出的聲音。這位父親安靜地坐著，護士則站在我後方。

所有人沉默不語。我無法量測到他的脈搏。他死了嗎？最後我在他的鼠蹊部測到微弱的脈搏。靜脈血管就位在主動脈的內側，我不得不插入一根針頭，以便爲小男孩施打點滴。我們有點滴袋與打點滴的裝備，以及一個能顯示點滴流速的小櫃子。我感覺到針頭穿透血管管壁時，發出了一聲微小的「啵」，然後點滴開始流動。我蹲坐著，手指壓在小男孩的脈搏點上，要求護士將點滴流量轉到最大。隨後，我就緊盯著顯示流速的點滴櫃。

「抓住雙腿。」我對那名父親下令。

他牢牢抓住兒子的雙腿，這樣一來他才不會動彈，弄傷注射點旁邊的血管。蹲坐一段時間後，我的身體開始麻痺。我們大家都一語不發。點滴液持續流動。時間一分一分過去，五分鐘，十分鐘，還是毫無動靜。十一分鐘。十二分鐘。

小男孩撐開眼皮，然後他抬起頭。他醒了過來。

到了這一刻，這名父親仍非常克制。他深呼吸的聲音從我後方傳來，而護士則坐了下來，檢查小男孩的活動。在我們向他體內注入了一公升由食鹽水與糖水混配的溶液以後，我就拔出針筒，在他的鼠蹊部貼上一片橡皮膏。我向這名父親示範該如何餵食自己的兒子，他仔細地聽我講解，同時一直以柔和的口吻對兒子說話。

我向這位父親道謝，感謝他的協助；他則不知該說些什麼。

隔天早上我去探視這名小男孩，他的健康狀況已經好多了。有時候，治癒個別病例就代表著遏阻疫情的機會。我的同事露西雅老媽常常這麼說：「我們為霍亂感謝慈悲的上帝。」對大家來說，事實很明顯：醫療體系所做的努力拯救了生命。獲得治癒的個別病例強化了人們對醫生與護士的信任，進而使得這個社會能夠接納公共衛生措施。要想建立大眾的信心，你就得先獲得病患家屬的信任。當他們親眼見到自己罹患霍亂、奄奄一息的家人醒轉過來時，一切眞是再清楚不過了。

在同一場霍亂疫情即將進入尾聲時，我在另一個村落裡深切體會到了這一點。我們在這個偏遠的農業區，和一個靈活、機動性高的團隊共同對抗疫情。我在這裡了解到，這個社會的赤貧是多麼根深蒂固。

我們在日落時分駕著白色吉普車抵達。我們的到來迅速引起村民的注意，還沒來得及停車，十幾歲的青少年就圍著車身跑來跑去。當我下車時，我看到遍及各個年齡層的村民聚集起來，人數愈來愈多，他們蜂擁而上圍向我們。

我們醫療小組裡那位會說當地語言（馬庫阿語）的男性護士正要準備介紹

我們時，人群中響起了一陣呢喃聲，我只能聽懂兩個單字：「高醫生」（Doctor comprido）。這是我的葡萄牙文綽號，原因與生理結構有關。納卡拉市也就只有兩位醫師，我們兩人都是白人，也都來自瑞典，我比較高，而我的同事安德斯留著鬍鬚，所以我們成了「高醫生」和「鬍醫生」。但這是個我之前從未到過，堪稱位置最爲偏僻的村落之一，村民們竟能認出我，這讓我很受震撼。我不記得自己曾經在醫院裡救治過任何來自這個村落的患者，而我們預防針注射機動團隊目前已經到過的區域中，也不包括這個村落。因此我們的護士雖然可以省略完整的介紹詞，他仍得口譯我在滿心驚訝中提出的問題。

「你們怎麼知道我是誰？我從沒到過這裡。」

一名男子沉穩地回答。他顯然就是村長。

「村民都聽聞過你的大名，你在這裡備受敬重。村裡所有居民都知道納卡拉的醫生。」

我當然覺得沾沾自喜，不過我還是狐疑地提出下一個問題。

「可是我不記得我曾經救治過來自這裡的患者哪。」

村長所掌握的資訊顯然比我多：

「嗯。兩個月前，一名無法生產的婦人被親戚背到醫院求診，你救治了她。她的家人和全村的居民，都爲了你對她的幫助而感激你。這就是你在這裡受到歡迎的原因。」

任何聽到這番發言的年輕醫生，都會感激不已。我仍站在吉普車旁邊，詢問當初那名婦人的生產過程是否很複雜。護士口頭翻譯了我的問題。是的，整群人點點頭，嚴肅地咕噥著某些我聽不懂的話，證明她當初生產時的併發症是如何棘手。

在經過一星期艱苦、令人挫折的霍亂防治工作以後，對於自己已然成爲區域性名人以及擁有幹練婦產科醫師的頭銜，我已不再大驚小怪。這時圍觀的村民已經超過五十人，我最後一次向他們尋求確認。那次生產過程實在非常棘手，所以，他們是否眞的對我在醫院向那名婦人提供的醫護措施感到滿意？護士替我口譯。人們微笑著點點頭，表示贊同地呢喃著。我所提的下一個問題，就非常直接了。

「我是否能見見這位女士？」

但這句話被口譯完以後，隨之而來的卻是一陣漫長的沉默。我以爲這陣沉默是口譯中的錯誤所導致的。不過村長打破沉默，給了一個簡短的答覆。

「不，這是不可能的。因爲當你嘗試從她子宮裡取出小孩的時候，她就已經死亡了。」

這是我所聽過最令人不解的答案。我實在不敢相信，所以再問了一次。這次的答案比較詳細，但意思完全不變。

當這位婦人在村裡生產時，最先脫出母體的是胎兒的一條手臂，然後小孩便塞在母體中。傳統的助產士爲了將胎兒弄出母體，試過所有不同的方式。她們試著拉動胎兒的手臂，導致胎兒的皮膚脫落。到了這個地步，那名婦人的丈夫和兄弟決定，即使當時村裡沒有任何運輸工具（連腳踏車都沒有），還是得送她到醫院。

他們用兩根長木椿和一大塊布製成一座擔架，將她放在擔架上，走了二十公里，穿越樹林，來到海岸邊的礫石路。最後，他們順利攔下一輛路過的貨車。他們將擔架抬起，放進貨車的貨櫃裡。破曉時分，他們終於抵達醫院。「高醫生」和他們談話，確認婦人有生命危險，於是他將胎兒的屍身切成數塊，嘗試將當時已經夭折的胎兒弄出子宮。然而，那名母親突然大量出血，不治死亡。所以你現在見不到她了。

這段恐怖的故事是通過口譯，一句句講述給我聽的。這使我想起了那件事。我會永遠記得，自己當時在搶救這名高燒不退、嚴重脫水母親的努力，有多麼枉然。

在這起病例中，將胎兒「分屍」雖是必要的措施，不過一切都太遲了。她極度虛弱，持續過久的陣痛期已經使她罹患了重度敗血症。她的子宮在我試著取出胎兒時破裂，隨之而來的大出血立刻要了她的命。這結局是不可避免的，但此時面對婦人的家人與鄰居的我，仍然無法擺脫濃重的罪惡感。

村長再次表示村民對我來訪的滿足，算是爲這段說明作結。對於其中的原因，我已經毫無疑慮，腦海中一片困惑的我，只能爲他們的心滿意足找到一個原因——他們終於等到這個殺掉我的機會了。我從未在這麼短的時間內，從驕傲的頂峰跌落到恐懼的無底深淵。我沉默無語。當時的我看起來一定嚇得要死。所有人都紋風不動，大家只是繼續面露微笑。我謹慎地評估：到底要不要請司機重新上車，載著我迅速離開此地？但此時圍觀的人潮已經從各個方向包圍車身。我緩緩靠向那名能說兩種語言的護士，問他：

「那名婦人在我替她看診時死了，他們爲什麼說對此感到滿意？你了解這是爲什麼嗎？」

「不，我不了解，這很荒謬。我該問他們嗎？」

我沒有答腔，不過他依然向大家提出了這個問題。許多人開始異口同聲地回答，直到村長喝令他們安靜，自己開始回答爲止。他的回答清晰而緩慢，但我完全聽不懂，只能等著口譯。

「噢，醫生，我們都理解當時的情況很險峻，要救回她的性命幾乎是不可能的。但對你照護她的方式，我們仍然很感激。全村的人都爲了你的所作所爲而感謝你。爲了這件事，他們將會永遠記得你。」

我一頭霧水，根本搞不清楚這是什麼情況。當時的我，想必低語著：「我到底做了什麼？」之類的話。

這名護士開始口譯。村長的聲音相當強硬，村民的呢喃與讚許聲讓他的聲音聽起來更加堅定。直到今天，我仍記得每一句口譯出來的答覆：

「你爲這名婦人和她的家人做了一件重要的事，遠遠超出我們這個偏僻荒遠、貧困至極的村莊居民的預期。我們一直認爲，大城市醫院裡的醫生是重要人物，絕不會爲一名來自鄉村的貧困婦人這麼做——你向她的家屬致上個人的哀悼之意後，穿過醫院前方的庭院，攔下當時正準備開走的疫苗注射車。你請司機將這名婦人的遺體運回她家中，以便安葬。你給婦人的丈夫一大塊乾淨的床單和另一片比較小的床單，讓他能夠包覆自己妻子的遺體與小嬰孩的屍塊。你也允許婦人的丈夫和兄弟一起搭乘運屍車回家。他們在下午回到村裡，使我們得以在晚上舉行體面的葬禮，讓她全家人和全村的人都能夠出席。在艱困時刻還能這麼尊重他人尊嚴的人，是會被銘記在心的。你和司機都沒有索取運輸費用，而我可以老實告訴你，這位婦人的丈夫和兄弟都窮到負擔不起運屍的交通費。如果不是高醫生幫忙，他們就得挑著死屍，走上整整一個晝夜。」

在我曾經見過的所有苦難中，這次的經驗，對說明赤貧在現實生活中的意涵，是再鮮明不過的例子。身無分文的現實，會將你最基本的尊嚴剝奪殆盡。

但這個悲傷故事裡最關鍵的情節還沒有出現——村民其實是爲了另一個人的所作所爲而感謝我。當那名婦人死亡後，我厚著臉皮見了她的丈夫與兄弟，向他們表達最深沉的哀悼之意。但當時的我可完全沒有想到，要用擔架將死屍挑回老家安葬，是多麼沉重的挑戰。

當我匆匆和婦人的丈夫與兄弟說完話以後，有人從後方抓住我的手臂。是羅莎老媽（她以前也多次這麼做過）。她嚴肅、低聲地說道：

「你有沒有意識到他們已經挑著她走了一整夜，沒吃東西、沒有睡覺，更沒有錢？」

我眞的沒有想到。

「你現在應該開始想想，他們該怎麼做才能將遺體送回那座遙遠的村莊，以便舉行葬禮。」

我無語地聽著她的指令交付道：

「你現在到外面去，攔下那輛準備要開走的疫苗注射車，交代司機，要他將這兩名男子、婦人和小嬰孩的遺體運回家。如果你不幫幫他們，下次那座村莊要是再有一個生產不順、需要醫療照護的婦女，恐怕就不會到這裡來了。我看那輛車已經塞滿東西了，趕快用跑的過去。」

他人的善舉，最後卻由我來接受表揚。在我的人生中，這種事情發生了許多次。我站在村民面前，心裡想到的卻是羅莎老媽的遠見。

她向村民展現的信賴，意謂著他們第一次與不屬於赤貧生活圈的人打交道。他們首次可以想像，原來醫療體系與救護車可以成爲日常生活中的一個環節。這天晚上，當一名醫生來到他們的村莊時，對日後醫療與福利的願景使他們歡笑，甚至跳起舞來。

我們最後總算抑制了霍亂疫情，隨後我便回到納卡拉。我回瑞典與家人團聚的日子很快就到來了。我們在納卡拉的家中無法撥打國際電話，只能到市中心的電信站打電話到首都，但連線十分不穩定。因此我直到在馬普托降落之際，才接到從家裡傳來的沉痛消息：我們的女兒出生數小時就不幸夭折，死因是遺傳性的畸形。安妮塔仍在住院，他們不得不對她施行剖腹產，而產後的併發症有致命的危險。

我在隔天飛回瑞典。在巴黎的機場轉機時，我和安妮塔通了電話。當天稍晚，我就到了烏普薩拉的醫院，坐在她身旁。在令人傷痛欲絕的悲劇與各種極端強烈的情緒中，令我佩服的是，醫院裡的一切擺設都非常乾淨。不鏽鋼製的床位晶亮生光，地板上沒有坑坑洞洞；床單上沒有破洞，也沒有用紙片縫補的痕跡，病房裡更沒有任何散發出異味的物體。當我擁吻安妮塔、和她一起痛哭失聲的時候，另一種震懾我的情緒是：我們是幸運的。是的，我們的小女兒確實是夭折了，但安妮塔還活著。當初她要是選擇在莫三比克生產，產後併發症便足以要了她的命。我們有足夠的錢支付旅費，我們出生時所獲得的護照，賦予我們享用全世界最優質醫療照護的權利。

隔天安妮塔就能自己著裝。我們開車抵達醫院後方的停屍間，和我們逝去的小女兒共處了一個小時。她的遺體火化以後，我們將她的骨灰安葬在市區外的家族墓園裡。出席這場葬禮的只有我和安妮塔，和過去任何時刻相比，我們變得更加親近。在醫院時，我們感覺莫三比克的生活情境離我們非常遙遠；但在小女兒的墳前，我們卻感覺，自己其實與莫三比克那些爲數眾多、子女早逝的家長十分貼近。

當我們在莫三比克北部面對嚴苛的生活期間，我們經歷過女兒夭折，以及安妮塔那次相當危險、足以致命的生產過程，這明顯改變了我們對世界的看法。我們以一種痛苦的方式，打破了兩種幻覺。第一種幻覺是：享受全世界最優質的醫療服務是一種人權。這是很崇高的願景沒錯，但當你試著了解當今各種不同類型的醫療服務以後，你會意識到這種理想太過崇高，無法落實在未來幾代人的身上。享有**基礎**醫療服務才應該是普世人權。但在未來一段很長的時間內，全世界**最優質**的醫療服務仍將屬於一小撮人的特權；這遠遠超出當前的發展目標。

第二種常見的幻覺是：貧困國家的父母親不會像富裕國家的父母親那樣哀悼自己的子女。我們在納卡拉經歷過的一切都告訴我們，實情並非如此。當新生兒或年齡較大的孩童亡故時，我們只看到深沉的哀慟。在這樣的情況下，我們可以感覺到自己和這些生活條件天差地遠的父母是平等的；他們的哀慟，和我們的哀慟一樣深沉。我們和他們的傷痛，也是用同樣的方式加以緩解——我們的兩個子女，很快會將我們帶離悲痛。人生的旅程只會繼續下去。

當我們回到納卡拉時，我們發現周遭的人給予的鼓勵與支持，帶來了很大的不同。在瑞典，很少有人會了解一對剛失去幼女的年輕夫婦的處境，許多人沒有接近我們、安慰我們的能力；在莫三比克則相反，我們大多數鄰居和同事的家裡，都經歷過類似的事，對於該如何爲處在傷痛中的人提供支持，他們有一套健全的傳統。當我們回到納卡拉的工作崗位時，人們以深切的同理心和感激來迎接我們。統計數據讓我們更了解文化。在新生兒死亡已相當罕見的社會裡，人們失去了撫慰遭到這種不尋常悲劇打擊者的能力；但是在新生兒死亡屬於日常生活一環的社會裡，人們必須知道如何安慰彼此，否則人生是非常難熬的。

雖然身處悲痛中，我們仍繼續在莫三比克的人生行腳與日常工作。我努力壓低工作量，卻徒勞無功。當年八月，這個區域遭到新一波疫情的侵襲——那是一種過往未曾出現的新疾病，這使原本擔任社區醫生的我，一躍成爲研究員。

CHAPTER 4
從醫生到研究員

「此致納卡拉的醫師：煩請您立刻前來。最近這幾天，有三十多名雙腿癱瘓的孩童與婦人向我們求助。這是小兒痲痺嗎？露西雅護士，卡爾瓦社區醫院。」

一九八一年八月的一天上午，我讀著這段寫在一張過期電影票背面的文字。露西雅修女在卡爾瓦社區醫院的天主教布道團服務，該處是莫三比克最偏僻的小村落。在莫三比克服務期間，我到目前爲止還只見識到當地在建立基礎醫療知識的需求，而露西雅修女的話將改變一切。

她是一位備受敬愛的義大利修女與護士，和另外兩位修女在卡爾瓦找到了自己的歸屬，已經在該地服務超過二十年。在整座村莊內與周邊的所有區域裡，露西雅修女受到女性村民的仰慕與男性村民的敬重。她廣爲人知的一件事情是，她願意自己騎乘油箱容量爲〇・二五公升的輕型摩托車，而不要求他人協助。我因而意識到這封信所指涉的事件非比尋常。

隔天，我們便將設備與教科書塞滿吉普車，滿員出發。我們駛過一段遍布沙粒的道路，於當天日落後抵達卡爾瓦。露西雅修女出來迎接並歡迎我們前來，我馬上注意到莫三比克籍的當地職員稱呼她「露西雅老媽」。

我當時覺得自己想直接開始工作，不過那是不可能的。露西雅老媽發號施令，同時告訴我：現在已經是就寢時間了，所以我不能直接與病患接觸。

她爲我們提供設備簡陋但相當潔淨的客房。我的客房有一扇面對社區醫院的窗戶，能透過月光看到戶外癱瘓的婦孺。露台地板鋪著茅草製成的地氈，許多人睡在上面。那天夜裡，我夢見數以百計雙腿癱瘓的人。

一陣敲門聲將我喚醒，提醒我該用早餐與祈禱了。八點整，露西雅老媽表示，可以開始爲病患看診了。

所有人講述的故事都如出一轍：他們的雙腿突然癱瘓，沒有痛苦也沒有發燒或其他症狀。所有人在最近這幾個星期都曾生過病，而且大多數是在最近這個星期內發病的。當我移動他們的雙腿與腳掌時，他們能感覺得到。有些人能扶著東西站起來，但那會導致痙攣與抽搐。這絕對不是小兒麻痺，但又會是什麼疾病呢？我那本厚重的神經科教科書裡所描述的所有疾病，沒有一項符合我的觀察。

就在我繼續檢查患者的同時，愈來愈多病患從鄰近的村莊來到社區醫院。我心中那種「某些事情不太對勁」的感覺愈發強烈。一個想法突然冒出：這是病毒傳染，這是會傳染的。新的想法一個接一個出現，就像浪濤一樣，一波比一波強烈。我心裡的恐懼感愈來愈強。我會不會被傳染啊？還是說……我已經被傳染了？

恐懼感挾持了我所有的思緒，將其他一切全推得老遠。我試著檢查患者的反射神經，卻無法專心，等到我準備作筆記時卻已經忘記自己要寫什麼，不得不重新檢查一次。這天上午，我心中的憂慮感愈疊愈高。我爲什麼要坐在這裡？我當初可沒有同意這點，這樣的疫情需要完全不同的設備。一定有人比我專業，他們也許可以把某個專家用飛機載到這裡來？這是一種新型的傳染病嗎？

據我所知，一艘南非潛水艇曾經在卡爾瓦外海上浮。難道是走投無路的種族隔離政權用生物戰武器發動攻擊嗎？我繼續檢查患者，但癱瘓甚至是死亡的恐懼在我腦海裡高聲議論：「快溜吧！把你的所見所聞彙報出去，讓其他專家去冒險、調查這件事吧。」我腦海裡的激烈討論，簡直一發不可收拾，「不，該死的，現在盡可能多蒐集資訊是我的職責。這波疫情是否能被遏止，全看你今天的所作所爲了。」

「我只是個在醫療體系中工作的外籍醫師，當初簽字的目的並不是要讓自己面臨未知、危險的傳染病。不好意思，我可不是在爲人道組織服務，我簽了合約，目的是擔任這個區域的社區醫師，隸屬於公共醫療體系。」

我努力壓制這種恐懼感。我過去從未體驗過這種感覺，我只是竭盡一切努力，試著壓制它。就在我心中的小劇場一發不可收拾之際，露西雅老媽來請我吃午飯。

「我沒時間吃午飯。」我很沒禮貌地回答。

不過她可不準備接受否定的答案。她湊到我面前，雙手叉腰。

「嗯哼，你當然有空囉。不管怎麼樣，這裡可是卡爾瓦，我們都在十二點吃午飯，不然根本沒法在這裡撐上二十年。你在莫三比克工作多久了？」露西雅老媽沉穩地說。

「快兩年了。」我結結巴巴地回道。

「所以你還是個新手嘛。你應該照我說的做。」

我乖乖聽從她的指示。她的神情始終非常肅穆，她從不高聲談笑，看起來也從不感到疲累。露西雅老媽就是這裡的主管。我說出我們需要做的事情，但她決定該**怎麼**做。

我根據守則脫下白袍，洗淨雙手。水槽邊總有一條乾淨的毛巾，肥皂安置在一個清洗過的肥皂盒裡，而露西雅老媽總會從一個玻璃水瓶中倒水。她藉由周邊擺設的簡潔與乾淨，來戰勝貧困。

十二點整，我和三位修女一起坐在午餐桌前。露西雅老媽念著漫長的祈禱文，爲了我的到來而感謝上帝；聽著她的祈禱詞，我心中平靜不少。我並沒有感到上帝就在我們近旁，但這三位修女的平靜卻讓我肅然起敬。我很快也感受到了這種平靜。第一次和露西雅老媽一起吃午餐時，我意識到暫時休息一下的重要性。有時沉思一下是很重要的，也許散個步也無妨。

在莫三比克的那幾年，我的體重是下降的。在那裡，我始終未能眞正找到平衡。不過露西雅老媽倒是找到了屬於自己的平衡點。她欣悅自在，是一個完整、堅毅的個體，對於自己的抉擇顯然毫無疑慮。她已經爲自己的人生做出抉擇，並爲此感到怡然自得。

她和其他修女，已經爲卡爾瓦周圍一整個世代的居民，提供了醫療服務與教育。她們在漫長的獨立戰爭期間仍留在這裡，並且挺過了獨立戰爭結束數年內的種種難關。露西雅老媽能說一口流利的當地方言（馬庫阿語）。二十一年來，她只回過義大利一次。面對著恐怖的疫情，這幾位修女仍保持尊嚴與堅毅，以十分具體的方式繼續她們的日常工作，包括爲雙腿癱瘓的人製作拐杖。

露西雅老媽祈禱詞中透露出的沉著，使我的責任感戰勝了恐懼心理。我心想：我是誰？一個堅信眼見爲憑、匆匆來訪的無神論者才待了兩個小時就嚇得要死，準備開溜了？假如她們以毅力撐過二十多年的歲月，我至少得鼓起勇氣，先撐過兩天吧。和她的犧牲相比，我助人的意願顯得如此渺小。我自知不會在納卡拉待上一輩子，但我意識到，勇氣就意謂著承受必要的風險，貫徹一件重要的任務。在她禱告的同時，我對研究的頑固看法也變得謙卑。當她說出「阿門」之際，我下定決心，繼續保持研究員的身分，直到揭露這種可怕怪病的病因爲止。

禱告完畢後，我們開始用餐。我聆聽著她們的人生故事。修女們無法讓我相信上帝的存在，但我終其一生對這些聰明、堅強的女性，在世界各地所進行、超乎想像的社會救助工作，抱持著尊敬的心理。

露西雅老媽以一種狡猾的方式，從令人無法接受的性別權力順位中脫身。像她們這樣的年輕女性，在自己所屬的社會裡還有什麼人生選擇呢？和與自己不喜歡的男人結婚相比，當修女並不是多麼糟糕的選擇。露西雅老媽已經將這輩子獻給了非洲。她在修畢護理學程、年紀輕輕時就來到莫三比克，而且長住下來。

除了面對、接受挑戰以外，沒有別的因應方式。我知道自己的恐懼有充分的理由，但我不得不概括承受。即使面臨危險，仍然爲所當爲，這就叫勇氣。

接下來兩天，病患繼續蜂擁來到修女開設的醫護站。大多數人是被抬過來的。當我研究這一星期所統整的結果時，內心再度感到一股尖刺般的恐懼。一星期內，新病例的數量增加了一倍。不過這不盡然是生物戰。一九八一年，這個區域遭遇過嚴重的旱災；旱災導致饑荒，迫使人們開始食用野生植物。這是不是缺乏營養與食用某些植物後導致中毒，所造成的症狀呢？

我回到納卡拉。我和安妮塔迅速做出兩個決定：這個區域內有愈來愈多村落已經傳出疫情，我不得不領導調查不明疫情的行動。然而，我的妻兒不需要承受遭到病毒感染的風險，因此他們會立刻前往首府楠普拉，暫時借住在朋友家裡。我對這樣的決定感到滿意，如果他們還留在家裡，我的憂慮會無比龐大，在這種情況下，我根本不能專心工作。安妮塔對孩子們解釋說，他們準備進行一場有趣的探險。她將各種用品塞進車內，準備在外地待上至少一個月，要孩子們帶著自己最喜歡的玩具，然後跟我揮手道別。我對她的沉著感到欽佩，也感到解脫。就在車子拐過我們家所在的街角，消失無蹤之際，我不再需要擔心孩子們會染上怪病。

調查一種新爆發的疫情，工作過程算是很直接的。你得先定義這種疾病的症狀，才能用簡短扼要的檢測，判別患者是否染上了這種病。我們的定義很簡單：雙腿突發痙攣性的癱瘓；拍打膝蓋下方與腳後跟的肌腱時，腿和腳掌會開始抽搐；雙腿觸覺正常，並無包括脊椎結核病在內等其他神經疾病的跡象。

下一步，是在接下來數星期內檢查五十萬人（我們納入了兩個行政區），而這可是全世界最貧困的地區之一。這其實並沒有那麼困難。我們親自拜會了整個區域內的二十五位村長，並且調查了在最近一次降雨後，家裡有人出現行動困難跡象的四百至五百戶人家。比較難以證明的關鍵是：在這些行動困難者中，有哪些符合我們診斷的定義？我們指導當地最幹練也能說當地方言的護士，讓她們做神經科方面的檢查，並將結果填寫在一份簡單的表格上，我們其中一名醫師每天晚上都會與這些護士檢閱每一起病例。利用這種方式，我們逐漸在醫院辦公樓那間狹小的「戰情室」牆壁上，整理出一份關於疫情變化的曲線圖表。最大的挑戰是判別患者的年齡，以及鑑定這種疾病究竟是哪一天在這個沒有日曆的群體中爆發的；還好護士已經多次練習使用當地的口傳曆法。

下一個看來簡直完全無法克服的問題是：如何弄來必要的摩托車與燃油，讓護士能深入這個區域內的偏遠地帶？我們所屬的小型行政區亟需援助。

因此我們向位階高一級的行政區域提出申請，要求他們派兩輛汽車、十餘輛摩托車、兩名醫師、十名護士，以及研究神經科和植物中毒的專家給我們。爲了以我們的兩名醫師與能說當地方言的護士爲骨幹，建立機動醫療團隊，我們請他們派遣能代爲處理常規性醫療作業的臨時職員，好讓我們能調查這場以癱瘓爲主要症狀的傳染病。來自衛生部的茱麗．克里夫在當天晚上駕車前往省府，將我們的申請遞交給省級醫療處處長，並將情況通報給衛生部與日內瓦的世界衛生組織。我、安德斯．默林和其他幾位職員被孤零零地留在原地。我們對這些必要的援助是否能及時送達，都不抱太大指望。

///

這天早上，我單獨待在辦公室，沒有任何跡象顯示我的辦公室就是調查可疑生物戰劑行動的緊急指揮中心。

在被鐵絲網封堵住的窗戶外，人群在遍布沙粒的路面上跑動著；他們主要是婦孺，在門診處前方排起隊來。辦公室裡鋪著一塊褐色的亞麻油地氈，擺著一張鋼製的灰色小書桌。桌面對我來說太過低矮，所以我蹲坐下來，俯身貼在桌面上。

行政區醫療與衛生辦公室建築物的旁邊，就是納卡拉的小型醫院。對一間只有三個人（維克托、書記員和我）的辦公室來說，「行政中心」是個很氣派的名稱。維克托是前殖民地時期的打字員，他之後晉升爲行政中心主任。

這天上午，我正在督導維克托與書記員編寫問卷調查表。我們需要弄出數百份調查表。維克托想到，假如能夠墊著三張複寫紙，我們一次就能製作出四張問卷。

爲了調查以癱瘓爲主要症狀的恐怖傳染病，我們相當實際地做了準備工作。我們需要一面能夠懸掛地圖的牆壁，以及一份能夠更新疫情相關資訊的時間曲線圖。我在一面牆壁上掛上大張的厚紙板。

由於我對這整個計畫有濃厚的不確定感，能夠先做一些實際的工作、單獨沉思一下，其實讓我比較自在。這樣的做法會有效嗎？我們得等幾天甚至幾個星期才能等到需要的摩托車？

維克托說，目前整個省境內沒有任何求售的摩托車。醫療處處長所能做的，是從其他行政區強行徵收摩托車，再交給我們。但這會讓車主非常生氣。我在同一天早上也向我們所在行政區的行政主任解釋了目前的情況，他認爲我對調查傳染病的提議是個餿主意。

「你的職員會把這種該死的疾病帶進城市裡。隔離那些村莊，等風暴平息下來就好了。」

他說，這場傳染病的風聲已經傳開，民眾開始感到害怕。他將會努力說服省長動用武力，隔離那些受到疫情影響的農業區。他更關心的是自己的政治生涯，而不是民眾的健康。

當我將厚紙板懸掛在牆上時，我感到愈來愈沉重的壓力。我在想，莫三比克這個剛創建的共和國缺乏明智、堅定的領導人，他們不願將我們急需的摩托車撥發給我們。

但是在接下來一分鐘內發生的事，證明了我大錯特錯。

一輛汽車的緊急剎車聲，讓我朝著窗口張望。我看到納卡拉警局所屬的貨櫃車停在醫院辦公室前，它的貨箱裡載滿了摩托車。兩名警察從車上跳下，開始卸下貨箱內的物品。這真是不可思議。一般來說，我們得等上好幾個月才能更換一輛故障的摩托車。但我眼前所見，卻不是公立醫療機關那些被漆成白色的車子——我們的社區警員從貨箱中卸下的是型號各異、飽經風霜的摩托車。我狐疑地走上前，詢問他們怎麼能夠在這麼短的時間內弄來這麼多輛摩托車。年輕的員警聳聳肩，說道：

「省長命令我們緊急替你徵調摩托車。你要的不就是十幾輛車嗎？」

「是那樣沒錯，可是你們是從哪裡弄來這些車的？」

「嘿！你在這裡唯一能見到的摩托車都是那些在街上騎的，所以我們只能將它們『國有化』了。這是省長的命令，我們沒有別的選擇。」警員一邊說，一邊繼續從貨櫃裡卸貨。

我注意到他們都背著AK-47突擊步槍。

我和維克托討論下一步該怎麼做。維克托就來自納卡拉，他認得那些車，也知道那些車的車主是誰。我們知道，那些車主遲早會盯上我們。

就在這個時刻，一陣撕心裂肺的慘叫聲劃破空氣。慘叫聲來自一群在路上狂奔，直衝向醫院的男子。那群男子在警車的前面停下腳步。警方才剛將這些車移交給我，而這些人顯然就是被沒收的摩托車的車主。獨裁政權的績效確實卓著，但這些領導人的強硬手段在現實生活中是絕少見效的。

我擋在那些車與那群男子之間。

「你們今天就能領回自己的車。」我開口說道，希望讓他們冷靜下來。

其中一名葡萄牙語相當流利的男子，有禮貌地問我，是否能讓他爲我說明整件事情的經過。他描述道：他們正騎著摩托車要到城裡上班，但警方卻突然攔住他們，並用武器指著他們。警方強行徵收了摩托車，將它們塞進貨櫃。他們詢問原因時，警方就說：醫生需要這些車，請他們自己去跟醫生說。

摩托車是他們掙錢養家的工具，他們畢生積蓄都花在這些車上，這些車對他們來說就代表著一切。自己的車被查扣，可是一件不得了的事。納卡拉全市只有約四十輛摩托車。

我們沒收了全市四分之一的摩托車。

「你們得聽我說，按照我所說的話做。你們都知道這一帶有傳染病吧？」我對這群男子說。

他們都知道。

「我負責防治這場傳染病。現在我需要摩托車。我之前並不知道警方會強行徵收。你們今天可以領回這些摩托車，但明天得回到這裡，然後你們得載我們的護士前往鄉間地區——**你們**騎乘自己的摩托車，護士則坐在後座。」

他們最大的恐懼是和摩托車訣別，當他們理解事情不會變成那樣時，雙方就有談判的基礎了。

「可是我們得工作哪！」

我保證他們將能保住自己的薪水，不必工作，騎自己的車載送護士。

「可是它總需要保養哪！」

「你們會領到機油的。」

我的底線是：爲了調查傳染病的來源，必須使用這些摩托車。他們的底線則是：他們必須親自騎乘自己的摩托車，而且車子必須在車主的家裡過夜。

因此我被迫與車主取得共識。我們在兩小時內達成了協議：在接下來的兩個星期內，車主每天早上都必須來醫院辦公室，各自載運一名護士前往那些位置偏遠的村莊。我不得不說服他們的老闆，讓他們能夠保住自己的薪資；衛生部每星期則會發給他們一公升機油，藉此「表達謝意」。在莫三比克的計畫經濟體系內，機油是一種強勢貨幣。在資源分配的規畫裡，醫療體系分配到的機油遠超過我們的使用量，因爲我們從來就沒分到與配額相符的車輛。

當天稍晚，一輛迷你巴士載來剛畢業的護士與兩名醫師，省級衛生醫療機關則在隔天加派一輛汽車給我們。即使媒體不渲染、不炒作，新型傳染病的嚴重疫情仍在社會上造成恐慌。就在一九八一年八月的那幾天，我們利用這種恐懼心理，取得調查疫情所需要的資源。我們獲得的每一分錢、每一名專家，都來自莫三比克國內。我們在事後才知道，時任衛生部部長的帕斯卡·穆康比博士，動用自己所擁有的一切權力，給了我們需要的資源。

於是村長指出有行動障礙者的住處，護士調查，醫生複檢，我則開始在掛在辦公室牆面的厚紙板上填入各式數據。調查行動正式開始。

我們記下每一起新發現的病例。當護士結束摩托車之旅，返回辦公室時，她們會將一份彙報單掛在我辦公室那面記滿圖表與地圖的牆上。六個星期後，我們已經檢測過五十萬人，總共辨識出一千一百零二起癱瘓病例。掛滿圖表的牆面上浮現出兩種明確的規律，也就是時間與空間。在仔細確認過每一名患者的發病日期後，結果顯示：傳染病的擴散曲線在八月底達到高峰，在九月降低。進入十月以後，基本上就不再出現新的病例。

從地理區位來看，疫情的擴散與分布僅止於距海岸十到四十公里的內陸農耕區。納卡拉或其他半都市化的行政區首府內，均未出現過病例。傳染病的疫區是介於氣候乾燥海岸邊的漁業聚落區，與降雨量較多、肥沃高地之間的一片陸地；疫情被限制在這一片往年此時節通常會有一些降雨，但今年因遭遇旱災，導致玉米、花生與豌豆枯死的區域。

唯一略有收成，使當地居民免遭饑荒的作物是樹薯。這是整個非洲南部重要的基礎糧食作物。湧入的數據除了描摹出確切的時間與空間模式，遭疫情侵襲的性別與年齡層也很明顯。染病者最主要是小孩（但沒有任何低於兩歲的嬰兒），成年患者則絕大多數是女性。

但蒐集並統整數據只占了傳染病調查工作的一半，當務之急是得確認這種疾病會不會人傳人。我們盡了一切可能的努力，想在納卡拉找出一起傳染病例。我派遣身穿便衣的職員到各個郊區蒐集情報，但就是找不到任何病例。我們只用三個星期就有了結論：這種疾病不會人傳人——許多來自疫區的人都曾經到城市裡拜訪親戚，而不少城市裡的居民都曾在六、七、八月在疫區住過；因此，我愈發確定這個結論。

某天晚上，我待在辦公室的鋼製書桌旁邊。最後一名護士剛結束摩托車之旅，繳交了彙報書，我將數據記錄到掛在牆面的厚紙板上。我們已經檢視過市區的各個社區醫院，沒發現任何病例。我望著那些繪在厚紙板上的圖表，暗自想著：不，漢斯，別再找了，你現在已經得到結論了。你眼前所見，不符合有人傳人傾向的傳染病定義。答案已經明擺在你眼前，你可以看出這種疾病與旱災有關。這是一種使人解脫的感覺。

這種癱瘓症狀極有可能是因爲營養不良，以及對疫區居民而言相當獨特，過去不曾接觸過的毒素所造成的。

從個人層面來說，這是一個很重要的結論，因爲我知道我本人不會癱瘓。當天晚上，我雖坐在地圖前，卻仍然寫信給安妮塔。她具備專業的醫學知識。我在信中說明自己是如何得到前述結論的。我完全確定。當我通盤考量過，最後得出某個答案時，我會相信那個答案。現在她和孩子們可以回來，無須擔心被傳染了。

當她們回到家時，我們緊緊相擁，久久不放。我們一起用餐、一起睡覺。我整個人對那個結論已經沒有絲毫的懷疑。能和家人住在一起，安妮塔還能跟我一起討論，這又讓調查容易得多了。

///

我們已經確定這種疾病不會人傳人，但仍然不知道造成這種癱瘓症狀的病因是什麼。

這就像從事偵探工作。我全神貫注。這是我的職務，我全力以赴，沒有其他雜念——不過，這種情況下的工作日是很平靜的。一切井然有序、單調卻又緊張刺激，而非焦躁、混亂。我來得及將事情想清楚。我幻想著將牆面上的圖表都塡滿，看到圖像愈來愈明確、清晰。

我們集中的疑點是旱災。疫情的爆發在時間與空間上，都與旱災吻合。除了蒐集數據的工作以外，我們還得親自深入鄉間，調查人們食用哪些作物，以及他們今年的飲食和往年有何不同。他們的主要作物與糧食來源是比較苦的樹薯根，它天生就含有某種大量產生氰化物的成分，因而有著和苦杏桃一樣的苦味。通常你只需要將樹薯根曬乾幾個星期，然後製成粉，再煮成濃粥食用，就不會有食物中毒的風險。婦女們關於解毒的知識就像一把覆蓋在田野間的大鎖，將猿猴、野豬和飢餓的男人這三種最常見的竊賊擋在安全距離之外。

但我旋即意識到：請餓到奄奄一息的人塡寫關於自己飲食習慣的問卷，根本就是緣木求魚。

我很快就成了人類學家，安妮塔則協助我進行這項研究。獲得少數幾戶人家的信賴，然後在一名善良、謙恭有禮的口譯員陪同下與他們同住幾天，就是了解他們最有效的方法。我們一再聽到同樣的說詞：「我們知道這些樹薯的根很苦，而旱災讓它們的味道更苦。我們將它們放在土裡，盡可能多等幾天，希望雨水能讓它們長大一點。我丈夫到城裡找工作、覓食，可是有一天我們沒東西吃了。我從土裡拉出一小株樹薯，想用比較快速的方法解毒——將它新鮮的根裂解成小碎塊，在太陽下曬個半天，然後再將新長出的根敲碎。隔天我就可以將它們製成粉末，煮成粥，給孩子們吃了。」

這些對話呈現出一個在數以千計的醫療檢查過程中，沒有被任何患者提到過的事。它們反映出對農村裡某個現實狀況的深切理解——就算我在醫院裡工作了幾十年，仍永遠無法理解。唯有那些與我們建立信任關係的女性，才能充分、必要地說明這個現況。關鍵是要切入最實質、最切題的疑問：「假如家裡已經沒有存糧、沒有錢、沒有準備採收的作物，妳們該怎麼辦？」

「我會拜訪一戶據我所知在田間需要人手幫忙的人家。我會坐在一棵樹下，低頭望著地面。他們會知道這個動作的意涵。他們會走到我面前，問我能否幫他們把樹薯的根挖出來。」

其中一名婦人說，這項鄰里間的傳統，就像某種社會救助機制一樣，深深烙印在當地的社區文化上。人們會將她帶到一片田裡，讓她將所有埋在土裡的樹薯挖出。之後她會將所有的樹薯根扛到房屋的正面，再將這些根切成絲狀，並且截頭去尾。她會將中間剩餘的部分從中再切成兩半，放在太陽下曬乾。

根據這項傳統，她有權利保留每一塊樹薯根的前段與後段，作爲這項工作的報酬。但如果她從樹薯根的前段切下一大塊，人們則會稱她是「切大塊的人」。

「這是個充滿恥辱的渾名，所以我永遠不會那麼做。今年的問題就出在每戶人家的樹薯產量都不夠，不需要我替他們採收。」

我一邊聽著婦人描述這個已經維持了幾個世紀，確保人人都有東西吃的體系如何崩解，一邊想著：這場疫情的背後是否藏著其他的原因？能讓你恍然頓悟的通常是偶然、不經意的觀察，而不是思考過程本身。我發現那些摩托車騎士對自己每天的任務都感到非常高興——比我所能想像到的還要高興。我能從辦公室窗戶望見，他們在旱災災區待了一整天，回到醫院院區時，摩托車後座放了一個袋子。當我問到袋子裡裝了什麼的時候，他們就避重就輕地回答。但護士告訴我，袋子裡裝著經日照曬乾的樹薯塊。

「啥？你們才剛從嚴重缺糧的地區回來，而司機竟然在村落裡買到糧食，這怎麼可能？」我脫口而出。

這當然是個敏感的問題。但到了最後，一名護士爲這些摩托車駕駛辯護道：「那能賣到好價錢嘛。旱災已經鬧了好幾個月，城裡的樹薯粉很貴的。這你就有所不知啦。」

惡劣的情況發展到極限時，一切統統都必須經過中央政府管控。社會主義政府禁止私人企業採購糧食，但未能確保糧食供應無虞。這裡似乎有一處黑市，將所有樹薯都吸走。

我們前往一處新的村落，它位處道路旁，以癱瘓爲主的疫情對它造成很大的影響。此行的目的在於查清楚：這些家庭是否將樹薯賣往黑市，而不是用它們來救助自己的鄰人。

這是個高度敏感，簡直不得觸碰的問題。我花了一整天和幾戶人家共處，跟著他們到田裡、聆聽他們的問題，和他們建立了良好的關係。但我每次一想將話題導向樹薯的銷售時，他們就巧妙地迴避。最後我們不得不離開。就在我們走向轎車時，這戶人家的男主人抓住我的手，將我拉到一旁。我已經多次經歷過這種情況——就在我準備離開甚至和人擁抱、道別之際，獲得最重要的資訊。

那名男子和我四目相對，說道：

「醫生，我們都知道你想打聽什麼，但我們只能點到爲止。我們到底有沒有販賣樹薯，這可是家庭祕密。我們永遠不會告訴任何人。」

他們對我倒是倍加信任。那表示他們不但有賣樹薯，而且還賣了一大堆。但他們出於下列兩個原因，永遠不能把這種事情說出去：這違反了馬克思主義政府的教條；尤有甚者，這破壞了當地的文化。

訪談這些爲了糧食與生存搏鬥的人，我算是了解了界線，以及哪些是能問的，哪些又是不能問的。

最後雨季降臨，不再傳出以癱瘓爲主要症狀的新病例。我們詳細記錄了初步得到的結論：營養不良以及某種大量存在於自然環境中的毒素，可能導致了神經系統的傷害；其深層因素可能是因爲旱災，以及因爲歉收而難以取得其他替代性的食物來源。

我們向衛生部長彙報這份長達五頁的報告書。他向我們提問，努力想了解情況。他感謝我們的努力與付出，並贈送一本由他親筆簽名、介紹莫三比克的書籍。

這就是疫病防治工作的可憎之處。人們讚揚這種顯眼、充滿戲劇化的工作，但那種能拯救最多人命、最費事、牽涉到如何建立並經營一整個社會的工作，卻極少引人注目。

那幾次疫情將我帶往窮鄉僻壤，使我走進升斗小民的家裡，拉近與人們之間的距離。我藉此增進了對人們生活境況的理解，並親眼見到那些瓦解的體系。往後的我將會研究這些體系，以便更加了解：要使一個社會徹底擺脫赤貧，究竟需要多麼廣泛的先決條件與基礎設備。

在這件事發生時，我們在納卡拉的合約剛好已經到期。我們當初自願在該地服務兩年，如今兩年的光陰已經過去。我們頂住壓力，完成了使命。

現在，我和家人都已經筋疲力盡。我們不只過勞，而且已經到了崩潰的臨界點。我挺過了癌症，我們剛出生的女兒夭折，我們協助對抗數波疫情，從知識層面上深切體會到，一個國家的發展是多麼漫長、艱困的過程。因此，即使這波疫情在獲得控制後還有許多等待解決的問題，我還是決定回家——但我還不知道我將會在往後二十年內研究這些主題。我們只想回家休息。

我們按照計畫，在一九八一年十月結束了這項任務。即使面對了一次次的挑戰，我們卻很快樂，家人之間的關係也更加緊密。不過要是有人央求我多待一個星期，我一定會哭出來。

我們在啓程回到瑞典以前，曾經允諾過孩子們一個小小的假期。但我們知道，在莫三比克是不能獲得充分休息的，所以我們選擇到日內瓦渡假。無論如何，我們還是得前往世界衛生組織的毒物控制中心，繳交驗血與驗尿的樣本——莫三比克的醫療體系沒有分析驗血與驗尿樣本所需的資源。

我們抵達日內瓦以後，租了一輛車。坐進一輛如此整潔、功能良好的車，眞是一種奇怪的體驗。孩子們在後座就位，安妮塔坐在我身邊，我倆四目相對。我轉動鑰匙。突然間，宏亮的古典音樂聲從揚聲器中流瀉而出。這是一種使人屏息凝神的感覺，我們猛然意識到，自己已經處在一個截然不同的環境。安妮塔和我安靜地坐了一會兒，凝視著彼此。

汽車後座還放了一個裝滿驗血與驗尿樣本的冰袋。冰袋內裝塡著乾冰，不過它們很快就會融解；一旦融解，我們就得重新冰凍這些樣本。所以我們得分秒必爭，將它們趕快移交給世界衛生組織毒物控制中心的主任。將這項責任移交到世界衛生組織地下室的冰庫，讓我們感到解脫、舒暢。離開這座宏偉、壯觀的建築物時，我們感到心滿意足。

我們現在要做什麼呢？我們自由了。我們望著孩子們，猛然想到：他們看起來糟透了。日內瓦街上每個人的衣著都非常體面、講究，而我們的孩子已經穿著他們手邊最體面的衣服，看起來卻仍像是剛從跳蚤市場走出來一樣。那些從瑞典帶去的條紋襯衫和在莫三比克加購的夾克，一切顯得如此破舊。於是我們前往百貨公司，爲他們添購衣服。

當天晚上，孩子們寫下準備在阿蘭達機場[1]與祖父母、外公、外婆見面時，要轉交給他們的願望清單。

///

回到瑞典的感覺眞是美妙。我們先花時間在烏普薩拉與朋友、親人們相聚，然

1 阿蘭達機場（Arlanda Airport），瑞典最大的國際機場，位於斯德哥爾摩。

後啓程前往胡迪克斯瓦爾。我們回到那間位在四樓，有著三房一廳格局的公寓。我們的私人物品被存放在其中一個房間，其他房間則租給房客居住。我們花了兩個小時將一切整頓妥當，然後沉沉睡去。

「我們的學校好漂亮，」奧拉和安娜在開學第一天回家後這麼說，「午餐好好吃喔。」

重新適應的過程很快。孩子們努力找回原本的節奏。我們給他們買了書包。我們大家都到牙科檢查。安妮塔回到婦產科上班，我則返回內科部門；我們對工作場所的美觀與設備的完善，大感驚異。我們那輛小巧、陳舊的藍色紳寶汽車換裝了新的冬胎，我們還拍攝了能搭配聖誕賀卡的家庭合照。我們回到了屬於瑞典的家庭生活模式。

但在接下來的幾個星期內，一些和莫三比克有關、尚未解決的任務又從我們腦海裡湧現。安妮塔曾寫下關於家庭生育規畫和孕婦注意事項手冊的草稿，她允諾會整理這些草稿並列印出來。她印出了手冊的最終版本，將文件寄往馬普托。我則收到一封來自馬普托的信，信中表示他們仍未收到我繳交到日內瓦樣本的分析結果。我的同事兼朋友安德斯·默林當時也已回到瑞典，他對此表達了憂慮之意，擔心疫情會在下一次乾旱期降臨時再度爆發。

重新適應瑞典是很容易的，但事實顯示，要將我在納卡拉的經驗以及自己在當地所負擔過的責任拋下，是完全不可能的。

我親眼所見的癱瘓症狀，眞的是屬於醫學領域的新疾病嗎？

一九八二年的某天早上，一名難以行走的患者來到我在胡迪克斯瓦爾的門診處，迫使我繼續研究這種症狀。我對她的症狀無比震驚，以致忘記向她打招呼。她拄著拐杖，雙膝交疊，每走一步，她的足踝就抽動一下。她痙攣般的動作，和我幾個月前在莫三比克檢查過的患者症狀不謀而合。她說這是一種遺傳性的疾病，她在成年期發病，病情隨著時間流逝持續惡化。她只是想知道，有沒有阻止病情惡化的方法。她曾在幾年前找過一位專科醫師，但他無能爲力。

「醫學研究難道都沒找出新方法，能夠治好我的病嗎？」她問道。

我在初步替她看診後，便承諾會爲她尋找合適的療法，但那將會花上幾個星期。我會再聯絡她，安排後續回診的時間。

同一天下午，我來到龐圖·威克倫德醫師的辦公室，和他討論這個病例。他對自己成長的這座城市瞭若指掌，因此也知道罹患遺傳性疾病的是哪一戶人家。他好奇地望著我。

「這種症狀和我先前在莫三比克檢查過，造成癱瘓症狀的神經傷害不謀而合。我想，我應該讀讀關於這種遺傳性疾病的所有現存研究，其中或許有某種關聯性，能增加我們的理解。」我說。

我這位聰明的主管面露微笑，說道：他始終堅信我會成為研究員，而我恰好在這個星期興起研究的念頭，真是再好不過了。省議會已經通過為醫師提供的研究預算，但到目前為止還沒人申請，他對此感到可恥。因此我提出申請，並獲得了這筆款項，用於研究莫三比克以癱瘓為主要症狀的傳染病疫情，與胡迪克斯瓦爾遺傳性癱瘓症狀之間的關聯。

但這造成了認同上的衝突——我不情不願地成為研究人員。學術研究對我而言，始終意謂著某種難以承受的壓力。它牽涉到艱澀難懂的術語，而且講究形式。你必須從事博士研究，戴著高帽子、身穿燕尾服，進行學術論文答辯，還得站在舞台上，搞得像馬術比賽一樣隆重。我對這些形式上的要求心存懷疑，也難以擺脫自己那種處於劣勢者特有的觀點（直到許多年後，我才意識到這種心態極其愚蠢）。隆重的學術儀式，目的只是用來結交人脈。

不過我仍然向一、兩位教授請益。他們的意見很明確：請你花上幾個月，將你所能找到、與這些疾病有關的書面文件，全部讀過一遍；申請預算，準備到莫三比克追蹤當地的研究結果；申請進入烏普薩拉大學醫院任職，以便在形式上成爲大學體制內的一員；申請成爲博士生——現在你得學會怎麼做研究。

我的博士論文寫作計畫獲得批准，而且很幸運的是，博爾·索波爾是我的指導教授。他身材高大，非常專注於研究。他曾花費大量時間鑽研毒物學，始終充滿好奇心，並不在意頭銜。

他指導我，使我學會科學研究的方法。

他住在林雪平[2]，家中地下室擺著一張沙發，而我常睡在那張沙發上。他的太太爲我們煮飯，想聽我說說在非洲的經歷。有幾年夏天，我拜訪他們在奧蘭島[3]上的渡假屋，我們一起釣魚，一起寫文章。他以一種相當傳統的方式擔任我的指導教授，

---

2 林雪平（Linköping），位於瑞典東南部，爲著名之大學城。

3 奧蘭島（Åland），位於波羅的海，介於瑞典與芬蘭之間的島群。爲芬蘭領土，居民卻多使用瑞典語。

也喜歡講述瑞典化學之父永斯・雅各布・貝采利烏斯的故事（他爲世界上大多數化學元素命名，而且建立了卡羅琳醫學院）。博爾和我開車時常常繞路，就是想看看貝采利烏斯曾經游泳過的那條小溪。

博爾・索波爾對我的職業生涯有關鍵、深遠的影響。除了擁有優異的化學專業知識外，他是個個性耿直、顧家的好男人，也是哥特堡足球運動俱樂部營運的重要推手。

最初，我曾對撰寫一整篇博士論文感到憂慮，但博爾只是對我揮揮手。

「你只管動手寫、動手做就對了，甭管學術上那些繁文縟節的東西。這個研究會持續很多年的。」他說。

但是博爾的反應很快。我先將來自莫三比克的檢查結果寄給他，兩天後他就打電話給我，口氣興奮不已。

「你是對的！那些接受驗血的患者，攝入了某種會在體內生成氰化物的物質。你得申請更多經費，回到當地做後續追蹤！」

接下來兩年間，我斷斷續續去過幾次莫三比克，在博爾・索波爾的實驗室裡進行化學分析，閱讀大量研究報告，並根據我自己得出的研究結果，撰寫了五篇文章。我們的兒子馬格納斯在一九八四年出生，這對我們家庭來說，是個美好的轉折點。休完育嬰假後，我在一九八六年終於根據研究得出的結果，發表了博士論文。當時至少有一小群教授讀了我寫的論文並提出反詰，所以，這是很刺激的感受。

研究結果呼應了我們在一九八一年得出的初步結論。除了樹薯以外，所有其他的糧食作物都因旱災而枯死，而樹薯的產量也比往年來得少。因爲缺糧導致人們縮短了將樹薯根放在日光下曬乾的時間，因此他們體內能生成氰化物的物質濃度就顯著提高了。此外，以樹薯爲主體的飲食結構極度缺乏蛋白質，這又降低了人體解除有毒物質破壞力的能力。我給這種疾病取了一個能從技術與學理上，貼切描述病情的名稱；但我旋即發現，這種病已經有了固定的學術名稱。一九三〇年代的剛果曾爆發過同一模式的疫情，當時有一位義大利醫師在當地協助防疫。我讀到一份關於他的報告，當地居民稱這種病爲「綁腿病」（konzo），意思是「被綁住的腿」。

請各位想像一下我在一九八六年的狀態吧。成爲三個小孩的父親，以及年輕又驕傲的執業醫師，而且剛拿下博士學位。我不僅描述了這種疾病，還宣稱我的研究爲這種疫情辨識了可能的原因。我記得，當時大學裡其他研究人員並沒有像我所預想的那樣，對我的成果感到印象深刻，我為此還有點驚訝。我猜想，當時的我一定是個極難相處的傢伙。不管怎樣，我已經賣力工作了，現在該是和家人享受漫長暑假的時候了。

當年夏天，我們在斯德哥爾摩外海的群島區租了一間渡假屋。以家庭渡假的標準來看，這是個完美無缺的夏天。我們都放假了——安妮塔剛結束了兩年的醫學系學程；我在接受癌症治療後已經存活了八年，直到現在仍記得那種大病初癒的感覺。我的職業生涯看來前景無量。

但就在我結束假期回到大學的那一天，我這個當時還太年輕、過於驕傲的研究員就感到無比震驚。某篇學術文章結尾的一句話，逼使我在往後的十五年間，繼續研究綁腿病。

「這些觀察指出，疫情的原因在於感染，且並不支持因食物導致氰化物中毒的假說。過去莫三比克曾發生過一次與此極其相似的疫情，當時這種假說就曾被提出。」

一種夾雜著憤怒、好奇心與責任心的感覺，讓我在書桌前正襟危坐，將那篇文章從頭到尾讀了好幾遍。那篇專文是由一群比利時與剛果研究人員所撰寫，發表在頗具名望的神經科學研究期刊上。

這篇專文有三個重要的訊息。首先，綁腿病疫情仍繼續在剛果的班頓杜省爆發。其次，我之前在莫三比克所研究過的，正是同一種疾病。到這裡爲止，對我這個緊張的讀者來說，一切都沒有問題。但是，第三個訊息卻使我震驚，他們宣稱綁腿病最有可能是由病毒感染所導致。他們暗指：我提出該病的病因是營養不良，以及食用樹薯攝入生成氰化物物質的說法，是錯誤的。

我的評估是，他們和當地人家的訪談，是很膚淺、片面的。但是我每讀一遍那篇專文，我就愈是感到謙卑，並逐漸意識到，我那位聰明的指導教授所言甚是，博士論文就只是一張允許你做學術研究的執照罷了。我也體認到，要想駁斥他們，我就得到剛果班頓杜省最偏遠的窮鄉僻壤進行研究。

接下來的幾天，我向我的學術研究指導員請益，問他們該如何回應這場「比利時襲擊」（我是這麼稱呼那篇專文的）。

那幾位明智的指導員給我的答案很明確：不值得和他們筆戰，懷疑這種病會傳染是很合理的。但他們都贊同我的想法，那些受訪談的家庭只是草草地被問到關於樹薯食用量的問題，也沒有分析驗血的結果。

「你得到剛果去，仔細訪談當地人的飲食習慣，並將血液檢體帶回來分析！」博爾・索波爾吼道。

他一想到我會繼續從非洲偏遠地區將血液檢體帶回他在林雪平的實驗室，就興奮莫名。

「這行不通哪，我沒錢啊。」我筋疲力盡地說。

「那就去申請更多新經費！有人刊登一篇專文指稱你是錯的，其實對你有好處，你申請款項獲得批准的機會就增加了。」

我了解博爾・索波爾說的話是對的。我得到剛果去。

///

準備工作費時兩年，其中包括撰寫官方信件，以及用海運將所有設備送達首都金夏沙在內的種種措施（設備一開始被寄到牙買加的京斯敦，後來才再跨越大西洋，運到剛果），但最重要的任務是建立與村民接觸所必備的人際網路。

我在當地的合作夥伴班尼亞・馬顏巴是我收過的博士生，他是一位年輕的剛果醫生，也是剛果食品管理署的署長。他身材高大，處事井井有條，一旦周圍溫度低於攝氏二十四度就無法思考。他來自剛果境內屬熱帶氣候的省分，因此他總是確保自己辦公室的溫度不低於攝氏二十八度。當他成爲我的博士生時，我們甚至必須在他於烏普薩拉大學進行研究時，爲他安置一座風扇式加熱器。

根據傳統，爲了讓博士生感覺自己確實達成了某個目標，他們可以把論文釘在牆壁上。你會先在文件的一角打個孔，用一小根繩子穿過，再將繩子綁在釘子上；這樣做的目的是強化博士生的自我意識（他們對於論文答辯可是怕得要命）。但是班尼亞不知道該怎麼釘釘子。當他即將要論文答辯時，我在系所祕書的辦公室裡用一塊木板教會他這項技能。我的莫三比克朋友奈赫雷瓦常形容，這種缺乏處理瑣碎雜務的能力，就是發展遲滯反映出的症狀。「我們就像瑞士乳酪：外觀看來很正常，內部卻坑坑洞洞。你們已經完成的許多事情，我們都不曾做過。我們沒學過游泳、沒有在學校用顏料畫過畫，小時候甚至不曾拼過拼圖。雖然在形式上有著同等級的學歷，但我們是落後的。」

班尼亞的手工技能不怎麼樣，不過在我們抵達剛果後的某天晚上，我們在盧姆比河游泳時，他展現了深諳水性的一面——河中有一大塊中空的樹幹，班尼亞將這塊樹幹轉化成了我們的小木筏。他站立著，毫不費勁地載著我們穿過湍急的溪水。他從四歲起就開始以篙撐筏，順流而下。

我們在瑞典與金夏沙之間，建立了一條含括了馬希．馬寧巴小鎮、疾病門診處、盧姆比村內從事慈善工作的修女，以及每一個小村村長的信任鍊。這些村長與長老負責整合研究工作所需訪談的人員。必須讓大家都知道我們將會做什麼事，人們才會同意讓我們從事研究。我已經從過去的研究得知：假如以外人身分空降到一座村莊，終將一事無成。

與我同行的還有博士生托西德．提勒夏爾。我數年前在烏普薩拉大學醫學院授課時，他與我的人生產生了交會。當時我受邀出席「自然災害醫學講習週」系列活動，並對當前世界局勢發表演講。演講內容提到我在莫三比克做過的工作以及樹薯栽種。一名頭髮梳理得極爲整齊、膚色蒼白的金髮年輕男子，坐在演講廳最偏右側、最前排的座位上。演講結束後，他舉手提問：將樹薯放在日光下曬乾，是否就是村民唯一採取的加工措施？他們都不澆水嗎？噢，日曬法需要多少時間呢？難道旱災已經使村民沒有水可以用來灌溉了嗎？

托西德好問的程度，已經超出了禮節的界線。他充滿好奇心、固執己見、不斷探問，還具有描述細節的能力。他說話的方式相當急切，總是趨身向前，臉上掛著一抹微笑。他無拘無束，工作能力相當強。

他在醫學院修業期間，曾暫停過學業，到法國索邦大學學了一年的非洲語言。身爲浸信會成員的他注意到，由於剛果北部的當地語言（其沙卡塔〔kisakata〕語）沒有任何字母，在當地授課的浸信會傳教士因而並未使用該語言。語言課程結束後，他和妻子在一座沒有電力供應的剛果村莊裡住了一年，調查其沙卡塔語的字母。他以該方言的字母爲題寫了一篇論文，獲得非洲語言學的學位證明。隨後，他重拾醫學院的學業。此刻的他，準備和我一起前往剛果的農耕區，調查綁腿病。

抵達剛果以後，我們先在首都過夜。就在我們動身前往剛果鄉村地區的前一天夜裡，我緊張到無法入睡。我們整整準備了兩年，任何一個小閃失都是承擔不起的。我多次開燈，在待辦事項清單上追加幾點內容，或只是檢查我們事先寫下的每日細部行程。我隱約察覺，清單上大多數的內容都會因爲突發的改變，而不得不跟著調整。

我最後終於接受自己已經盡了一切努力，以避免失敗的念頭。我努力想要入睡，其他的擔憂感卻又席捲而來。我的人身安全該怎麼辦呢？車禍是首要的風險，所以入夜後千萬別開車。疾病呢？我已經呑服抗瘧疾藥片，打了所有必備的預防針。我的個人醫藥箱裡，有著當時藥效最強的抗生素。但有些風險是無法從醫學角度預防的，例如搶劫與其他的暴力行爲。想像一下，假如我們遭到攻擊，該怎麼辦呢？我有過在偏遠鄉間地區，以充滿尊重的方式接近當地人的經驗。保持禮貌，在嘗試採取任何措施以前，先花時間聆聽，和當地的村長與一般民眾對話——我想按照這樣的守則行事。政府機關發放的執照只是形式，實際上的重點是：我們做研究時必須接觸到的每一名當地村長和居民，都必須了解並同意一些條件。

在入睡前，我想到自己的妻兒。我不得不保持高度謹慎。當天晚上我曾和安妮塔通過電話，但從明天起的三個星期內，我將無法再聯絡上她——當時還沒有行動電話，而我們即將前往的地區也完全沒有架設電話線路。對於我身在何處，我的家人將一無所知。對研究本身的憂慮已經逐漸轉變爲對我自己人身安全的憂慮，甚至讓我對自己對待家人的方式有了罪惡感。最後我還是睡著了。

我們這支由兩輛滿載的吉普車以及十幾個人所組成的隊伍，於隔天早上駛離金夏沙。

隨著我們逐漸接近城市外圍，金夏沙這座數百萬人口的城市呈現出愈來愈貧困的一面。圍繞著傳統市區、人口稠密的貧民窟，生活條件極爲粗陋；我們在當天日出時分駛上那條切穿全國領土，長達兩千公里的高速公路，向東前進。公路上車流密集，而且多由大貨車組成。鋪有柏油的路面相當狹窄，這趟車程眞是險象環生。一開始，我們還能瞥見壯觀的剛果河，不過它很快就從視線中消失。我們正駛向內陸高原區。我們總算上路了。

柏油路面上滿是坑洞，所以我們的車速很慢。我們先在一座名叫肯吉爾的小鎭停車休息。小鎭上多沙的道路旁，遍布著擺放了各種貨品的小攤販，旅人簡直可以在那裡買到自己想要的所有補給品，包括香蕉、花生和其他當地栽種的農產品，以及汽車備用零件、T恤與短褲，甚至還有位提供修補破爛衣服服務的縫紉師傅。不過絕大多數旅人都很窮，因此貨品必須以便宜的價格販售。其中一輛聯結車的貨箱裡塞了三十幾個人，而當時驕陽炙熱，酷暑難當，這些人都亟需補充罐裝飲用水。

我們愈往東方前進，我就愈發清楚地意識到，我們直接一頭栽進了「赤貧」

之中。所謂的「道路」已經不再具有路面的形狀與外觀，舉目所見淨是遍布沙土的區域。這些人甘冒風險，準備以最低的成本逃離此地，無疑以最清楚、最殘酷的方式說明了他們究竟有多窮。而以這種便宜的方式在剛果的高速公路上旅行，可是十分危險的。這個地區的景觀大致上是一片相對低緩的莽原，幾處低陷的峽谷切穿其間。駕駛通常會在地勢低緩的區域飆車，由於這些車輛老舊，年久失修，剎車常常失靈，進入峽谷區後出車禍的機率極高。

道路旁常能見到廢車的殘骸，它們像是某種警告標誌。有一次，我們行經某個路段，那裡才剛剛發生一起恐怖的車禍。六具蓋著白床單的死屍，被擱在路旁的草地上，涉事的貨車則已經翻車。有幾個衣服上繡著紅十字會標章的工作人員，似乎正在引導救援工作。我們停下車，問他們是否需要醫療人員協助。原來，那輛載運三十多名乘客的大貨車，高速衝入峽谷。貪圖省油的駕駛在下坡路段將行車模式固定在N檔（空檔），但當貨車開到橋梁的另一邊時，他竟然不換檔。當車身開始向後滑動時，駕駛就跳出車窗逃跑了。那輛貨車沒能開上橋，最後落入水裡。幾名傷者已經送醫，河裡撈起了六名死者，還有許多人仍下落不明。

如果沒有任何家屬或親人能指認這些死者，義工會在附近將遺體就地埋葬。一個缺乏維修車輛與道路所需的資源，也沒有交通警察的社會，不得不以其他手段處理死者的遺骸。

我們在日落前抵達馬希・馬寧巴小鎮。該鎮海拔六百公尺，大多數住房是以乾土牆建成的簡陋小屋。小鎮的名字得自非洲的昏睡病，「馬希・馬寧巴」一詞在字面上的意思是「沉睡之水」。

隔天，我們和當地幾位首長開會。他們告訴我們：殖民地時期，當地村民曾經接受過驗血，以找出導致昏睡病的寄生蟲。通常研究人員總會給村民沙丁魚罐頭，當作他們參與驗血的報酬。

「從貧窮、飢餓的人們身上採得血液樣本，可是件大事。你必須仔細說明你的動機，而且你應該帶著修女一起行動。這些修女每年都會深入走訪這些窮鄉僻壤，所以村民很敬重她們。」該省的醫療行政首長說。

我們回答：我們知道，而且會和盧姆比的修女同住。她們的教會全名為「十字熱忱姊妹會」，但經常被簡稱為「熱忱姊妹」，是以來自不同國家的五名修女為主幹。接下來的五個星期內，我們將以她們的小修道院為基地。修院的女院長非常謹慎而明智。她同意讓其中一名精通當地語言，剛完成護理訓練課程的剛果籍年輕修女卡隆嘉加入我們的研究團隊。卡隆嘉修女將能強化我所謂的「信任鏈」。現在，我們的研究團隊已經在四個層級上建立了基礎：包括我們在內的外籍人士、在剛果首都金夏沙的聯繫人，延伸到馬希·馬寧巴的省級首長，以及身處第一線的卡隆嘉修女。

我們在當天尾聲再度上路。由於路況極其惡劣，通往修女基地的二十五公里路程竟花了我們一小時。她們熱情地接待我們，並帶我們看過客房。

我們也和她們開會，討論研究事項。我們在會議中決定，一名能說法語和當地方言的在地教師跟著我們一起行動，進入那些村莊。到此，我們的信任鏈算是完成了。往後事態的發展將會證明，這名忠心耿耿、具備口譯能力的教師救了我一命。

修女營運的接待中心相當井然有序。當天晚上，我們在長桌邊共進晚餐。桌上擺設了餐巾、冰水與紙巾，相當別緻。正餐後，飯後甜點和用來裝利口酒的玻璃杯端了上來。我見到琳達修女站在門板內側，面露微笑，懷中捧著一瓶酒。我知道這種做法是不無疑慮的——我的瑞典同事托西德是浸信會會員，因此他滴酒不沾。

琳達修女捧著酒走上前，那是一瓶蘋果口味的人工釀造利口酒。托西德立刻用法語說他不能喝酒。修女面露憂慮之色；但我試著打圓場，將我的酒杯遞上前，準備讓她替我斟酒，同時用手肘輕觸托西德，湊向他，低聲耳語道：

「這跟宗教無關，而是跟文化有關。你只要嘴角帶著微笑，喝了這杯利口酒，表達出對這些親切修女的感謝之意，就是最明智的舉動啦。」

托西德喝了那杯酒，面露微笑，和善地與琳達修女交談。琳達修女看來似乎很欣賞他對利口酒提出的問題：這種酒該怎麼釀？酒裡含有多少糖？

對我來說，讓修女感受到我們對她們努力的讚賞，是無比重要的。她們可是我們進行研究的前提。

之後，我們經歷了一整天的訪談。當我們在一處莽原上的偏遠村落居民家裡作客時，托西德對我耳語，重複了我先前和他說的話。當時，村民請我們吃烤鼠肉，他對我耳語道：「這跟文化有關。你只要帶著微笑，吃了這塊烤鼠肉，表現出對這些親切人們的感謝之意，就是最明智的舉動啦。」我面露微笑吃了那塊老鼠肉。一如和修女相處的情況，我們和村民的交流十分融洽。

隔天，我們開始工作。我們將研究團隊進行編組，親至這一帶的二十二個村莊調查。這些村莊全都分布在一個半徑十公里的區域內，彼此之間有小路相連，某幾個村莊只能徒步前往。來到村莊後的第一個任務，是向村長與居民自我介紹，說明研究計畫。如果他們接受，我們會隨即調查人口總數，並且檢查所有行動不便的患者，以確認罹患綁腿病的人數。位置最偏遠、人口數也最多的村落，是馬康加村，據說該村飽受綁腿病蹂躪，許多孩童行動癱瘓。我們也將在此地進行關於飲食習慣的訪談與抽血。

我接下了這個任務。

早上，我、班尼亞、護士與隨行協助口譯的教師坐上吉普車。我們在狹窄的道路上行駛了一個小時。這些道路幾乎成了步道，橫跨莽原與沙堆。你若朝下望去，能夠看見被濃密雨林覆蓋的山壁與河谷。人們在山壁與乾燥的莽原區上，都種植了樹薯。當地屋舍都是用最廉價的建材蓋成的——經日照曬乾的泥質牆面、土質地板，屋頂上鋪著草。所有屋舍幾乎都沒有門。

當吉普車駛進馬康加村時，極度好奇、興奮的兒童衝了過來，迎接我們。他們全都沒穿鞋子，瘦小的身軀穿著極其簡陋、原始的衣服，那些衣服清洗過許多次，褪色相當明顯。

我們立刻就辨識出幾個跛著腳、落隊的孩子，他們有著綁腿病的典型症狀，也就是痙攣、行走困難。村長就住在村落的邊緣處，我們在那裡停下腳步。村長知道我們會來，已經在一棵樹的樹蔭下為每個人準備好椅子，並擺放成圓形。幾個看起來像是村長顧問的人將好奇的孩子趕跑以後，便坐在地上。隨後，我們和村長展開充滿善意、持續了一小時之久的對話。我們說明了來意，他也有很多疑問。直到所有問題都獲得解答，會議才結束。雙方達成一個協議：我們的研究團隊可以在村內走動、計算住房數量、清點出每間房屋裡住著多少人，並開始檢查每一位行動不便的患者；村長也同意，在每個村民都能獲得一個沙丁魚罐頭的前提下，我們可以驗血。不過村長和他的顧問認為，集合全村所有人，舉行公開說明會並開放提問，是沒有必要的。

「這個村子太大了。他們會按照我們已經達成的協議來進行。我也會跟著你行動。他們是信賴我的。」村長說著，先是面露微笑，隨後笑出聲來。

我們也希望能租用一小間空屋，在屋內檢驗血液樣本，並存放我們需要用到的小型柴油發電機與離心機。這樣也可以和好奇心旺盛的兒童和青少年，保持一定的距離。

我接受不舉行全村說明會就直接計算人口數的建議，但堅持和需要接受抽血的人家進行討論。我確保口譯員確實轉達了我的立場，而村長同意了，並表示我們隔天就可以在臨時的化驗中心前，和這些人家進行討論。一如往例，我們聘用當地社區的兩名青少年男女，來協助我們的化驗工作。一方面，這有助於讓村民理解我們在做什麼；再者，提供工作機會的外來訪客總是比較受歡迎的。除了一小筆津貼外，這兩位青少年還能得到一份證書，證明他們確實協助了研究工作。

我們眞的設想了所有細節，也不趕時間，還給了充分的對話空間。當一切言語都必須口譯出來時，溝通是很花費時間的。大多數村民都口操多種語言，但與外人的溝通並非使用法語，而是使用剛果南部的官方共同語言剛果語。

第一天的工作進展順利，村長根據先前的協議，跟著我們行動。他以一種顯然極爲友善的方式請人們說明每間屋子裡住了多少人，以及是否有人行動不便。我注意到他的腔調有時有點強硬，但似乎沒有人抗議。我們點算完畢以後，就回到那座用泥塊堆成、頂部覆蓋著茅草的小屋；這間小屋將是我們隔天早上的化驗站。我也和由村長選出、會協助我們的兩名青少年談過了。我們完成今天規畫的行程，並在日落之際返抵修女的住處。她們已經備妥一頓豐盛的晚餐（還包括一杯蘋果味利口酒），迎接我們回來。不過在村裡待了一天，滿身沙土的我們在晚餐前先走到附近的河畔，將身體洗乾淨。修院裡的客房非常乾淨，但沒有自來水。

第二天早上，吉普車上載了一座小型柴油發電機；發電機將爲離心機供電，而離心機是我們驗血的重要工具。驗血後的樣本，將被保存在大型鋼製保溫瓶裡。這一切全是村裡人從沒見過的先進設備。當我們停下吉普車，開始將各項設備卸下車的時候，許多人興致盎然。任用兩名年輕人，協助我們採集驗血所需的樣本，眞是明智之舉。

他們的第一項任務是向其他村民說明這一切的目的。因此我們決定，先讓我將設備擺放到定位。我會和來自村裡的兩名助理以及口譯員一起處理這個步驟。當設備被運到小泥屋時，它的內部已經依照我們提出的要求徹底淨空，打掃乾淨，因此當時我心情很好。班尼亞離開那座小泥屋，準備進行訪談；我則待在屋內，正在將我們計畫、準備了兩年的器材擺好。一切看來都好極了。我啓動柴油發電機，測試離心機的功能，它們都發出了不少噪音，以致我在數分鐘內完全聽不到小泥屋外面的動靜。

直到我關閉機器，才聽到屋外憤怒的吼叫聲。只需一、兩秒鐘，一切就風雲變色。我縮起身子，從泥屋的小門鑽到外面。當我再次站直身體時，我發現泥屋前方的整片區域站滿了憤怒、吼叫的人。他們一定看到了我的恐懼，因爲這時憤怒的吼叫聲突然再次響起，而且他們可不是只用手指指著我而已。兩名男子高舉著大砍刀在空中揮舞，極具威脅性。離我最近的那名男子，雙眼眼球充血，看來最危險。我看見他握著大砍刀的下臂，有一條長長的傷疤。我對大砍刀的恐懼感，和對槍械是不相上下的。在莫三比克行醫時，我多次治療過被大砍刀砍成重傷的患者。一名女傷患的臉孔被劃破，雙眼正下方的割痕貫穿兩邊的耳朵——她的鼻梁被割掉了，兩個鼻腔都暴露在外。我花了一整個下午才替她止住血。

我唯一感到慶幸的是，在我和那兩名揮動大砍刀的男子之間，還站了許多人。在那充滿驚慌的片刻間，我舉目四顧。唯一一張熟識的臉孔，是那名替我口譯的教師，他就站在我身旁的門口處。他展現了自己的忠誠，即使群眾人數愈來愈多，他仍留在門邊。

愈來愈多人聚了過來。口譯員湊向我，低聲耳語道：

「其他人已經離開這裡了。」他是指研究團隊的其他成員。

他的聲音聽起來很害怕。

「我覺得，我們最好逃跑。他們非常生氣。」他說。

在那一瞬間，我感到極度害怕。我仍記得，當那名教師建議我們開溜的時候，我扣住了他的手腕。在接下來的好幾分鐘裡，我仍持續扣住他的手腕。我有兩個念頭。第一個想法是：沒有這名教師，我就玩完了。沒有他的幫助，我將無法與暴民對話。第二個想法和前一年的某件事有關。那時的情景雖不像現在這麼戲劇化，但也有一名男子用大砍刀威脅我。那次，一名坦尚尼亞的省長給我上了一課。當時我沒有事先徵得一名女子丈夫的同意就對她拍照，這名男子氣急敗壞。當他手持大砍刀衝來時，我用雙手舉起相機對準他，這場衝突就這麼化解了。

「你做的是對的。」事後我見到那名省長時，他這麼說道，「當一個人氣急敗壞，用大砍刀威脅你的時候，千萬別背對他。如果你試圖逃跑，他捅你的風險將至少暴增十倍。」

我左顧右盼，尋找逃生路線。不過，在這種情況下是逃不掉的。如果這些人想要傷害我，他們人多勢眾，足以將我抓住，讓手持大砍刀的男子狠狠捅我。我走投無路，唯一能做的是努力透過對話，讓自己脫離這種險境。得讓那名教師替我口譯才行。

我恐懼不已地舉起雙臂，用法語耳語著：

「等等，等等。」

那名教師口譯我的話。我一邊扣住他的手腕，一邊成功搆到擺在門邊的一個木箱子，將它翻過來，站在上面。

恐懼感使我能勉強用法語擠出幾句話。

「如果你們不希望看到我，我可以離開。不過我也可以說明，我爲什麼來到這裡。」

「說！說！」大多數人回答道。他們的怒火顯然還沒到不可收拾的地步。

「我來這裡，是要調查爲什麼這個村子裡的孩子會癱瘓。」

「你是來偷血的。」有人說。

我繼續緩慢地說明：我過去曾經在莫三比克和坦尚尼亞研究過同一種疾病；但他們不爲所動。我提到，樹薯的日曬時間過短可能是致病的原因；但絕大多數人高聲抗議。

約莫一分鐘後，一名中年婦人突然從群眾之中走出。她光著腳，以堅定的步伐走到我站立的木箱子前面。她在走到我前方時轉過身來，面對憤怒的群眾。

那名婦人來回揮動雙臂，同時高聲質問自己憤怒的鄰人：

「以前我們的孩子像蒼蠅一樣，整批整批死於麻疹。你們都不記得了嗎？」

她繼續說道：

「之後疫苗就出現了。然後護士來幫孩子打預防針。在那之後，就沒有孩子再死於麻疹了。」

她戲劇性地暫停一下，向前跨出一步。

「他們是怎麼弄來疫苗的？各位覺得呢？你們以爲疫苗是從遠方的樹上長出來的嗎？不，有人當然知道，他們是如何藉由這位醫生所說的『研究』，弄出疫苗來的。」

她的語速很慢，一次就說一句話。當她用他們的語言說出「研究」這個單詞時，便轉過身來指著我。隨後她又轉身面向群眾，以及那兩名手持大砍刀的男子。

「他說他和那些剛果籍的醫生來到這裡，想了解爲什麼我們村裡有這麼多孩子得了這種被我們稱爲綁腿病的疾病，終生行動癱瘓。他沒說他能治好這種病。不過，如果他們查到這麼多人陷入癱瘓的原因，也許我們往後就能擺脫綁腿病，就像我們之前擺脫麻疹一樣。這看來很明智。這種被稱爲『研究』的東西，正是我們馬康加村所需要的。」

然後她刻意背對村民，朝著我跨出一步，伸出一隻手臂。她用另一隻手指著臂彎處，喊道：

「醫生，替我抽血！」

她這段一分多鐘的演講產生了戲劇化的效果。那兩名男子不再揮動手中的大砍刀，人們的臉部表情從暴怒轉成微笑，怒吼聲被柔聲的交談所取代。許多人開始迅速在那名婦人背後排起隊來。大多數人開始排隊，少數幾名村民咕噥著，和那兩名持大砍刀的男子離開現場。

直到現在，我仍完全記得當天早上在剛果一處偏遠村莊裡聽到的話。那名婦人將人們的恐懼與攻擊性，轉化爲對我們研究會爲村裡帶來哪些好處的理解。二十八年後的今天，我仍記得她說過的每一句話。我無法忘記她是如何救了我的命。

那時，關於我們不懷好意、打算偷血的傳言，如野火般傳遍了全村。不到一個小時，人們就籠罩在恐懼與憤怒中。謠言奠基於一個年代久遠的想法：如果被抽了血，就會受到傷害。剛果的一處偏遠、貧困的村莊裡會發生這種情形，並不令人驚訝。我擔心的正是如此，「信任鏈」的某個環節一旦破裂，就有可能發生這種事。

但我沒有預料到的是，一名沒有受過教育的婦人會在人群中挺身而出，以如此清晰、令人信服的言詞，辯明科學所扮演的角色，最後讓暴民平息下來。她對世界上其他地區所發生的事情，怎麼會有如此深刻的見解呢？

這個國家人口眾多，人均收入在世界各國中敬陪末座。她很有可能目不識丁，卻已經大致理解世界上研究、發明與工業生產之間的關聯。

聰明人其實不只限於那名將我從大砍刀下救出的婦人。她那篇長達一分多鐘，邏輯與修辭都無懈可擊的演說，改變了村民思考的方式。她揭露了一件事：在這座剛果的村莊裡，村民雖然是文盲，絕大多數人卻有能力排拒由迅速情緒化思考所導致的恐懼感與錯誤理解。在近二十年的光陰裡，我曾於偏遠的村莊中見過有類似想法的女性，並與她們對話過。她們提到自己對窮困深惡痛絕，希望自己的孩子能享有教育與醫療，可以睡在一張舒適的橡膠床墊上。日後，當我聽到我的瑞典學生說：窮人過得很快樂，應該繼續過這種生活，因爲「他們不能像我們一樣過日子，否則地球會毀滅」的時候，這些婦女的形影，讓我直接槓上了他們。

接下來幾年，我每年都會在剛果和其他非洲國家中較偏遠的聚落花上一個月，進行田野調查。我和一群博士生與研究夥伴發表了許多學術論文。之後，我們便將這種疾病列入神經醫學的教科書內容。

我們研發出新式化學分析法，以專機將患者載到瑞典，以便接受最先進的神經科學檢查。

這一切都證明了我們的假說，綁腿病會突然摧毀將信號從大腦傳送到雙腿肌肉的神經細胞。病患都是處於赤貧狀態，完全以樹薯爲主要糧食來源的偏遠聚落村民。在過去四到六個星期，這些患者全都食用過處理不當（因而具有毒性）的樹薯根；尤有甚者，樹薯還是他們唯一的糧食來源。不幸的是，患者的神經損傷可能是永久性的，但跛行的病患仍能藉助輕型拐杖及其他復健措施，得到可觀的協助。

然而，即使我們發掘了這些眞相，我卻逐漸失去對這種疾病在醫學、化學與毒理學層面的興趣。我的興趣轉移到它們背後的深層原因。

由於饑荒與赤貧構成的惡性循環，農耕經濟體根本無以爲繼。

CHAPTER 5
從研究員到老師

開課前的報到手續已經完成，我準備開始教授第一堂課。午餐時間，我已經將那一小塊毛毯塞進講桌下方。沒人發現它藏在那裡。

我將要告訴三十名將來有志成爲醫生或護理員的學生，如何爲世界上最窮困的人提供醫療措施。其中有許多人已經簽下合約，準備到赤貧的地區服務。我將爲他們說明具體該怎麼做。

開始講課的那一刻，是魔幻般的片刻。我從沒有見過求知欲如此強烈、如此認眞的學生。這些學生彼此互不相識，因此他們顯得有點害羞。

他們之中有些人來自五旬節教派，有些人則來自非洲事務小組。有一次，我們曾經調查過學生對政黨的支持與好感度，結果顯示，修這門課的學生多是左派政黨的選民或基督教民主黨的支持者。我從他們的風格，大約能辨識出其政治傾向。有的人頭髮梳理得整齊，女用襯衫的扣子一路扣到最上方，接近喉嚨；有的人則衣著邋遢、蓬頭亂髮，穿著久未清洗的牛仔褲。但所有人對我即將說出的話，都感到興致勃勃。

「一開始，我會先和各位分享莫三比克衛生部部長曾經對我說過的一個故事。我曾在當地行醫，資源十分匱乏。他對我說了關於這塊小毯子的故事。」我一邊說，一邊將那一小塊布料從講桌下方抽出來。

當你講課時，時機是最關鍵的因素。

「這個故事與一名男子有關。」我一面說，一面指著自己，「某個寒冷的晚上，這名男子準備在莫三比克山區過夜。他只有這麼一小塊毯子。他應該怎麼使用它呢？」

我側身躺在講桌上。才上第一堂課，老師就側躺在講桌上，講堂裡有些人高聲大笑起來，也有人感到很不自在，表情十分凝重、肅穆。所有人都感到很遲疑，而這是個好現象，這樣一來，我就掌握了他們的注意力。我從側躺的位置望著台下的學生。

「那名男子心想：我最好用毯子蓋住雙腳。可是這樣一來，軀幹的大半面積就會著涼了。所以他用毯子蓋住肚子。」我一邊說一邊將毯子蓋在臀部上。

「可是這樣一來，他的四肢就會著涼。他得縮成一團。不過這樣仍然是行不通的。他最後想到：最好的辦法，鐵定就是將毯子像纏頭巾一樣地蓋住頭部。然而這麼做仍然無法讓他睡著。他疲倦至極，而這使他十分挫折。男子心想：一定有辦法能讓毯子變大一點。」

此時我在講桌上起身，將毯子的其中一端壓在自己的鞋子底下，同時用力拉扯另一端。

「這樣**就**行啦！」我大喊一聲，毯子應聲裂開。

即使學生不了解我到底想要說什麼，他們還是哈哈大笑。下一刻，我對他們說明道：

「不要對那些即將和你們共事的醫療人員做出這種事情。不要對你們的職員提出超過合理限度的要求。請不要以爲你們能夠以在瑞典的方式治療當地患者。你們必須明智地使用這條毯子。你們也不能把自己給累死——好歹得撐過合約的規定期限。這門課會教你：當資源有限、供不應求的時候，如何以最明智的方式利用資源。」

這時，講堂裡傳來一陣低語聲。多年來的經驗讓我學到，這就是最理想的反應。當學生開始彼此交談、交流經驗、分享看法的時候，就能夠學到很多。

在莫三比克度過充滿挫折感的幾年後，這個用毯子變的小把戲，對我來說或許也是一種治療。

我從一九八三年到一九九六年擔任「開發中國家健康醫療」課程的授課教師，

當年我和安妮塔在前往莫三比克以前所修的，正是這門課。由於這份講師工作很容易填補我每年在莫三比克從事研究之餘的空檔，我就此展開教職生涯。如果我也擔任援助組織的顧問，我在課程間前往莫三比克的交通時間還能獲得加給。我的身分認同逐漸發生了變化，我已經告別了醫師的身分。

我成了國際衛生學的教授與研究員。

這門課程分爲三個部分。一部分講述爲產婦與新生兒提供的醫療，一部分探討在赤貧環境下藉由病毒傳染的疾病（相當於過去被稱爲「熱帶醫學」的領域），第三部分則說明該如何利用相當於瑞典全國百分之一的資源，來組織、領導醫療體系的運作。這些深具抱負與雄心的學生都簽了合約，準備在世界上某個最貧困的國家擔任專科醫師。他們的服務時間通常是兩年，不過有時可能會比較短或比較長。課程的前兩個部分，著重於講述該如何醫治他們面對的病患，所以他們聽講的動力很強烈。

最大的挑戰在於第三部分，也就是解釋該如何用捉襟見肘的資源，來組織醫療與衛生體系。深入了解瘧疾與寄生蟲病的意義很容易理解，但要他們評估職員人力與燃料的需求，或是規畫機動性預防針注射團隊的年度預算，著實讓他們吃了一驚。當我們在課程結束後進行評估時，學生回應說，他們還比較希望多加強檢測化驗室的知識；但當我們在他們眞正實地行醫後再進行評估時，大多數人則表示，他們希望多學一些關於管理、職員培訓和經濟的知識。因此，當這些已經在低收入國家工作過的學生修習我開授的課程時，我就能從他們的經驗中，評估醫療體系可以照顧到的人口範圍。

這些學生絕大多數都是爲傳道組織服務。無論是孩童生產時對孕婦的幫助、醫治瘧疾病童或照顧需要動手術的傷患，這些組織無法正確地評估他們的服務工作所接觸到的人口範圍。他們描述患者需要如何跋山涉水才來到野外臨時醫院或救護站。當無國界醫生組織展開其業務時，他們的職員仍然使用同樣的方式評估醫療照護救助的對象，也就是這種「患者如何跋山涉水才得到醫護」的方法。

這種方法沒有盡到對全體人口的責任。

我教學生三個步驟，來評估民眾是如何使用醫療體系服務的。步驟如下：

第一步，調查你所在轄區內有多少居民。令人驚訝的是，長年在偏遠地區行醫的人，極少想過要調查這一點。即使所有國家都有人口普查，醫院通常也被分到特定的轄區，想過要了解轄區內人口數的醫生仍少之又少。

第二步，估算你所負責的轄區人口中，每年的孩童生育數。你只需將平均生育數乘以轄區內的居民總數，就能輕易得到這個數字。在貧困的農業區內，每年的孩童出生人數約占居民總人數的百分之四點五；假如區內某地住有十萬居民，他們預估能生下四千五百名嬰兒。

第三步，算出醫療體系接生嬰兒的比例。請將每年醫院登記的生育數（例如，一千一百名嬰兒）除以每年預估的生育數。結論是，只有四分之一的嬰兒是在醫院由受過訓練的醫護人員所接生，其餘四分之三仍是在家中生下，且沒有醫療人員協助。在疫苗注射方面，假如轄區內每年有兩千兩百個新生兒接種痲疹疫苗，請將這個數字除以估算出的新生兒總數。你會發現，有一半的孩子沒有接受過疫苗注射。

患者跋山涉水問題不大。這個問題才大。

許多學生無法接受，他們居然需要參照數字才能做出符合醫學道德的行爲。他們仍停留在「盡可能給來到醫院的患者最完善的照護，才符合醫學道德」的思維。他們不想理解，其實住在貧窮國家的大多數人，都負擔不起交通費用。我很難說服他們，身爲醫療體系中的負責人，假如能夠爲邊陲地帶的居民提供最基本、最有效的照顧（例如疫苗和為孕婦提供的補鐵藥片），就能為更多人創造「福祉」。我講課的核心內容是如何幫助最窮困的人，以及說明在所謂的開發中國家之間，各自所擁有的醫療資源仍有很大的差異。當學生聽到自己打算前往行醫的國家在過去數十年來有突飛猛進的發展時，出現了很詭異的景象，這甚至使他們既沮喪又生氣。

我在烏普薩拉大學國際兒童醫療衛生中心有一間辦公室。某天我吃完午飯以後，一名年輕女子就等在我的辦公室門口。我心想：我又犯了什麼錯嗎？

「我得直接和你談談。」她說。

為期十個星期的預備課程才剛開始，但我對這名女子已經有了印象。她是一名積極、主動的聽講者。她在我辦公桌旁的訪客椅上坐定，呼吸聲很沉重。她一語不發，用微微顫抖的手將一封信放到我的面前，在桌面上展開。我打量著那精美的信頭與考究的筆跡。這封冗長的英文信件，是泰國衛生部部長所寫的。

「我申請到泰國擔任護士的工作證，結果被拒絕了。長期以來，我一直計畫到浸信會在泰國北部的醫院工作，而且已經和浸信會簽訂合約了。而現在他們拒絕了我。你能理解嗎？」

她滔滔不絕地說著，她的怒火與絕望是無庸置疑的。我真的感到很驚訝。浸信會透過瑞典國際發展合作援助機關，以補助款的形式支付她擔任志工的開銷，所以泰國方面無須負擔任何費用。

「是啊！你能理解他們爲什麼拒絕我嗎？」她繼續說。

不，我不理解。我答應她，會打電話給浸信會的傳道祕書，問個清楚。「傳道祕書」這個職稱雖然陳舊，但他是浸信會中經驗相當豐富的主任。不過那名氣憤的護士要我不必打電話了。

「我已經和他談過了。他說，原因是泰國政府希望接受外援的醫院能夠聘用泰國籍的護士。他們宣稱，現在泰國甚至有失業的護士。不過我才不相信。」

我向她承諾，會爲她找出一個說法。她拖著沉重的腳步，垂頭喪氣地離開我的辦公室。

然而事實證明，那封信中的內容完全符合實情。我和安妮塔在一九七二年就對曼谷的大學醫院讚嘆不已，此後，泰國的社會與經濟發展突飛猛進，人均收入在十五年來翻了一倍，國民人均壽命增加了十年。這個國家希望本國護士獲得聘用，是十分合理的。再者，她們還能用流利的泰語溝通。

一長串的例子證明，我講授的那門課程必須結束或設法轉型，以吸引另一種類型的聽講者；那名因爲沒能到泰國工作，所以相當氣憤的護士就是第一個範例。當我在十三年後正式結束那門課程，轉移到斯德哥爾摩的卡羅琳醫學院時，這項改變已經發生了。那時前來聽課的學生，主要是和無國界醫生組織簽署短期合約的醫生與護士，他們準備前往在受天災影響地區所建立的專科醫院，從事醫療工作。許多所謂的「開發中國家」，已經走上與泰國一樣的道路。就算包括莫三比克與坦尚尼亞在內的一些國家仍然很窮，他們國內也已經栽培出足量的醫生與護士，而醫院也有財力聘雇這些人。非洲國家已經開始像西歐與有錢的產油國家一樣，「出口」醫護人員。那些在非洲工作了十到二十年，隸屬傳教會體系的年邁醫師，不得不結束在當地的服務工作；而那些參與援助計畫，「向外」支援開發中國家，在二到三年間從事（和母國一樣的）醫護工作的護士與醫生，也面臨相同的命運。

///

一九九三年的某一天，一名由古巴大使館派出的男子來到我的辦公室。即使我在那幾年致力於教學與授課工作，只要一有機會，我就會毫不猶豫，重拾研究員的角色。

他帶來一瓶蘭姆酒。對於一名公共衛生學的專家來說，這種禮物其實不怎麼妥當。那名男子談到一種在最近幾個月侵襲古巴的怪病。卡斯楚政權不改其一貫風格，選擇對媒體與外界封閉消息。怪病讓人們的腳趾和雙腿先後失去觸覺，在某些病例中，患者的手指也會失去觸覺。之後他們的視力也發生了變化，患者視線中出現大型、點狀的失明區域，對顏色的判斷也出現變化。由於雙腿變得十分軟弱，他們連行走都非常吃力。這牽涉到相當嚴重的神經損傷，病例的數量多到令人憤慨——目前已有至少四萬人受害。

「我們希望邀請外籍研究員，深入調查這件事。您是我們希望邀請的訪客之一。」這名男子說。

我感到好奇。從純科學的角度上來說，這整件事情很引人入勝。該如何進行這項研究呢？

我很快就明白，這名男子來到這裡，可不是要詢問我是否有意願參與這件任務。某個決策者已經認定我就是他們要找的人，男子只是個信差。他們知道我曾經研究過樹薯，而古巴島上也有生產這種作物。

「你下星期能過來嗎？」他說。

「啥？你們爲什麼不早點過來？」我說。

我女兒的高中畢業典禮就在下個星期。我向他說明，在瑞典，家長是不能錯過這種儀式的。我問他能不能等到女兒的畢業典禮結束後再去。

他同意了。

「很好。不過這可是要花錢的。你們有錢嗎？」

「不好意思，現在我們處於危機中，所以沒有錢。」他說。

在這個時期，所有人都知道古巴處於危機中——古巴人將這個危機稱爲「特殊時期」。蘇聯是古巴重要的貿易夥伴，長期以來對該國提供經濟方面的協助。然而就在最近，蘇聯垮台了。古巴不得不爲大多數人配給民生物資。公車路線被撤除，每天晚上只有一、兩個小時供電，而且還實施分區供電制度。就連糧食都採用配給制度。獨裁政權就是用這種方式來應付危機的。根據他們單調的論述，這場危機是因爲「禁運」（美國的封鎖）造成的。不過在古巴島上，還有另外一種說法：「內部封鎖」，但是人們不會公開、大聲提到這種說法。例如，蕉農不准在城裡販賣香蕉，只能賣給國營公司，所以人民在哈瓦那街頭是買不到香蕉的；但這並不是美國的錯，這是一種使社會陷入癱瘓的中央計畫型經濟。

我轉向瑞典國際發展合作援助機關尋求幫助，他們在四十八小時後撥下了款項。他們不喜歡古巴政府，但是很明顯地，人民正在受苦。

準備工作進行得很快。不久之後，我和來自林雪平的化學家派爾．隆奎斯特就坐在飛往哈瓦那的班機上。我們下機時，對情況仍一無所知。古巴人只說：「我們會在機場與你們見面。」

走下飛機的階梯後，我們被帶到一邊，以專車載到機場的VIP貴賓休息室，有一個多人組成的歡迎委員會等在那裡，恭候我們的大駕光臨。一名身穿打褶長褲，皮鞋擦得發亮的男子，和一名塗著紅色脣膏的女子迎上前來；他們走上前的方式讓我明白這兩人是整個歡迎委員會裡的主角。男子表示自己是古巴衛生部副部長，那名女子則表示她是芬萊研究院的院長——該研究院的名字，得自於發現蚊子會傳播黃熱病的古巴流行病學家卡洛斯．芬萊。

我收到相當謹慎的通知：那名塗著脣膏，名叫康琪塔的女子，是政治局的人。好吧，我心想，政治局是凌駕於共產黨中央委員會之上的單位。古巴共產黨的高階幹部到機場迎接我。這時我意識到，此事非同小可。

第二天，專車將我們從下榻的旅館接到芬萊研究院。我在那裡見到了研究這項傳染病的古巴籍研究人員，包括流行病學家、臨床醫生和化驗中心研究員。那裡的氣氛相當熱烈，我感覺自己像是荒漠甘泉一般。很顯然，這些古巴研究人員難以抑制想要與外籍同事對話的急切心理。他們對這場傳染病的疫情、分布的地理範圍、時間與患者，做了第一流的簡報。

在菸草生產地比那爾．德．里奧省發現的病例數量最多。我們共進午餐。當天下午，我們還沒來得及開始在化驗室裡工作，門就突然打開。幾名口袋裡插著手槍的男子走了進來，站在角落；他們穿著運動鞋，所以我們沒聽見他們的腳步聲。

隨後費德爾．卡斯楚進來了。

我看見他的側身。我頓時想到：這不就是費德爾．卡斯楚嗎？我只看過卡斯楚聲嘶力竭演講的樣子，但我眼前這名男子，使我想起畢皮爾．沃格斯[1]。他不疾不徐地和化驗室裡的每個人打招呼，問他們家人是否都好。他看到我，便小跑步奔來，

1 畢皮爾．沃格斯（Beppe Wolgers, 1928-1986），瑞典作家、詩人與翻譯家。

身體微微向前傾，雙臂張開。

「瑞典人！瑞典人！」他喊道。

我介紹了我的同僚，不過卡斯楚顯然對我比較感興趣。

「我進來的時候，你們在討論什麼？」他問道。

我說明了我的教學工作，卡斯楚則繼續提問，還提到莫三比克與該國以社會主義治國的總統。

「你在薩莫拉．馬謝爾[2]總統主政下的莫三比克工作過？而且你年輕的時候參加過社會民主黨？」

我一開始不知道他想表達什麼。但我隨即發現，他不僅讀過我的履歷，甚至還將內容背了下來。

「我可以說句話嗎？」我突然對卡斯楚說。

「好啊。」他有點好奇地說。

「總統先生，我願意代表公共衛生研究人員，向您個人表達謝意。雖然您來自一個盛產菸草的國家，而且大雪茄相當於您的身分認同，您還是公開表示自己已經戒菸了。這可是非常有意義的。」

他笑了起來。化驗室裡的其他人也笑了起來，但是皮笑肉不笑的。處在獨裁者身旁的部屬，常常得用這種方式陪笑。那種笑充滿善意，但笑的時間拖得有點久。獨裁者將這種笑視爲對自己致敬的方式，對此相當歡迎。

卡斯楚離開化驗室以後，我們繼續討論。這些古巴人相當愼重地看待自己的使命。他們很高興看到我們到來，但也和我們一樣納悶，想知道我們爲什麼來到這裡。傳染病的疫情已經在衰減，不過他們仍然不清楚原因何在。我們的到來也許有著雙重目的，一方面想確保沒有足以導致人傳人的感染源，另一方面則是向古巴人民展示：古巴很開放，歡迎國際研究人員入境。

隔天，我們在醫院內活動，與患者見面。我們探視了眼科疾病的治療部門，他們專科醫療的水準之高令我佩服；他們對青光眼、白內障、糖尿病性視網膜病變及其他眼科疾病，都配置了不同的專科醫師。我相當好問，也稱讚古巴研究人員的工作成果，他們對此相當讚賞。

2 薩莫拉．馬謝爾（Samora Machel, 1933-1986），莫三比克開國總統。

當天晚上，我們在古巴科學院的一間會議室，和政治局與科學院的院士開會。科學院是一座三層樓的水泥建築。我剛剛才去過芬萊研究院和幾所醫院，而我準備說說自己的看法。

一開始，我們對話的口吻相當禮貌，不過隨後我對他們的方法提出質疑。即使患者竭盡全力描述自己飲食的每一個細節，要想搞清楚他們吃了什麼還是最困難的一件任務。因爲這不止是他們吃了**什麼**而已，還牽涉到他們吃了多少、怎樣調理食材，以及食材的來源。

「我覺得你們用來調查人們飲食習慣的方法是錯的。」我說，「你們只使用一份問卷。用這種方式調查，你們又有多確定自己能得到正確的答案呢？你們有非正式的食材貿易管道，是否有任何具有毒性的食材被走私到古巴來呢？」

「這是一座封閉的島嶼，這是不可能的。」有人說。

他們笑了起來，並採取守勢。這倒不是因爲他們是古巴人，而是因爲他們是相當精明幹練的計量流行病學家。對於計算出與健康的正常人相比，病患所要面臨的風險因子，他們可是箇中高手。從人類學角度提出開放性的問題，或是追問並觀察回答者的臉部表情，在當時都被認爲是很含糊的。在一九九〇年代，這些觀點之間有著尖銳的對立。

這時，那些穿著運動鞋，腳步靜寂無聲的男子再度開門進來，站到角落。然後卡斯楚進來了。所有會議在卡斯楚到場以前，似乎都不會決定任何事情。我稍後意識到，這場在古巴科學院舉行的會議，事實上就是我和卡斯楚之間的會議。

他在我身旁的手扶椅上坐定。

我開始讚美自己剛才聽到的所有簡報。

「所以我們現在該怎麼辦？」他問道。

「我的任務是檢查人們是否吃了某種足以導致這場傳染病的食物。」

「可是我們已經檢查過一切了。」他說。

「不，你們沒有檢查過一切，因爲你們使用問卷調查。你們只調查了你們所能想像到的，卻還沒有調查你們想像不到的。」

關於研究方法的討論重新開始。

「在這樣的一段『特殊時期』，人們眞的會說出他們吃了什麼嗎？」我問道。

這時他打斷我，口氣強硬了起來：

「我告訴你，古巴島上的居民可是非常信任我們的醫療保健體系。」

我們陷進了死胡同，對彼此互不了解。他顯然被惹惱了。廳內的其他人開始扭動身體，像死魚一樣面無表情。他們用飽受折磨的眼神互看，再低頭盯著桌面，似乎巴不得趕快離開房間。

「我可以說一段故事嗎？」我問道。

我親耳聽見這幾個字從我嘴裡冒出。卡斯楚有點遲疑。

「故事？好啊，可以啊。」

我們四目相對。

「當我還是個年輕學子的時候，我看過你和切・格瓦拉從墨西哥搭乘『祖母號』小艇，發動革命的影片。」

「你看過？」

「對。影像是黑白的。」

「你記得我們上岸時的景象嗎？」他問道。

「我不記得了。我記得先是看到你在小艇上，之後，你就已經在岸上了。」

「很好，因爲我們從來沒拍攝過登岸時的景象。」

典型的獨裁者作風。他們會測試你。

「但我看過你在馬埃斯特拉山脈[3]，和當地人住在一起時的情景。在此之前，你是個天資聰穎的學生，不曾到窮鄉僻壤和當地人住在一起。你並不了解他們。」

「是這樣沒錯。」他說。

「我記得你睡在吊床上，在田裡和當地人一起勞動。你指導小孩寫作業、協助當地婦女準備食物。所以你眞的了解了這些人嗎？」

「是的，我了解他們。」他說。

「但是有件事情讓我很驚訝。因爲我在影片裡，從來**沒有**看過某個東西。它從頭到尾都沒有出現過。」

「什麼東西？」

「問卷！」

聽裡大多數人不了解我到底想要表達什麼。不過卡斯楚明白。他笑了。

「我想要做的事，其實你以前就已經做過了。我想帶研究小組到比那爾・德・

3　馬埃斯特拉山脈（Sierra Maestra），位於古巴東南方，爲卡斯楚一九五六年登陸古巴後最初的根據地。

里奧，了解人們眞實的生活方式，看能不能找到我們沒有預想到的因素。這就是我所謂的『開放式研究法』。」我說。

隨後我又補上一句話，這句話讓卡斯楚容光煥發。

「你在馬埃斯特拉山脈用過的方法，現在已經變成了學術研究法。」

然後他便起身離開。我們還沒有達成任何協議。

第二天，當我到旅館的早餐室時，兩名男子已在那裡等我。其中一人身穿軍服，像衛兵一樣站得筆直。他們分別是古巴的總司令和衛生部部長。他們前來通知我，「指揮官」希望我在古巴待六個月，他賦予我做研究所需要的自由與權限。

我的腦海傳來一片嗡嗡聲。六個月？我和古巴的首腦人物共處一室，他們要求我留下。但是我的家人都還在瑞典，我正打算跟他們一起享受夏季時光。我看了看時間。現在瑞典是幾點啊？我不得不打電話給安妮塔。

「喔，是你喔！」安妮塔說。

自從我抵達古巴以後，我們還沒通過電話，所以我花了一點時間描述整體的情況。我隨後就切入正題。

「啥？你見到了卡斯楚？」她喊道。

我跟安妮塔說明古巴人對我提出的要求。然後我建議我先待在古巴三個月，在這段期間，她和孩子可以請一個星期的假，前來探視我。

安妮塔保持沉默，仔細聆聽。

「OK。」她隨後直截了當地說道。這符合她的一貫風格。

///

隔天，我們開始規畫該如何進行這項研究，並針對傳染病疫情的擴散情形，繪製精密的地圖。郵局的主管協助我們，提供明確的地址；島上沒有以郵遞區號來區隔的郵遞區。我又多徵求了幾位古巴同事的協助，其中一人是疫情最嚴重省分的流行病學專家莫麗茲・羅德里奎茲，她非常專精自己的工作，而且有長期在安哥拉工作的經驗。在職業生涯上，我倆有許多共同點。莫麗茲爲人坦誠、快言快語，留著一頭紅色鬈髮，也按照這個國家的傳統，塗抹紅色脣膏——我在古巴所看到的紅色脣膏數量，遠多於其他地方。

因爲莫麗茲，我才眞正意識到這場被稱爲「特殊時期」的危機，對古巴有著什麼樣的涵義。她邀請我星期六到她和她先生家坐坐。她的雙手疼痛難忍，所以她的先生握住她的雙手。原來這天是洗衣日。全家人的床單和衣服，裝在一個以水泥製成，其中一面布滿條痕的桶子裡，徒手清洗。但他們沒有洗衣精、液態肥皂或是洗手用的固態肥皂，所以莫麗茲只能用鹽巴來洗衣服，而鹽是會腐蝕皮膚的。換句話說，防疫工作的其中一名關鍵人物，居然不得不在星期六花上半天的時間用鹽水清洗床單。但莫麗茲支持古巴政府。她是革命派，對於他們所取得的成就（尤其在醫療方面）感到很驕傲。她全程參與了根治結核病的工作，並協助爲大眾設計堪用、夠衛生的廁所。在那個年代的古巴，從事衛生醫療工作的人，都難以避免地會感到驕傲。

我們先從被我稱爲「半計量」的訪談起步。我們選出了兩群人，其中一群有多人出現癱瘓的症狀，另一群則鮮少如此。我們藉此發現，沒有受到癱瘓症狀影響的地方，是仍保持小規模私有農耕的區域。革命後，古巴政府將島上許多大型莊園收歸國有，但他們對規模較小的莊園，則沒有採取國有化的措施。

我們利用一套過去在非洲時我就曾使用過的計畫，以避開古巴政府的耳目，不受干擾地訪談農民。在我們抵達當地社區時，我就竭盡全力吸引當地權力結構與政府機關的注意力。我在牆壁上掛有列寧與馬克思畫像的黨政會議室裡，對祕密警察煞有其事地高談闊論；他們對我這個外國醫生，都頗感好奇。我手上拿著一張寫滿問題的表格，看起來非常愼重。我提出一堆其實和研究本身毫無關係的問題，並主動提議替這些當地掌權者量血壓。與此同時，隸屬研究團隊的女性家醫科醫師，就有充足的時間訪談村裡的婦女，進行我們該做的工作。一旦掌握對方的好奇心，你對他們簡直可以爲所欲爲。

我在古巴停留期間，卡斯楚到各地走動時常提到我，全國性的大報也大肆報導這名犧牲假期時光、來到古巴工作的「瑞典籍醫師」。卡斯楚對古巴人說：「你們也別想放假。」許多人因而生我的氣。古巴的中央領導階級希望我接受國營電視台訪問，但我巧妙地推託掉了。當你在一個獨裁國家工作時，你得搞清楚自己在那裡扮演什麼角色。我在這裡的任務是什麼？我在古巴的任務是努力了解傳染病疫情的成因。當我在做這項工作時，不能與這個國家的領導階層發生爭執，也不能被獨裁政權利用。更重要的一點是，我不能傷害自己周邊的人。你必須接受一件事實：他們的日常生活都是充滿局限性的。瑞典人所習慣的對話主題，絕大多數完全不會在古巴的公領域中出現，而是只會在私人性質的對話中被提及。在那種場合，你就得等待訊號，等待某人願意分享自己的看法。你是無法憑一己之力掌握全局的。請設身處地，把自己置於你工作和談話對象的生活情境裡，以他或她的出發點來考慮一切事情。

我的家人來探訪我，探訪期結束後，我女兒安娜留了下來。她遇見幾個同年齡的年輕人，他們在晚上一起飲宴，一起跳莎莎舞。他們還一起乘車出遊，但想要開車，就得從黑市弄到汽油。我女兒曾親自到儲存黑市交易燃油的公寓裡看過，燃油在易主時，仍然保存在公寓的浴缸裡。她探聽到各項貨品及其價格，這讓我們研發出一種被我稱為「和夜半狂舞的青春期女兒對話法」的新研究方式。當她在夜裡回到家時，我就坐在床沿上詢問她細節；她則已經累癱了，一心只想睡覺。

安娜從比那爾·德·里奧帶回的說明與描述，讓我更加了解古巴社會與當地的黑市交易。早餐時間，我女兒還在床鋪上呼呼大睡時，我就向我的流行病學同事講述這些新資訊。

我們在白天蒐集資訊，在晚上彙整。夜半時分，當天工作進度告一段落時，吉他就會粉墨登場。總是會有人演奏〈美麗的古巴〉。我靠自己的外籍人士配給資格弄來啤酒，大家將就分著喝。根據配給額度，我每天能得到兩到三瓶酒。

隨著時間流逝，我們統整出一道時間曲線，顯示出每日發病的人數。這道曲線圖是否符合某些事件或歷程呢？我們可以從中看出社會階層的分布——與外國有接觸、聯繫的人士，較少發病。比那爾．德．里奧省境內約有一萬起病例。小自耕農比較不受影響，但在菸草園區工作、糧食不濟的農民，則是這種疾病的高風險群。

古巴社會由一個對黑市狀態與運作方式一無所知的政權所掌控，這看起來很不合理。我同事從未聽聞政府登記過黑市商品的價格。

「那是不可能的。」他們說。

不過我不相信他們。

「我們去跟省長談談吧？這些事情，他總得知道吧？」我說。

我同事對這一切感到很不安，但還是敲定了一次會談的時間。省長接見我們時，面前書桌上堆滿了文件。我說明了我們目前的調查結果：該省境內的某些區域飽受傳染病侵擾，其他若干地區則完全不受影響。小自耕農不受疫情影響，但在菸草園區工作、欠缺糧食的農民則飽受疾病侵擾。

省長非常感興趣，也相當熱衷。

「我們推斷，有錢通過非正式管道購買糧食的人士，不會受這種疾病的侵擾。

對於物價的變化，您是否有所掌握？」

此時，他態度嚴肅了起來。

「你這是什麼意思？」他說。

「是的，您應可理解，我們在瑞典沒有缺糧的問題；不過，我們瑞典有個問題，似乎是古巴沒有的——瑞典境內有大量毒品在流通。」

我繪聲繪影地描述瑞典地下毒品市場的運作模式。

「海洛因、安非他命、大麻。黑市。它是被禁止的，我們無法管控。但是警方會收到關於價格的報告。當我們看到價格下降的時候，就代表有一批貨已經到了。」

「嗯，嗯，這很有趣！我們的情況幾乎一模一樣。」

他望著我們大家。

「我們稱它為『國內需求機構』。」省長說。

我同事全身僵直不動。

「我們是否可以和他們見面？」我緩慢地問道。

卡斯楚已經賦予我自由行事的權利。而且，此事千眞萬確——過了一會兒，我們就站在一扇相當低調、沒有標示號碼的門前。

「我們正等著各位呢。」應門的男子說道。

房間裡坐著一名體重過重的婦人。這個現象本身非常引人注目——那年夏天的古巴島上，絕少有人體重過重。那名婦人告訴我們，他們有肉品與油料的價格統整表，並讓我們在一個窗簾被拉上的房間裡看這些數據；她還讓我抄下這些數據。感覺上，我彷彿置身於一部在東德拍攝的電影裡。

我的同事陷入全面的消極狀態，而我和那名婦人則像職場上的同事一樣，開始討論蒐集數據的方法論問題。

在搭計程車回旅館途中，我們大家都沉默不語。但當我們抵達旅館，在室內坐定時，我脫口喊道：

「你們看，我就說有嘛！」

我非常興奮，甚至有點得意忘形了。我說對啦。但我發現他們很沉悶，甚至顯得沮喪。

「不可理喻，這太不可理喻了。你這個待在這裡才一個月的外國人，怎麼能夠查出這些事情呢？我本來還以爲，我們的社會不是用這種方式治理的。也許我實在太相信革命了。」其中一人這麼說，望著自己的朋友。

一個精明但養不活本國全數人口的獨裁政權會盯住黑市交易，任由黑市交易滿足民間需求。他們本來以爲自己能夠排除自由市場機制，但到了最後，他們卻被迫與市場機制共存。那些紅色脣膏都是體育代表隊到國外時買回來的。脣膏是高價值、體積小、易於裝載的物品，但可不是人人都能擁有。每個樓梯間，大約只有一戶人家家裡有脣膏；其他人會到該處塗脣膏，每次可都是要付錢的。

最後，我們揭露了古巴的這場流行病，顯然與蘇聯解體後古巴人的單調飲食有關。染病者多半是成年人，因爲他們會讓小孩和老年人食用雞蛋與肉類。其中最有俠義精神的成年人只吃米飯和糖，而這種缺乏蛋白質和維他命的飲食，極其危險。黑市上總是能夠弄到糖。古巴人常戲稱，他們早餐都能喝到「雞湯」——這些「雞湯」實際上只是糖水。

我們將調查結果彙報給古巴政府，並依約定在入境後三個月離開該國，同時承諾不會用「食物中毒」（亦即由營養不良與中毒所導致）來形容這場疾病——伙食不良在政治上是很敏感的話題。古巴政府希望我們用「代謝中毒」來形容這場疾病，這意謂著人體內無毒性的物質被具毒性的物質所取代。

我們抵達阿蘭達機場時，我沒料想到的事情發生了——瑞典國營電視台正等著我們，準備採訪。這讓我措手不及，而我也沒有和古巴人討論過，該如何面對瑞典媒體的質問。我早該事先告訴卡斯楚：我的旅費是由瑞典納稅人的血汗錢支付的，所以我在自己的國家有義務回答媒體提出的問題。

路透社隨後向全世界發布新聞：一名傑出的瑞典研究員指稱，古巴的糧食品質與供應量都相當不良，人民因而生病。

古巴政府對我的發言感到非常不爽，我們的合作終止了。在那之後，我對調查結果始終保持沉默。

隨著時間流逝，這場衝突逐漸緩解。多年以後，古巴衛生部邀請我以全球觀點探討島上居民的健康概況爲題，發表一篇演講。我說道，即使古巴居民收入水準很低，古巴的孩童死亡率數據居然和美國相同。

我獲得了如雷的掌聲。在我的簡報結束後，衛生部部長興高采烈地跳上台，以充滿活力的腔調向我致謝。

「在所有窮國中，我們古巴人可是最健康的！」他說。

當我開始走向咖啡機的時候，一名年輕男子走上前來，輕輕抓住我的胳臂，將我拉到一旁。他湊上來，低聲耳語道：

「你的數據完全正確，但部長的結論卻是錯的。我們不是窮國中最健康的，我們是健康的國家中最窮困的。」

然後他就走了。我呆站在原地，嘴角還掛著一絲微笑。這名男子是對的。古巴島上最引人側目的並不是他們在醫療與健康方面的進步，而是這個政權完全無法創造出經濟成長與言論自由。

直到今天，我仍遲遲沒有發表對古巴這場流行病的研究結果。我不想給我的古巴同事造成麻煩。我和我在古巴的同事之間所保有的強烈個人關係，是在世界上其他地方都沒有的。

我受命在古巴進行的工作也並不尋常，它充滿著戲劇性。一般來說，研究是很無聊的，刻苦耐勞必須是研究人員的主要特徵；但有時候，在間隔多年之後，那種發現了某種新事物的感覺會讓你感到非常有價值。這種體會，有時候是得要逐漸培養的。

我在一九九六年離開了烏普薩拉大學，轉入卡羅琳醫學院。我在卡羅琳醫學院講授一門爲期五個星期的全球公共衛生課程。由於這門課最後會在國外上課，因此很熱門。醫學院每學期有一百多名學生，其中約有三十人修讀這門課程。

這些學生對全世界局勢的發展都很有興趣，其中大多數人想爲包括無國界醫生在內的國際性援助組織工作。但年復一年地過去，我對這些學生的熱忱逐漸心生憂慮。這門課的授課對象，難道就是這些對全球公共衛生已經所知甚多的學生嗎？

我在腦海中醞釀出一種想法：這門針對全球公共衛生的課程，應該要成爲所有學生的必修課。爲了支持這個想法，我必須證明：我們的學生在開始修讀這門課程以前，對全球公共衛生的知識已經超出其他學生對同一領域的知識。我的一名學生羅賓・布列顛・隆恩自願進行這項調查，並當作自己學位論文的主題。研究目的在於估算學生在全球公共衛生方面的基礎知識。我們決定讓他比較選讀這門課的學生，以及修讀內容較爲廣泛的急救課程的學生。

當羅賓最初向我展示調查的結果時，我感到很難過。

結果顯示：對全球公共衛生興致勃勃的學生，在這個領域的知識並不比選擇專注修讀急救課程的學生深入。

我心想：眞是狗屎蛋，我失算囉。對全球公共衛生感興趣，不盡然代表更了解這個世界。

但當我進一步、更深入地檢視調查結果時，我感到毛骨悚然。我感到一陣透心涼，心跳猛然加速，差點停止呼吸。我這次意識到，調查結果其實非常糟糕。讓我察覺學生知識水準低落的問題如下：「下列有五組國家。在每一組中，哪一國的孩童死亡率是另一國的兩倍？」每一組包括一個歐洲國家以及一個歐洲以外的國家。孩童死亡率是評估一個國家社會與經濟發展概況最有力的指標，所以學生只需要對各組中哪個國家較爲先進有粗略的認知，就能選出正確答案。

每個問題的答案僅有兩個選項，就算他們隨便亂猜，也應該能猜對一半。但學生的答對率只有百分之三十六，低於隨機猜測的數值。如果我在一根香蕉上寫下「答案A」，在另一根香蕉上寫下「答案B」，然後交給一隻黑猩猩來選，牠選對的機率還有百分之五十。

這就是讓我寒毛直豎的原因。如果人們的答對率低於隨機亂猜的數據，唯一的可能性就是，他們根據自己既有的成見作答。這些學生仍然以為歐洲國家的孩童死亡率，比發展迅速的亞洲新興國家要低。但是在一九九九年，南韓的孩童死亡率便已降到波蘭的一半以下；斯里蘭卡的孩童死亡率不到土耳其的一半；馬來西亞的孩童死亡率不到俄羅斯的一半。

當我冷靜下來以後，我意識到，全球公共衛生的教育，關鍵並不是用知識來填塞原本的真空，而是要掃除「西方世界總是比其他國家高出一截」的既有成見。另一個結果，與前述發現一樣令人震驚——學生對這個世界興致勃勃，對它的了解卻是如此貧乏。

還是讓我採取在學術上比較嚴謹的說法。我們並沒有觀察到，這群選讀了歷時五個星期的全球公共衛生課程的學生，對世界有更深入的了解；那些顯然比較傳統、修讀急救課程的學生，也沒有比較缺乏對世界的知識。而最使人震驚的或許是，這些在瑞典教育體系裡拿到最高成績的學生，答題的正確率居然不比隨機亂猜的結果要高。

早在二十五年前，我和安妮塔就對南亞的進步感到訝異；但是到了此時，瑞典學生卻仍然不知道，這個地區的發展程度正迎頭趕上歐洲，而亞洲多個國家在許多方面的發展，也已經超越了歐洲的部分地區。他們的理解仍然停留在「西方最優秀」，這使他們在世界知識的測驗中，答對率輸給了黑猩猩。

在我來到卡羅琳醫學院授課以前，我曾經在烏普薩拉大學執教近十年，主講全球健康與人口趨勢。我曾經遇過許多聰明、對世局發展抱持了頑固定見、學習動機強烈的學生。很顯然，瑞典學校所提供的教育，沒能將這個世界最基本的知識帶給他們。

我說世界上人口的健康狀態正在持續改善，但他們說我的數據肯定有錯，因爲他們知道環境汙染導致人類健康的惡化。我對他們說：世界上人口增加的速度在近二十五年來穩定地下降，他們卻說：全球人口暴增的速度，是史無前例的。他們學到的是，人口暴增摧毀了自然生態。他們某些人更關心死掉的動物，而非每年喪失生命的數百萬貧困國家的兒童。我很努力地說明，如果居住在大猩猩棲息地的人，生活沒有產生戲劇性的改善，大猩猩也沒有未來可言。

在某次講課後，一群學生朝我走來。從許多方面來看，這段對話總結了我多年來聽過的種種說法。

「全球人口激增，就是大自然所面對的問題。而你說情況並非如此！但是人口每年都在增加，你的數字肯定有錯。」

他們看來很絕望。他們已經在高中學到世界的現狀。一名女子代表整群人發言，其他人則圍在她身邊，在她滔滔不絕時點頭稱是：黑猩猩受到了威脅，犀牛也遭到威脅，原因正是「人口暴增」——人們狂生一堆小孩。我們也許可以引導人們開始採取避孕措施，或者乾脆付錢給遵循避孕措施的人，要不然還是結紮算了。

「世界上，避孕措施的使用率正在上升啊。」我說。

「可是我們必須更努力推廣才行。人們爲什麼不結紮呢？」那名學生說。

「最貧困國家的孩童死亡率，還沒有低到足以讓他們接受避孕措施。」我說。

「如果他們接納避孕措施，其他孩童的生存機會就會提高。」那名學生說。

「但是單獨的個人不會這樣思考嘛！我們不能直接保護動物。但是人們的生活如果過得夠好，他們就能夠協助保護瀕臨絕跡的物種。我們得以人類爲出發點。」

此時，這些學生睜大雙眼。

「人類？可是破壞環境的不就是人類嗎？」

他們到底學了什麼東西？我心想：他們眞是誤解了一切。我必須非常努力克制自己，才不致稱這些學生是「傻逼」。這是一種會使你癱瘓的情緒。要逮住他們論點的漏洞，對他們說明，是非常困難的。我試著用一條滿載油料，正在駛近博戶斯省[4]海岸的油船作比喻。當它仍然在海面上，離岸尚遠時，就必須熄火，船身才不會狠狠撞上碼頭。人口金字塔的原理也是一樣的——引擎已經熄火，但目前時間還早，船速仍然很快。

「我現在說的是如何降低生育數。你總不能打死人吧！」

「我們從來沒這麼建議過！」那名學生喊道。

討論大概就在這裡結束。我算是失敗了。稍後在講課的過程中，我努力再解釋一次。少數幾人理解我的論點，但這對我來說還不夠。我想給所有學生帶來一個恍然大悟、會心一笑的經驗，不過這似乎不可能。

在每個學期，學生總會用不同的腔調說著同樣的事情。課堂上通常會有一小群狂熱、情緒化的學生，其他人則比較客觀、沉靜。不過大多數人都比較同情激進主義分子，而不是其他人。

當時（九〇年代）人們關注的焦點是動物，而不怎麼著重於氣候變遷。瀕臨絕跡的物種名單出爐，動物的處境堪憂。然而就連世界自然基金會都了解，如果居住在黑猩猩棲息區域內的人們生活條件不佳，要拯救黑猩猩是不可能的。不過，激進主義分子的思緒可就完全不一樣了。

在最初幾個學期的授課之後，我回到家時，常因爲學生的許多想法感到氣憤，並惱怒不已。他們最強烈的定見就是：世界是由兩種國家、兩種人組成的。當我在咖啡廳裡走動，聆聽關於授課內容的討論時，絕大多數的小團體談到世界，就只會使用「**我們**」和「**他們**」這樣的字眼。他們最常見的論調，也一而再再而三地重複——「他們無法過著像我們一樣的生活，那永遠行不通的。中國人無法人人有車。」我同意，世界上最頂層的有錢人，不能像過去一樣繼續揮霍資源；最貧困的人必須能夠消費得更多，處於中間的大多數人則必須跟最頂層的有錢人一樣，能夠持續消費。極少數學生贊成這種看法，絕大多數人則抱持著一種強烈的信念：窮人

4 博戶斯（Bohuslän）省，位於瑞典西南岸的省分。

在非洲的雨林裡、在印度的農村裡過著快樂的生活，我們不應該改變他們的生活，只要任由他們自生自滅即可。

對我來說，這些論調眞是太驚人了。我記得，我所遇到的人們渴望獲得電力、自來水、道路與醫院。

我們每學期都會新開設一些課程。我爲自己設定一項挑戰，也就是教學生了解在不同經濟水準下的生活樣貌。最主要的是，我努力說明「**我們**」和「**他們**」並不存在，相反地，從瑞典到雨林之間是一長串、一系列不同的生活水準，人們就分布於其間。

授課開始時，我先將A3大小的紙發給學生。文件中包括了聯合國兒童基金會針對世界各地孩童生活概況年度報告的一號與五號表格，它列出了所有國家在前一年與二十年前的人口、經濟與健康等相關數據。我讓學生用這些表格，判斷哪些國家有顯著的進步與發展。數據明確顯示：當論及孩童的存活率與每一名婦女的平均生育數字時，世界各國已經不再區分爲兩個群體。

絕大多數學生堅決反對數據的眞確性，並表示這些摘自開發中國家的數字肯定有誤。在課間休息時與課後提問時間裡，他們對我說：非洲人、回教徒和其他窮人狂生小孩，導致全球人口暴增。唯一還能控制住地球上人口總數的因素，是居高不下的嬰幼兒死亡率。我引用先前曾經讓他們看過，取自我手邊在聯合國中最具公信力的數據，說：

「嬰幼兒死亡率能控制住人口成長，已經是幾十年前的事情了。就算是在最窮困的國家，嬰幼兒的存活率已經達到百分之八十！嬰幼兒死亡率最高的國家，有著最高的人口成長率。未來唯一可行的路，是繼續降低嬰幼兒死亡率與貧困程度，並在孩童存活率已經提高的當代，給予人們避孕措施。」

過去，我對解釋這件事情的困難程度驚訝不已；直到現在，我對此仍然感到驚訝。

許多學生只會以這樣的論點回答：如果孩童存活率提高，動物就會死亡。我再一次解釋道：如果孩童存活率提高，每一個母親就不會生那麼多小孩，總人口數將趨於穩定，這對動物將是好事一件。我在課後提問時說道：我在全球公共衛生領域的首要任務，是降低最窮困國家的嬰幼兒死亡率。演講廳裡最後排的一名學生站起來，高聲吼道：「對動物來說，你簡直就是希特勒！」

當晚我回到家已經十點了。我被迫接受，我向這些學生傳授數據的方式已經行不通了。我該如何展示全世界的進步，好讓他們理解當前正在發生的變化呢？這必須具備視覺化的條件。我意識到，這成了我的任務，而我做得還不夠好，還需要改進。我受到內心一股表現欲的驅使，它說：「如果眞有人能做到這一點，那就是你了。」

可是我該如何說明：傳統的殖民式、東西方的概念，或是將世界區分爲南與北的方法，都已不能顯示當今世界的樣貌了呢？我一邊將夾克掛在玄關的掛勾、把背包擱在地板上，一邊思考這個問題。當我起身、挺直背板時，我想到一個主意：我可以用一個泡泡代表一個國家，泡泡的大小代表該國的人口數。我將這些泡泡擺放在一張圖表上。圖表的橫軸代表人均收入，縱軸則通過人均壽命或孩童存活數顯示該國的健康狀態。我使用摘錄自聯合國兒童基金會年鑑的數據，將它們輸入統計程式StatView中。在我就寢時，我已經寫出一套標準，將它放進背包裡。我很快就可以用它來測試學生了。

這套標準看來效果良好，學生似乎很喜歡這個想法：一套全新的世界地圖，南與北被健康與染病程度所取代，東邊與西邊則分別代表富裕與貧窮。在這個階段，我還不知道這些泡泡圖將如何改變我的人生，甚至使我成爲教授。

關鍵時刻是一九九六年，斯德哥爾摩的一個冬日。當時，我正在諾曼區[5]融雪滿布的街道上跑著，正在前往卡羅琳醫學院的路上。卡羅琳醫學院正在招聘一名全球公衛學教授。他們請六名申請人參加面試，而我是其中之一。這已經超出了我的預期。但我也知道，好幾名競爭者的資歷遠比我豐富，所以我擬定了一套和招聘委員會的談話計畫。我在最後一刻決定彩色影印這些文件，並帶著它們前往面試。

我及時到達面試會場。隨後會議室的大門打開，招聘委員會的主席要我進去，坐在桌面的其中一邊。橢圓形桌面旁圍坐了八名全都比我年長的教授。他們身後的牆面上有一扇窗，冬日特有的強光從屋外透射進來，因此我難以看清他們的臉孔。

「嗯，漢斯．羅斯林，你是我們面試的最後一位申請人。請你爲我們描述：你覺得哪些項目是全球公衛學術領域的核心？在接下來的二十分鐘裡，請你說明爲什麼你最適合擔任卡羅琳醫學院的全球公共衛生學教授。」爾林．諾比教授說。

我回答道：這個領域在不同程度上囊括全球健康與醫療，並著重探討該如何以

---

5 諾曼（Norrmalm）區，位於斯德哥爾摩市中心的城區。

最完善的方式提升、促進最窮困人口的健康程度。然後我繼續說下去：

「然而我並不想描述爲什麼應該由我獲得教授的職位，因爲其他幾名申請人的資歷比我豐富。相反地，我會利用這二十分鐘的時間教您關於全球公共衛生變異性的基礎知識，使您能夠選出最適任的教授。我已經讀過各位的學術出版品列表，所以我了解，在座各位，沒有人眞確了解這個領域。我爲各位準備了一張繪有泡泡圖的彩色圖表，一人一份。」

每個泡泡代表一個國家，泡泡的顏色標示該國所在的大陸。縱軸代表預期的人均壽命，橫軸則顯示人均收入。

「請看，這便是世界上所有的國家，從下方、人均壽命短且收入低的剛果，到上端、人均壽命長且收入高的日本。」

我進一步說明，將世界區分爲已開發和未開發國家是不恰當的，因爲大多數國家都位於中間區段。

然後我繼續說明，人口染病的負擔會隨著國家的發展程度而逐漸產生變化，致病的原因會從感染與營養不良，演變爲非傳染性、通常在中老年期才使患者罹病的慢性病。我迅速地講解，如此一來，他們就沒空對我關於他們「不了解這個領域」

的說法感到生氣。這其實很有趣。我吸引了他們的注意力，甚至還得到若干正面的評語。

經歷幾輪問答以後，他們感謝我的參與，我就回家了。我在同一天晚上便得知，我的朋友史蒂芬·貝耶思壯獲得了教授職務。但最讓我驚訝的是，隔天，我家的電話居然響了。

「早安。我是爾林，招聘委員會的主席。你並沒有獲得這份教授職位，但我們對你的教學感到非常佩服。我們想聘你擔任高級講師，任期六年。你是否願意接受呢？」

我接受了。幾年後，我成爲卡羅琳醫學院的教授。我的研究使我取得面試的入場劵，但讓我成爲教授的，則是以彩色泡泡圖爲主體的教學法。

CHAPTER 6

從教室到達沃斯

對我往後職業生涯產生決定性影響的，並非其他教授或學生對泡泡圖表的反應，而是我兒子奧拉（或者更貼切地說，是他太太安娜）在一九九八年九月某天晚餐時，在餐桌旁的反應。

那個週末，奧拉和安娜到烏普薩拉來拜訪我，談到自己在哥德堡的生活。他倆都是二十三歲。安娜之前讀過文化社會學，現在正在就讀哥德堡攝影學院。奧拉讀過經濟史，但他修得這些高等教育學分的主要目的是爲了獲得助學金，這樣他才買得起顏料，申請進入藝術學院就讀。一連兩年，他都在該校招生的備取名單中名列第一。

大概是在餐後甜點時間，我向他們展示那張新而精美的彩色泡泡圖表。他們立刻迷上那張圖表。當我描述那些抗拒眞實數據、拒絕接受世界上所有國家均勻分布在貧窮到富裕之間不同水準說法的學生時，他們就感到更加好奇了。安娜向我索取了一份圖表，並將它掛在哥德堡家中的牆壁上。她和奧拉的朋友很快就看到了那張圖表，他們的反應也立刻證明了我之前所描述過，出於本能般地抗拒眞實數據的心理。那時我還沒有預料到，這將會開啓一段終生合作的關係。我對數字的執著與痴迷，將與安娜和奧拉的藝術才華合而爲一。你永遠不知道家庭聚餐會導致什麼樣的結果。

兩個星期後，也就是一九九八年九月十六日，奧拉寄給我一封電子郵件，標題是「奧拉正在嘗試新事物」。他在信中興致勃勃地說，自己正在哥德堡市政府文化局的雜誌編輯工作室裡學習一種新的動畫軟體。信尾的最後幾句話是這樣的：「好消息是，我在接下來的兩個月內，就能夠駕馭動畫軟體 Director 6.0 了，這樣一來我就可以為你的嬰幼兒存活率和人均所得圖表設計動畫，真是太好了。你覺得呢？回個信吧。」我像個娘娘腔一樣回說：「這樣很好。」當時我還不明白，奧拉將會創造出什麼東西。

幾個星期以後，奧拉打電話來，表示他已經能夠讓那些泡泡自由活動；但家裡如果有一台效率更強大的電腦，他會想要繼續改善這個環節。他想要完成一項能使代表各個國家的泡泡逐年移動，讓使用者能看出世界發展趨勢的程式。他很友善地問我，是否能考慮借錢讓他買一部新電腦，因為我送他的那部舊電腦已使用了十二年，記憶體容量不夠了。

之後奧拉與安娜設計出幾項電腦程式，幾年後的我成了這些程式的使用者，獲益良多。那當時的我又是怎麼回答他的呢？當時我懷疑他其實想用電腦製作動畫，並藉此申請進入藝術學院就讀。奧拉曾經在幾所不同的成人教育中心隨興地修過幾門課，也曾在斯德哥爾摩參與劇場演出。我心想：如果他想過著藝術家的生活，他就得學會不靠金援過日子。身為家長，我腦海中閃過灰暗、負面的思緒。我很有教養地回絕了他：我已經將舊電腦送給你了，這樣就足夠了。奧拉試著簡短說明：如果要設計出能夠活動的圖像，需要哪些技術上的條件。但我還是回絕了。

隔天下午，奧拉再次打電話來，他說他目前人在銀行，準備全額貸款購買電腦的費用，但必須有人作為擔保人簽字。直到那時，我仍然聽不進他說的話。我無法理解他的熱忱與固執，是源自於他眞心想要設計出能夠顯示世界發展趨勢的程式。我再次回答：**不行**。

現在要承認這件事，感覺蠻窘的。這倒不是因為電腦的金額大到足以影響全家的經濟，而是因為我當時完全無法聽進奧拉的話。然而，他不屈不撓。他以分期付款的方式向朋友買了一部電腦，設法弄到一把文化局雜誌編輯工作室的專用鑰匙。一九九八年秋天，他夜裡經常在工作室學習程式編寫。他寫下了第一版的編碼，將這個版本稱為「世界衛生歷史演進圖表」；安娜則設計介面。我在當年聖誕節收到這個程式。當那些泡泡緩慢、靈巧地從左下角的貧困與疾病區域，朝右上方代表富裕、長壽的空間移動時，我還記得自己當時屏息凝神，下巴簡直要掉下來了。

「而且你還可以畫線！你看，我現在選瑞典。」奧拉微笑著說。代表所有國家的泡泡自一八二〇年到一九九七年的旅程再次啓動；不過代表瑞典的泡泡留下一道軌跡，每五年評估一次發展的概況。這項小小的創新突然使我們能夠看清瑞典在過去兩個世紀以來的發展軌跡，並比較它和當前世界上其他國家的發展水準。當滑鼠的游標在泡泡上滑動時，我們看到那些國家的名字；當游標滑到瑞典的軌跡上時，你可以看到瑞典處於某一發展水準時的年分，也就是瑞典達到特定健康醫療與收入水準的時間點。哇！

我馬上就說：「我們得申請經費，才能繼續發展下去！」但事態的發展證明，想透過我過去常用來申請研究經費的來源與管道，爲這個計畫申請補助款，簡直難如登天。在等待金援的過程中，安妮塔將夠用的款項借給奧拉與安娜，讓他們能各自購買一部個人電腦，在家工作；我在授課時則開始使用那張附有可移動式泡泡的圖表。

過去請我去演講的單位或機關，有些在哥本哈根；但在這項新工具推出以後，日內瓦的世界衛生組織突然邀請我去演講。世界衛生組織數據統計的負責人說：

「我從未見過這樣的圖表。」瑞典國際發展合作援助機關此時爲這項奇怪的計畫提供了支援。安娜和奧拉停止了手邊的學業，他們招聘程式編寫人員，一起建構出一系列數據視覺化的網站，其中包括由安娜主導的「美元街網站」（Dollar Street）。

這些新工具讓我的演講更上一層樓，使我能夠更容易地達成此時被我視爲使命的目標：提高大學生與援助款機關部門對世局的理解力。我做過的演講，全都是針對上述兩個群體，因此當瑞典外交部在幾年後邀請我前往哥德堡國際書展，在被命名爲「國際大廣場」的講台上演說時，我感到不怎麼情願。

難道我要站在講台上，對社會大眾講述世界趨勢的大方向？我從未在大學以外的場域演講。此外，我對企業界也抱持著疑心。對我來說，就連書展都太過商業化了。瑞典外交部不得不再三敦促我。最後我還是去了。

這是一個半大不小的演講廳，裡面蒐集了所有能和國際援助組織扯上關係的物品。廳內有二十多個座位，從座位上能看到我在簡報時用來擺放圖片的屏幕，但在講廳外廣場上移動的人則是看不到屏幕的。我不喜歡這種擺設，因此我讓屏幕向外，不在意聽眾是否能從座位上看到屏幕。這麼一來，聽眾就得站著聽講。我利用這樣的方式讓展覽場走道上的人也能聽到演講，因而引來近一百名聽眾（而不是原本的二十多名）。二〇〇三年九月的那一天，博爾．恩克曼[1]正是站在那條通道上聽我演講。

在我演講完畢後，許多人爭先恐後擠來，想跟我交談。不過恩克曼搶到先機。

「產業界的領導人眞該都來聽你演講。我剛才聽到、看到的內容眞是他媽的好極了。」

這句髒話讓我感到很驚訝。博爾．恩克曼是一名頭髮梳理得整整齊齊，穿著無趣西裝的老人，他在瑞典企業界位高權重，眞的不能代表大多數剛聽完我演講的近百名聽眾。人們覺得他很無趣，但他說的每句話卻都很有趣。

他希望我到隔年的泰爾貝里會議[2]上演講。會議上，瑞典政界、學術界與產業界的代表性人物齊聚一堂，討論與世界未來有關的重大問題。

我感到很好奇，便答應了。

這對我來說，是一種完全不同屬性與類型的聽眾。其中包括瑞典數家最大型公司的董事長，我過去只有在報紙上讀到他們的名字。我描述完世界上的大勢所趨後，他們走上前來，提出很能夠發人省思的問題。

這次會議標誌著一段奇妙旅程的起點。當時，我還不習慣收到演講的邀請。

但是有人很讚賞我形容這個世界的方式。

///

使我感到恐慌與驚訝的是，事實證明，真正大型企業的總裁們對世局變化的理解與掌握度，遠遠高於充滿熱忱的學生與國際援助組織的工作人員。這些總裁只看重事實，若不如此，公司就會垮台。因此他們必須緊盯事實。宜家家居就是一個例子。

到了現在，我已經爲宜家家居在全球各地的百貨與分店店長講授過課程。但一開始，是宜家基金會會長聯繫我，希望我能讓宜家的職員了解世界的概況。他希望先在自己荷蘭的辦公室和我見面。基金會沒有商業利益色彩，其宗旨在於爲貧困或

1 博爾．恩克曼（Bo Ekman, 1937-），瑞典實業家。
2 泰爾貝里會議（Tällberg Meeting），由瑞典泰爾貝里基金會於每年夏天舉辦的大規模會議。

遭到急難者提供協助。

當我來到該建築物的前方時，我原本預期會看到一面大型招牌，但實際上並沒有。當我非常接近大門時，才看到一張小紙條，上面寫著「宜家：四樓」。他們想必是不希望顧客找上門來買家具。

我在路上思考的一件事，就是「許多人」一詞。宜家使用的一句標語是：「爲許多人營造更美好的日常生活」。

「『許多人』是哪些人？」

基金會會長的辦公室風格簡約，我們在辦公室裡的茶几旁坐定。他說明：事實上，宜家並不是爲了世界上的「多數人」而存在的。即使是在美國，宜家的市占率也還是很低。

我索取該公司在不同國家的銷售數字。我可以以這些數據爲基礎，設計一份宜家專用的圖表。

會長談到宜家基金會支援聯合國兒童基金會在印度的援助工作，他就曾經到印度一所醫院的婦產科考察過。這樣的經驗使他具有強烈的動力。想想看，他們在如此偏遠的國家支持當地的援助工作。一名印度婦人生產時，他曾在場，而這是他最美好的經驗之一。我們在這裡找到了交會點。在這樣的會面中，即使雙方的職務如此不同，我們仍然可以成爲職業上的好友。

我的簡報將在波蘭進行，而宜家的沙發廠就在該國。

在一般情況下，庫房裡總是塞滿沙發，這時職員們已經將沙發挪出庫房，放進繡有「宜家家居」徽標的椅子。整個房間散發出濃厚的「宜家氣息」。他們都很可愛，這也符合我過往與宜家職員接觸的經驗。

爲了參與對話，我提及我們翻新了夏季渡假小屋的廚房。

「我們使用你們的產品。」我說。

「您選擇哪一種廚櫃？」有人直接問道。

之後的一段對話，夾雜著敘舊以及和家具有關的閒聊。

「我們的整套廚房設備超便宜的啊，可惜人們不買我們的產品。他們努力想要挽救自己的婚姻，買些自己不需要的昂貴物品。」

我在波蘭的這場簡報中提到，我們可以將世界區分爲四個對企業來說十分重要的組別。首先是包括西歐在內的富裕國家，宜家在這些富裕地方幾乎完全只銷售，卻不生產貨品。其次是像匈牙利這樣的國家，宜家嘗試在這類國家開拓銷售業績，但仍以製造業務爲主。下一組是包括越南在內，人均收入較低的國家，宜家在這類國家境內製造地毯與玻璃罐。宜家在最貧困的國家境內甚至無法製造貨品，宜家基金會尚未眞正進入這些國家。

他們似乎很喜歡四個組別的概念。我展示了一些自己帶來的圖片，隨後就有人提問了。

「可是，你是說製造者買不起……？」

「是的。在像越南這樣的國家，製造花瓶或沙發的工人買不起它們。但他們很歡迎就業機會，因爲你們的業務點並不是設在大城市，而是鄉間；鄉間還能提供陶土或竹子等，能在製造過程中派上用場的原料。你們所做的最重要的事情，或許是爲那些上過學、亟欲脫離貧困狀態的人，提供工作機會。你們愈是果決強硬，愈是將生產業務帶入該國的貧困地區，你們就愈有用。」

「可是外界批評我們啊！他們說我們剝削當地人。」有人說。

「他們不了解其中的價值，而你們也不願意聘用童工。」我說。

的確，他們不想這樣做。房間裡充滿討論聲。我建議他們試著打入比越南還要窮困的國家，他們好像全都被嚇到了。

休息時間許多人上前找我攀談，其中一名職員曾經負責篩選鋸竹子的鋸木廠。

「你怎麼篩選他們呢？」我問道。

「他們必須很可靠。」他說。

「你又怎麼知道他們可不可靠？」

「這很簡單，你只需要走動一下，看看那些職員剩下幾根手指。講理的鋸木廠，絕不會讓員工鋸斷手指。然後他們會為職員安排勞工保障與安全措施。」

他們確實已經朝向「不要成為無良雇主」的理想了，這讓我感到震撼。但我意識到，這些公司的恐懼感都太強烈了。

當你坐在咖啡桌旁和激進主義活動家交談時，他們的論點和你在企業辦公桌前會聽到的論點合而為一。在鋸木廠考察的宜家，同樣感受到自己對員工的責任。那些邀請我發表演講的企業，對永續發展其實相當投入，這讓我又驚又喜。

許多公共衛生學專家排斥產業界，認為那些企業只會製造香菸、酒精和超速的車輛。由於所學背景的關係，我缺乏在產業界的實際經驗，但在企業演講卻使我對產業界心生尊敬，也讓我學習並意識到與所有勢力（無論是銀行界還是非營利性的援助組織）保持適當距離的必要。

接下來三年，愈來愈多單位想要了解我們這種以事實為基準的世界觀，我們受邀出席世界各地的會議。不過我們也收到大量的詢問，要求我對他們蒐集的其他數據做簡報。聯合國教科文組織、世界銀行、聯合國兒童基金會、瑞典縣市與地方政府聯盟、里約熱內盧的都市規畫師——事實上，與我們見面的所有單位都擁有龐大的數據庫，而他們不知道如何以淺顯易懂的方式講述這些數據。

如果我們具備企業家的頭腦，肯定會利用這個機會和這些單位簽下一堆合約。但安娜直率地指出，最重要的願景是「解放」這些數據，我們必須忠於這項願景。假如Google當初竊取我們的點子，那其實是最理想的——因為他們免費提供服務。

二〇〇六年，也就是我第一次和企業主管對談後不到三年，我第一次受邀到TED大會發表演講。安娜和奧拉早在一年前就收到TED大會的邀請函，那時的TED屬於祕密會議，只邀請特定的重要人士出席，更不會在網路上放出免費的影片。主辦單位原本表示，他們出於原則考量，因此不能支付機票費；同時努力讓安娜和奧拉理解，受邀出席會議本身就是重大的榮譽。不幸的是，安娜和奧拉回答：「我們買不起機票。」

我在第一次TED簡報前打電話給安娜和奧拉，準備簡報的內容。「我該表演吞劍嗎？」我問道。

「不用，把你對人類與黑猩猩的測驗結果拿出來，之後再講解所有視覺化的數據。」奧拉說。

那次演說非常成功，我一舉登上《舊金山紀事報》的頭條。

隔年，我再度受邀出席TED大會，發表演說。我按照慣例打電話給安娜與奧拉，問他們：「我現在該簡報什麼呢？」

「我們沒有別的新招了，你可以表演吞劍了。」奧拉說。名演員梅格．萊恩坐在第一排。當我取出劍，深深一鞠躬時，她跳起來歡呼。至今，我仍然將不斷跳躍著的梅格．萊恩視爲自己最重大的勝利之一。

所有在演講結束後想跟我攀談的人之中，有一名沉默、害羞，瀏海頗長的男士，他就是Google的創辦人之一賴利．佩吉。與絕大多數人不同的是，他完全能夠理解，我使用的這些數據程式，並不是我親手編寫的。安娜與奧拉受邀前往Google總部。他們可以帶上蓋普曼德基金會的程式設計人員，一舉實現安娜藉由Google將取得公眾事務數據免費權利民主化的願景。蓋普曼德基金會售出了那些可動式泡泡圖的原始碼，而安娜和奧拉則在接下來的三年，於矽谷的Google總部開發出Google

的公開數據瀏覽器。現在，它使我們能夠很輕易地找到數據。

售出原始碼所得的金額，使我有膽量辭去教授職務；到了二〇〇七年，我和研究圈的聯結幾乎已經完全斷絕。我只保留在卡羅琳醫學院百分之十的工作時數，其他百分之九十的工作時間則投入於蓋普曼德基金會，職稱是「教育性娛樂者」（edutainer）。我聘用了一支新團隊，我們開始在 Youtube 網站上發布簡短的影片。

///

往後幾年，我持續收到來自世界各地的演講邀請函，我還因此聘任了一名助理。我繼續受邀出席一連串的會議。有些會議是定期舉辦的，其他則是針對特定主題的一次性會議。我曾經在華盛頓特區的美國外交部，以一個我非常滿意的主題——「讓我的數據改變你的心智」，發表演講。

有一天，我收到一封來自梅琳達．蓋茲的電子郵件。她邀請我參加一場在紐約舉行，著重探討聯合國發展目標（尤其是嬰幼兒存活率）的會議。

當你準備演講的時候，首先得弄清楚自己要講什麼；再來，必須知道自己要在演講時展示哪些資料，以及如何展示這些資料。我希望自己的聽眾記得哪些內容？那次當我前往紐約時，我對這些問題其實沒有明確的答案。

我提前一天和團隊成員抵達紐約。我喜歡提早來到現場，在最後關頭密集準備，如此一來，所有內容就能深植腦海中。

我也總是必須到演講廳看一下，實地了解它的外觀。我要確保我的電腦擺在正確位置，所有的線路連接也都是正確的。在演講中，技術層面的支援可是很重要的，但是通常演講者本人管不了那麼多，總把放投影片的責任交付給他人。我從來不這麼做，因為只有在你親手按下按鈕的時候，才能掌握最佳的時間點，否則你根本無法全神貫注。

在紐約演講的前一天晚上，我受邀出席晚宴，地點在曼哈頓南區，離聯合國總部並不遠。

我不太確定自己該以什麼樣的衣著出席。我知道格拉薩．馬謝爾[3]會出席晚宴。

3 格拉薩．馬謝爾（Graça Machel, 1945-），南非前總統曼德拉的遺孀。

我和安妮塔在莫三比克行醫時，她是該國的教育部部長，她的丈夫則是當時的莫三比克總統；現在，她的丈夫是尼爾森・曼德拉。梅琳達・蓋茲也將出席晚宴。

我選了一件不含領結的西裝大衣。我的手提包裡放了一件很寶貴的東西——我女兒安娜就讀小學時的作業簿。這本舊作業簿上，印有莫三比克教育部的徽章。我滿心期待，想讓格拉薩・馬謝爾看看這本作業簿。

當我到達那家酒館時，著實吃了一驚。我的座位居中，旁邊坐著格拉薩・馬謝爾，對面則是梅琳達・蓋茲。

這是個充滿低調、深入、有趣對談的夜晚。梅琳達和格拉薩之間的對話最爲頻繁，她們討論到所有重大的國際發展問題。我偶爾會加入對話，但當這些大人物暢談女童的就學權、避孕藥物的易得性、該如何將注射預防針推廣到鄉村地區、如何推動民主發展、社會發展是否比政治發展重要、聯合國能做些什麼、梅琳達和比爾・蓋茲基金會又能做些什麼時，我只是聆聽著。她們對話的方式相當引人入勝。她們算是密友，幾乎可以說是姊妹。她們之前已經多次見面，擁有共通的價值觀，也了解對方投入的計畫。

她們都非常投入與避孕藥物的易得性相關的問題。梅琳達・蓋茲認爲：我們不能以推廣人權的方式關注這個問題，而必須將其視爲有助於家庭最佳利益的一種措施——不過度頻繁地生育，對家庭是最理想的。這是一種能說服人的說法。

格拉薩．馬謝爾則描述了南非的觀點；和相當貧困的莫三比克相比，在南非宣導避孕措施是比較容易的。

對我來說，能夠與掌權者和有能力改變世局的人同桌，聆聽她們心平氣和地討論下一步應該要怎麼走，還眞是一種寵幸。

這兩位女性三不五時會向我提問。我談到如何量測嬰幼兒死亡率的問題，而她們對這方面的了解，並不那麼全面。我描述道：首先，必須對該國的婦女進行具有代表性的篩選，然後讓受訪者與合格的訪問人員對話。訪問人員會深入探究這些受訪婦女的生活，諸如近年來的生活方式、是否有子女夭折、子女是如何夭折的，以及其他相關的問題。拜這項技術之賜，我們才能深入了解嬰幼兒死亡率的問題。

這兩位女性聚精會神地聽著，提出頗具批判性的問題。我說道：非洲絕大多數國家正在漸入佳境，這一點毫無疑問。我們從降低的嬰幼兒死亡率，就能看出這個事實。

和格拉薩．馬謝爾與梅琳達．蓋茲相處的這一夜，是個既漫長又短暫的夜晚。

這一晚逐漸接近尾聲，我感覺和她們建立了良好的溝通。因此，我鼓起勇氣。

「我得讓妳看一樣東西；同時，我也想好好謝謝妳。」我向格拉薩．馬謝爾說道。

梅琳達．蓋茲從椅子上撐起身子來，想瞧瞧我手中拿著什麼。我拿出安娜那本小小的作業簿。

我提到我們在莫三比克度過的歲月（一九七九年到一九八一年），而我女兒當時就在那裡上學。格拉薩．馬謝爾睜大了雙眼。

「你那時有沒有見過我先生哪？」

「沒有，可是我看過他在楠普拉的演講。」我說。

那本小作業簿在桌邊掀起一小陣騷動，大家都想看看。

「這位教育部長確保我女兒當時能夠在那裡上學。」作業簿在桌邊傳閱的同時，我這麼說道。

當天晚上，我踏著興奮的步伐——幾乎是彈跳著穿越曼哈頓，走回下榻的旅館。和這些女性對話，對我來說真是實質上的提升。夜裡，我最後一次檢查了演講的內容。隔天的演講並不特別理想。對我來說，聆聽她們的對話是莫大的收穫，這使我感到謙卑。我過去總以爲：能夠躋身高位者，想必都很膚淺，以自我爲中心。我對這些人有點反感。我本來預期自己會見到有這種心態的人，結果我遇見的，是聰明、善體人意又善良的人。其中一人是全美首富，另一人是莫三比克前總統的遺孀，現在則是曼德拉的妻子。兩人對彼此心懷尊敬。

我們的晚宴使我了解：即使是在社會上的最高階級，親自見到某人並與其互動，仍然十分重要。我出席在達沃斯[4]舉辦的世界經濟論壇時，這樣的理解獲得進一步的強化。世界上最有權勢的人每年在此地會面一次，討論世界未來的重大問題。這場會議已經逐漸演變成當權者——產業界大亨、金融鉅子、政界要人、國家元首、國際組織代表、聯合國與媒體圈的要角，還有包括國際特赦組織在內的其他協會，以及研究全球問題的學者——相聚的場合。

這是一座相當尋常的阿爾卑斯山小鎮，有著平易近人的火車站。我和安妮塔拖著行李箱。當天早上剛下過雪，我還在一處附著薄冰的小坡上滑了一跤。我們在旅

---

4 達沃斯（Davos），位於瑞士東部的城鎮，為滑雪勝地，以每年冬季舉辦的世界經濟論壇聞名。

館辦理入住手續，那是一家設備齊全的低價旅館。現在，我坐在小會議廳裡，聽著一個歐盟會員國環境部長的指控。「投影圖顯示，中國、印度與其他處於開發中狀態的經濟體，以即將造成非常危險的氣候變遷的速度增加排碳量。事實上，中國的排碳量已經超越美國，印度的排碳量已經超過德國。」

他是在二〇〇七年一月世界經濟論壇上討論氣候變遷的實業家與政治人物之一。他用完全中性、絲毫不帶情感的腔調，陳述他對中國、印度與排碳量的看法，彷彿自己說的是顯而易見的事實。

他的目光投向那間相對狹小的會議廳。歐洲人與美國人坐在桌面的一邊，包括印度、中國等快速成長經濟體在內的世界其他各國代表則坐在另一邊。

中國代表的目光直視前方，但他的肩膀抬高，頸子像是被那名歐盟部長的話給鎖住；相反地，印度代表湊向桌面，揮動手臂，想與會議主席取得目光接觸。

輪到印度人發言時，他鎮靜地站起身來。他披著一條優雅的暗藍色頭巾，身穿一件鐵灰色西裝。在沉默中，他環顧整間會議廳，輪流盯著其他國家的每一位與會代表。他格外深入地打量全球最大石油公司之一的首席執行官。這名印度代表是該國最位高權重的公務員之一，多年來曾擔任世界銀行與國際貨幣基金組織的顧問。

在充滿戲劇張力、簡短的沉默之後，他的手掃向富國代表列席的一邊。

「就是你們這些有錢的國家，把我們拖進這種困境裡！幾百年來，你們使用煤和石油。就是你們，也就只有你們，把我們逼到重大氣候變遷的邊緣。」他打破外交場合的行爲守則，以相當高亢、控訴般的聲音說話。

他突然改變自己的肢體語言，雙手在胸前合十，擺出印度人向他人打招呼時的手勢，向那些受驚的西方代表鞠躬。

「但是我們寬恕你們，因爲你們不知道你們做了什麼。」

他耳語般低聲說出這幾個字。會議廳裡一片沉默。後排傳來咯咯的笑聲，各代表輪番露出遲疑的微笑。

印度代表再度站挺身子。他盯著自己的對手，伸出食指。

「但是，從今天開始，我們計算每人的平均排碳量。」

我已經記不得當時會議廳裡的反應，因爲我很佩服這名印度人明智、一針見血的論點。許多輿論根據單一國家的總排碳量，系統化地將導致氣候變遷的罪責推到中國與印度頭上；多年來，我認爲這種做法十分可怖。中國與印度的總人口數，遠超過任何單一的西方富裕國家。我總覺得該論點眞是愚不可及，那等於是在宣稱：

中國的總人體質量超過美國，所以中國人體重過重的問題比美國人嚴重。在各國之間人口數量差異巨大的前提下，討論單一國家的總排碳量是無濟於事的。按照這種說法，像瑞典這種人口九百萬的國家就可以不節制排碳量，然後辯稱：反正我們人口少。

他所說的內容，我多年前其實就已經想到過。掌權者們討論的，就是這些話題嗎？他陳詞的方式使我想到：現在，改變已經開始。

///

對企業演講，專注探討只適用於他們的議題，其實很有趣。有時，這也給我回溯自己過去經驗的機會，例如我奶奶是用水泥槽洗衣服，夢想著能夠使用洗衣機。我曾受邀對伊萊克斯內部的領導者發表演說。總監希望我說明人口與經濟發展的概況，以及全球對家電用品，例如冰箱、電爐、洗衣機等的需求。

首先，我精要地展示了全球的收入分配與健康狀態，說明擁有健康的居民，才能在往後帶動經濟的成長。現在，這讓我們能夠較準確地預估下一波發展會來自何處（在擁有足夠完善經濟政策的前提下）。

「最主要的是，亞洲將會成爲巨大的市場。同理適用於中東與拉丁美洲，但非洲的發展速度會慢一點點。你們擴張業務的機會，主要就來自亞洲。」

「那他們想要什麼？」有人問。

「你們製造電爐，但在許多地方，瓦斯更爲便宜。電冰箱應該是他們會採購的第一樣東西，冰箱在氣候溫暖的地區是很重要的。不過，你們製造的是品質好卻所費不貲的產品。他們需要便宜的小東西，在這一環，我不知道你們是怎麼想的。而說到洗衣機，這還眞沒有解決方法——沒有洗衣機是便宜的。」

我在此處插入奶奶和洗衣機的故事，它總能捕捉聽眾的注意力。

「你們有沒有和自己的親戚談過？有沒有問過家中最年長的女性，洗衣機推出的時候，是什麼樣的光景？」我問道。

有人舉手表示：那眞是太棒了。

對話內容轉移到瑞典社會中，民眾手洗衣物與洗衣機量產前的過渡期，當時人們會將毛巾和床單先送到乾洗店。

「各位的奶奶和外婆，現在可是遍布在世界各地。」我一邊對他們這麼說，一邊展示另一份圖表；圖表中的一軸為金額數目，另一軸為健康程度。

「各位請看，你們就是在**這個時候**得到洗衣機的，這是一九五二年。我們當時的位置，就是今日中國所處的位置，想像一下這是多麼大的市場——十三億人。」

我指著洗衣機的線狀圖。

「想想看，如果你們能讓它像手機一樣普及呢？現在它的普及率還是蠻低的喔。」

這是一種世界上更多人能夠擁有的產品。

「目前缺乏的是科技上的新突破，而且問題還不只如此。你們必須達到嚴苛的環保要求。舊式洗衣機的耗水量太大，這在人口稠密的亞洲國家是行不通的。它還意謂著化學物質的排放量增加。至於用電量的問題，我們暫時先不考慮進去。」

他們聆聽著。

「你們該如何解決這些問題呢？你們是否能推出類似手機的創新功能呢？如果可以，幾十億人的市場正等著各位。」

他們的熱忱在此刻被點燃。當我演講完畢時，總監跳上講台，接過我的話頭，繼續演講下去。

「我們會製造出符合漢斯形容的這種洗衣機。我們真的會非常努力地試著研發它。這不是什麼該死的**企業社會責任**，這攸關未來的重大商機哪！如果我們沒能研發出這些機器，就會失去在市場上的地位。我們會製造出世界上最省水、最節能的洗衣機。我們同時會與織料業合作，如此才能使用更柔性的洗衣精。這將是我們在洗衣機市場上的重大挑戰。」

我聆聽著，覺得這眞是太震撼了——我親眼見到一家大公司放眼未來。

不過，另一股討論接踵而至。

「可是我們全數的收入都來自歐洲與北美市場啊。他們想要更精良、能夠以程式控制的先進洗衣機。比方說，葡萄牙的夜間電費比日間便宜，因此人們會想要設定洗衣機，讓它在夜裡運轉。」

公司中兩種派別的歧見在此顯現出來：其中一派希望專注研發更精良的設備，保持在舊西方市場上的市占率；另一派則希望製造比較簡單，能夠讓更多人使用的機器。

事實能夠顯現出的差異性，眞是再明顯不過了。

我將自己過去曾提供給聯合國與國際援助組織的材料提供給他們。我所展示的是完全相同的材料，唯一的差別是我敘事的方式以及我專注探討的發展層面。我刮去了他們陳舊世界觀的表面，但我所使用的始終是同樣的數據。

///

當孩子們均已長大，各自成家時，我們決定在二〇一一年，也就是三十年後，回莫三比克舊地重遊。我們租了車，駛向納卡拉這座我們曾經工作與定居過的城市。路上，我們經過我遭遇車禍並差點喪命的地點。我們停車查看一下。無論是當時或現在，這個地點看來完全相同，仍舊布滿草叢與泥濘。

但在駛向納卡拉時，我們已經發現一些變化。我們提前進入了城市的邊界區，大型工廠被塗著油漆的美觀城牆所圍繞。幾分鐘內，一輛貨車在我們前方拐彎，車上載滿顏色鮮豔、有著圖紋的泡棉床墊，以透明的塑膠條固定著。我心想：很好，總算等到這一步了。人們總算能夠睡在柔軟的平面上，而不是飽經踩踏、僵硬難睡的泥質地板。現代化的序幕總算拉開了。對我而言，那輛貨車象徵著現代化。納卡拉這座港市已然成為我們所希望見到的工業城市。

但對我們而言，眞正意義重大的還是回到那座醫院。

我們抵達了目的地，在位於下坡處且朝向城市的醫院旁停車。除了一座看起來像是小店鋪的建築物以外，我們認得院區裡所有的樓房。它的側面有一扇門，門板上張貼著幾張海報；海報上是一個男人毆打一個女人的圖案，圖上被打了一個叉叉。門半開著，我們向內窺探。小店裡，一名男子身穿醫護人員的服裝，站在一張深具古典風格的暗色木質書桌後方，正在塡寫文件；他對面則坐著一名年約二十五歲的瘦弱女子，她的眼神充滿恐懼，衣著簡陋，腳掌上套著夾腳拖鞋。

「不好意思，打擾您了。」我們很謹愼地說。

「沒事，沒事，沒關係。」醫護人員一邊回答，一邊轉向那名女子，問她是否同意讓他接待我們片刻。

我們自我介紹，並提到自己三十年前曾在這所醫院工作。這名男子本人還不滿三十歲，但曾聽過外籍醫生在此地工作過的故事。他表示，他的工作是維護女性的權益。

「我協助女性，起訴使她們受害的犯行。我同時也處理與遺產繼承法有關的事務，並爲警方準備好調查、辦案的基礎。」他說。

我們的下巴差點沒掉下來。在我們於納卡拉行醫期間，對女性的暴力行為可說層出不窮；處於赤貧狀態的國家多是如此，而我們當時基本上完全沒看到當局對此採取任何措施。但現在，他們已經滿足了最原始、最基本的醫療需求，開始有餘力處理性別暴力問題，並爭取自己的權益。這名男子對自己的角色相當有自信，談吐也符合職業水準。他手上拿著一本小手冊。我心跳加速，雙頰暖熱。這眞是太正確了。我和安妮塔緊握著彼此的手，一言不發。這眞是太好了。這裡充滿希望。

門診處位在一座有著三公尺寬度迴廊，正面有廊柱支撐的建築裡，這樣的設計能提供遮陽處，所以算是很完善。建築的另一邊則是業務不斷擴增的牙科中心。一九八〇年，這個城區只有我一名醫師，現在共有十六名醫師在本區執業。其中經驗最老到，資歷與才幹兼具的，是一名莫三比克籍的婦科醫師。

當我們走向接待櫃檯時，我內心奏起雄渾、磅礴的巴哈樂曲。這是我人生中非常隆重的一刻。能夠回到這裡，是很快樂的經驗。

我們在櫃檯旁遇見一名護士，並提到我們曾在這裡工作過。我們讓她看了一張一九七〇年代的醫療人員團體照。沒有多久，我們身邊就圍了一群人，想要瞧瞧這張照片。他們感到沉醉不已，笑聲不斷。他們認得其中幾張面孔，並且評論道：誰在年輕時眞是帥氣，誰又已經過世。

一名護士帶我們參觀小兒科與婦科中心。候診室裡坐了大約二十多名婦女，她們的衣著都很漂亮。這是非洲的今貌——女性以懷孕爲榮，前往孕婦保健中心看診已經變得富有社交性質。

以前那間急診室，如今已經成爲後天免疫缺損症候群與愛滋病患者的門診處，配置了一名醫生與兩名護士。醫生坐在鋪著玻璃墊的書桌後方，穿著相當好看的醫師袍。當我們意識到他現在的職務正是我在三十年前的職務時，我們擁抱彼此。當前，他負責城市的初級醫療，並且提到了各類型疾病的分布概況。我在聆聽的同時，內心驚覺，他彷彿正在爲我講課。我完全沉默不語。安妮塔事後說，我上次能做到半小時都不說話，已經是很久以前的事了。這名醫生對各類疾病的症狀及其外觀都知之甚詳。他表示，兒童的傳染病仍然是個問題，即使裝設了蚊帳，瘧疾仍然存在，肺炎、腹瀉、交通事故、各類中型與小型傷口，也都層出不窮。

「我估計情況跟你在這裡的時候一樣吧。」他說。

安妮塔問起兒童精神科，以及他們如何治療過動症。

「嗯，這還蠻不幸的。醫院就將他們當成外科病人看待。」那名醫生說著，嘆了一口氣。

他表示，院方沒有經費購買過動症的新藥物，心理學家又無法爲這些孩童提供幫助，他們只能獲得診斷，然後在外頭惹麻煩——他們會在屋頂上漫步，然後摔下來，弄傷自己；或是被別人痛揍一頓，以致傷口必須縫合。

隨後那名高瞻遠矚的醫生表示，他不需要像我當時那樣值夜班，而且負責整個城區的是另一名醫生——以前，那也算在我的工作範圍內。他現在的工作量是我當初的三分之一，但仍然十分沉重。他也提到自己想在海岸邊買棟房子，不過已經遲了一步——地價已經飛漲，他弄不到海景房了。

你無法從數據上看出這種類型的發展。當我們離開院區時，我感到深切的尊敬與景仰。

醫院的新院區就在不遠處。它建在城市中一個地勢更高、更寬敞的地點，有足夠的發展空間。當你在選擇建設醫院的空地時，一定得考慮到院區擴充與成長的空間。在這裡，你也能看到醫療水準的提升。醫院入口前方已經有救護車專用的坡道。晨間的工作流程已經與瑞典醫院雷同：照X光，然後在有著U字形書桌的房間裡開會。考量到病菌傳染的風險，訪客不允許將背包放在地板上，而只能放在椅子上。婦產科內已經完全鋪設了能夠確實洗淨的石質地板。職員都穿著室內鞋，避免將灰塵帶入室內。

現在的納卡拉醫院已經能爲孩童打點滴了，而這正是我那位朋友當初想要做的。

現在的莫三比克，已非我們當初住過的那個地方。這並不代表一切都已經達到完美，事實遠非如此。然而一切循序漸進，而且漸入佳境。納卡拉市以北仍有兩個處於赤貧的區域，只有兩名住院醫師在那裡孤軍奮戰，面對龐大的居住人口。一名子宮破裂的十三歲女病患的故事，便非常顯著地呈現了該現狀。她是從北部轉過來的，在我行醫期間，完全沒有來自該區的病患。那名少女懷了孕，她的身體狀況在生產過程中進一步惡化。他們將她送往納卡拉，但在途中，她的骨盆就因爲過於擁擠，導致子宮破裂。她的孩子夭折了，她的子宮也被切除，再也無法生育。我和安妮塔很清楚，一名僅有十三歲，在家生產，最後導致子宮破裂的少女，代表著什麼意思。這個圖像十分鮮明：這個國家的某些地區仍像我們所處的年代一樣貧窮，只是在**這裡**，情況稍微有些好轉。

醫療人員的求知欲很強，急著跟我交談。他們希望我留在那裡，也很清楚自己的缺陷，以及因為缺乏專科醫師所導致、難以繼續改善醫療品質的障礙。我感覺，他們確實是需要我的；但是如果三十歲的我是個努力想要幫助護士的醫生，現年六十歲的我就需要培訓專科醫療人員了。他們已經在首都完成醫科的學業，但仍缺乏藉由擔任住院實習醫師才能眞正掌握的技能。

一九七〇年代，我在納卡拉行醫的那兩年間，從來沒有開立過第一型糖尿病的診斷，因爲這種病的患者在就醫以前就已經死亡了。現在他們正在戰勝包括這種病在內的許多新型疾病。我們隨這名醫生參觀部門時遇見的一名二十一歲女子，使我們見證了這一點。

她像許多重度糖尿病的患者一樣，體型十分瘦弱。她的表情充滿驚恐。當我們走近時，幾名醫師正在討論，她彷彿就在等著他們宣布她的死刑。她的兩眼無神，視線緊隨著我們的動作，卻始終不想加入對話；同時，她又全程在場。當她從床上起身時，我才眞的察覺到她有多麼消瘦。隨著糖尿病病情的發展，先是會頻尿，然後愈來愈瘦弱，呼吸漸深，最後失去意識。如果沒有補充胰島素，就會沒命。這個過程可以很快，歷時大約一到三個星期。

那名女子很有禮貌也很冷靜，但是極度害怕。我努力想要安撫她的情緒，就像一個在病床邊的人會做的一樣。一九七五年，胡迪克斯瓦爾醫院裡老經驗的醫生就曾經教過我糖尿病的診斷法，而現在，莫三比克籍的醫生站在左右兩旁，我則以同樣的方式教導他們。

我們在納卡拉及其周邊區域度過了那個星期。能夠重新見到在那兩年間（那是我們人生中最辛苦工作的兩年）與我們一起日以繼夜、密集工作的人，是很動人的事。我們見到了經濟條件上的改善，同時見到仍然存在的重大挑戰。

我們當年的老同事中，其中還健在的就包括羅莎女士這位聰明的助產士。她在能觀賞到海灘景緻的長桌旁，爲我們安排了午餐會。我曾經將備用眼鏡送給恩利奇老爹，如今的他已經幾近全盲，必須靠他人餵食。當時還是孫子騎摩托車，將他載到這裡的。我們不清楚他是否記得自己的人生片段，要和他交談也是一件困難的事情；光是努力要解釋我們是誰，就已經是件苦差事了。

能再次見到同事，是一件很令人感動的事。我熱淚盈眶。而且我總算有機會向阿賀梅道歉了。

當時阿賀梅是我們醫院裡的清潔工。我通常會巡查醫院裡的所有房間，就連廁所也不放過。如果廁所沒掃乾淨，我會氣急敗壞。到處都必須保持乾淨才行。

一天早上，廁所很髒。裡面沒有徹底沖乾淨。我氣瘋了。

「阿賀梅在哪？」我吼道。

「他還沒來。」有人回答。

「他還沒來？現在已經八點四十五分了！」

「我們都不知道出了什麼事，可是他今天早上還沒出現。」

「有人能到他家裡找他嗎？」

「可是，難道我們不能等一等……」

我打斷對方的話，拉高音量。

「有誰能到他家裡找他？」

一小時後，我從走道上出來時，阿賀梅就站在那兒，不住地顫抖。

「**醫生**，對不起，我遲到了。」

「你爲什麼遲到？」

「我的孩子夜裡死了。」

我不動聲色。

「喔。他是怎麼死的？」

「痲疹。」

「你爲什麼不帶他來打預防針？」

阿賀梅的大兒子死了，他的家人正在屍體前哀悼；而我爲了他遲到、他沒帶孩子來打預防針的事，感到氣急敗壞。這眞是可怕的一刻，更充分顯示出我那幾年在納卡拉工作的期間，對自己和醫院裡其他職員的壓迫已經到了何種程度。

多年來，我曾經想到過阿賀梅，但我最主要想到的還是當時被迫努力工作的自己。眞相很簡單：在納卡拉醫院這樣的環境下，沒有清潔的廁所，你根本無法工作；沒有清潔的廁所，你根本無法推動一家醫院的工作。但職員承受了維持紀律與醫療水準的代價。我不得不壓迫，以催出更多的生產力。

阿賀梅不願意再談起這件事情，只是輕輕帶過，對話隨即回到日常瑣事與其他陳年往事。我得知，在我行醫時擔任藥局總監的盧西安諾鋃鐺入獄。他對醫院裡的所有職員放高利貸。當他消失時，大家都獲得一年的暫緩期，爲此他們都感到很開心。我在納卡拉的那幾年間，這種事情總是與我錯身而過。我想：對於赤貧社會裡許多殘酷的眞相，我是被蒙在鼓裡的。

我們開車經過舊家。當我們看到大門上留下的痕跡時，內心感到一陣暖意。當我們住在那裡時，家裡曾經遭到竊賊光顧，竊賊打破廚房門板上的窗戶。我們的家人曾經從瑞典寄來一個裝著食物的大木箱，箱蓋上寫著「致納卡拉的漢斯·羅斯林醫師」；我用木箱的蓋子塞住那個孔隙，當作修補措施。三十年後的今天，仍然可以在廚房的門板上看到這幾個字。

如今，屋子裡住著一名已經退休的醫護人員。我們和他打招呼。

「喔喔，你們曾經在這裡行醫過！嗯，不過我記得你，你騎著摩托車到處跑。」那名男子說。

「不，那應該是別人吧，總之不是我。」我說。

多年來，有許多外籍醫師曾經在納卡拉工作過。除了在我們過去同事的心中，我們並沒有留下任何痕跡。這對我來說簡直太有喜感了，因爲我已經名聞世界。在那之後，這個社區的日常生活經歷過許多變化，甚至是動盪，而我不過就是其中的一個小細節。那兩年對我們的人生是如此重大，但從納卡拉的長久歷史觀之卻又如此渺小，這是很令人震驚的。當我們離開納卡拉時，對於最遙遠、最偏僻鄉村中顯然毫無希望的停滯狀態（完全沒有任何改變或是改變甚微），心中只有驚駭。同時，與我們見面的莫三比克年輕醫療人員所展現出的水準，也鼓舞了我們。

我們在重回莫三比克的最後一個下午，到一位七十六歲的女士家裡茶敘。她在美國出生，不過早已成爲莫三比克公民。她和我們分享自己對莫三比克發展的實際看法。她以事實爲基礎的看法，源自於對莫三比克建國歷程的深切理解。她的名字是珍妮·蒙德萊。

當這位女士在一九六八年秋天造訪我們的家鄉（烏普薩拉）時，我和安妮塔就曾見過她。在遇見她的前一個月，我和安妮塔成爲同居伴侶，一起搬進學生宿舍。她其實是我們搬入新居後，第一批邀請到家，一起吃晚飯的客人之一。

珍妮生於一九三〇年代的伊利諾州。她在十七歲時曾到威斯康辛州日內瓦的教堂，聆聽來自莫三比克的恩達多·蒙德萊對非洲未來所發表的演說。恩達多生長在莫三比克的鄉村地區，他和珍妮相遇時，才剛開始在美國上大學。他們在兩年後結婚，先後生了三個孩子，而後才搬到坦尚尼亞的三蘭港。恩達多成爲莫三比克解放運動組織莫三比克解放陣線黨的領導人，將該黨總部設在鄰國坦尚尼亞。和其他歐洲殖民勢力不同的是，葡萄牙的法西斯主義者並不打算放棄這些非洲殖民地。

在坦尚尼亞，珍妮·蒙德萊負責一所爲流亡的莫三比克人所開設的教育中心。

她來到瑞典的目的，就是為教育中心募款。我現在仍然記得，一九六八年，我和安妮塔邀請她到家裡吃晚飯。在這個非正式的場合，她使我們震撼不已——即使還沒踏上莫三比克一步，她說話的方式完全就像個莫三比克人。使我們佩服的是，她和她的丈夫（我大約一年前見過他）一樣，都已經設想到了獨立解放以後的長遠未來。她在教育中心培訓教師，而這批教師會在獲得獨立後的莫三比克，進一步培訓未來的師資。她的思緒已經擴及未來的好幾代人。

她的丈夫在一年後就去世了。當莫三比克在一九七五年獲得獨立時，她以該國第一任領導人遺孀的身分，搬到莫三比克定居。我們住在莫三比克時，並未與她見過面；但我們在三十年後舊地重遊時，她請我們到她在首都馬普托的家中喝茶。流行病學專家茱麗．克里夫是我們的共同朋友，她居中牽線，使我們能在四十三年後重逢。

珍妮住在市中心一座小丘的頂部，而那正是整座首都風景最美的位置之一。你從她家的窗口放眼望去，能夠見到船舶入港處。她這間位在一樓的公寓顯得樸實無華，而珍妮的本性依舊沒變。她的笑容仍然充滿了魅力，和我們在近半個世紀以前的記憶一致。

「歡迎哪。我終於有機會回請你們囉。」她說。

她迅速帶我們在公寓裡轉了一圈。當我們在她的沙發上坐定時，我不得不問：

「妳眞的記得自己曾經在一九六八年，和我們在那間小小的學生宿舍裡吃過晚飯嗎？」

她溫和地笑了起來，用雙手手掌拍了拍腿。

「喔，我當然記得囉！我記得你們是將晚餐端到廚房，不過我已經忘記我們吃什麼了。」

安妮塔與我四目相對，我們心裡想著同一件事。當時，就算客廳的空間足以擺放一張更正式的餐桌，我們依然總在廚房裡吃晚飯。我們的訪客牢牢記住了這種文化上的差異性，但珍妮迅速解讀了我們的思緒，握住我們的手。

「而且我記得，我在你們家裡作客的時候感覺很自然、很年輕，你們有興趣想多了解我們的獨立運動。」她說，「不過，現在請告訴我，和你們三十年前在我國工作時相比，莫三比克經歷了哪些變化？」

當我提到納卡拉的醫生數量增加時，她贊同地點點頭；當安妮塔提到絕大多數郊區現在似乎已經設置了幼稚園，而過去只設有小學一到三年級的地方，在三十年後的今天已經開設了初中部時，她就更是興致勃勃了。我們還提到，當我們見到十來歲的青少年男女，到新建成、漆得美輪美奐的校舍就讀時，心裡感到的快樂與感佩。

然而，當我們提到對處於發展停滯狀態的農村以及這些地區的赤貧所感到的絕望時，對話就產生了變化。我們向珍妮提出關於政治、治理國家與金錢的問題：經濟成長與國際援助款項，是否獲得了最有效的利用？領導人們究竟有多麼貪腐？然後還有珍妮經常被問到的問題：假如妳先生還在世，貪腐的問題是否不至於會那樣嚴重？

她用非常平靜、慎重的口吻回答我們的問題，就像一個和你分享某件重要事情的朋友：

「擔任全非洲最窮困國家之一的元首，是非常困難的。這也許是全世界最艱鉅、挑戰性最高的工作。從處於赤貧狀態的人們到你自己的家人，所有人都預期你能夠滿足他們的需求。在人生的旅途中、在你的故鄉，許多人都依靠你。你在登上大位的路途上得到了幫助，現在則是他們本身需要幫助。

「老實說吧，我丈夫要是當了總統，我說不準他會有什麼樣的表現。他和我們目前選出過的歷任總統相比，或許不會差太多。我覺得現任的阿曼多·格布扎[5]總統做得也不錯。」

珍妮繼續說明自己對莫三比克建國歷程的持續觀察與心得。她和丈夫在半個世紀以前搬回非洲時所懷抱的願景，如今已經成眞。這塊往昔的殖民地，已經成爲一個相當穩定、有民選總統、政權依法轉移的獨立國家。該國的人口教育程度極低，但教育水準緩步提升。位處首都，以珍妮丈夫命名的大學，不只培育出教師和專家，更致力於發展獨立的學術研究。

「這需要時間。人們從外表看我們的時候，主要看到我們的缺點。這些缺點還很多，而且很明顯，以致掩蓋了我們已經有長足進步的事實。」

她繼續說道：

「你們關於納卡拉的描述，與我的觀察是相符的。許多問題已經獲得改善，但

5 阿曼多·格布扎（Armando Guebuza, 1943-），莫三比克政治家，曾於二〇〇五年至二〇一五年擔任該國總統。

許多地方仍然有待加強。」

隨後，她變得相當嚴肅。她放下手中的茶杯和麵包，以便騰出雙手。然後她上下揮動雙手，以強調自己的信息。

「考慮到莫三比克的出發點，以及我們希望這個國家達到的水準，三十年並不長。」

發展需要時間，必須等待，其他事情則是刻不容緩。比如說，對抗一種能跨越重洋的致死病毒。二〇一四年，伊波拉病毒疫情在西非爆發，我就此展開人生中最恐怖，也是最艱鉅的任務。

CHAPTER 7

伊波拉

二〇一四年九月的某天晚上，我感到對伊波拉的深切恐懼。但這種恐懼感並不是由媒體報導中賴比瑞亞街頭屍橫遍地的悲慘畫面所造成，而是來自其他原因。

同一天下午，我通過推特注意到由世界衛生組織的克里斯·戴伊博士及其研究團隊所撰寫，刊登於《新英格蘭醫學期刊》（美國最重要的醫學研究刊物）上的一篇關於伊波拉病毒的文章。

那篇研究專文中的一幅伊波拉的圖表，使我驚駭不已，全身僵硬。圖表顯示了最近一個月來，每星期迅速攀升的伊波拉新病例，以及未來數星期在不採取緊急措施前提下預估的新病例數字。我記得，當時我高聲朗讀了文章一部分的內容。

前一天晚上，我才剛完成一篇簡報，從葡萄牙回國；隔天早上，我還要再前往瑞士做另一次的演講。即使如此，我仍佇立許久，注意力完全被這項深具革命性的研究所吸引。同年二月間，關於伊波拉疫情爆發的最初幾篇新聞傳出後，我就在關注事態的發展；事實上，自同年八月，我就對西非的疫情感到憂心忡忡。但這始終是一種與職業有關的不安心理，還不能被稱爲「恐懼」。

克里斯·戴伊的研究團隊，利用從伊波拉疫情爆發到同年九月十四日爲止的所有數據，推估十一月初每天的新病例數。恐怖之處是，病例的線狀圖斜率愈來愈高，而且還不斷攀升。九月中旬，每日的新病例數每三個星期就增加一倍。分析顯示，如果不能迅速找出疫情的解方，這個趨勢將持續下去。早在九月初，就已經有人在首都蒙羅維亞的街頭暴斃，在現代，這可是除了戰爭或天災以外不曾出現過的情況。許多人迅速罹病，而且生命垂危。他們想要步行或彼此扶持，但卻在路上倒下，或被留在原地。醫護人員用帳篷在空地上搭建臨時醫院以治療患者，但許多人根本就分不到床位。

圖表也指出了新病例數每三個星期就增加一倍的意涵——九個星期後，也就是十一月初，每天的新病例數就不僅僅是兩倍或四倍，而是八倍之多。

致死傳染病的新病例數量在短短三個星期內持續翻倍，這足以使蒙羅維亞（被預估爲疫情最嚴重的區域）情勢的絕望程度，在兩個月內增爲十倍。這就是所謂的指數成長，你也可以稱它爲「爆炸性的成長」。這背後的一個簡單實情是：一名患者平均會將病毒傳染給另外兩人，而這兩人都會在未來數星期內發病，並各自傳染給另外兩人。

我很容易就理解：伊波拉病例數量增加的方式，非常恐怖。

但讓我感到極度恐懼的並非數字本身，而是我無法想像，一旦新病例數繼續以每三個星期就翻倍的速度成長，十一月初的蒙羅維亞會呈現什麼樣的情景。我內心浮現的畫面是：賴比瑞亞陷入比剛剛結束的內戰還要悲慘的混亂中。許多人將會想方設法逃離這個國家。這種災難會以一種非常難以預測的模式，在國與國之間傳染疾病。

很顯然，我們必須在幾星期內遏阻伊波拉的疫情。

我的恐懼心理，改變了蓋普曼德基金會關注的優先次序。我們該如何盡一分心力呢？我們製作了關於伊波拉威脅的說明影片。我們把重點擺在說明新病例數每三個星期就會增加一倍所代表的意涵。在短短幾天內，影片的點閱人次就達到數百萬之多。

伊波拉疫情的分布，幾乎完全局限在獅子山、賴比瑞亞和幾內亞這三個西非的小國家。那麼二〇一四年的這波伊波拉疫情，爲什麼會在歐洲與北美造成廣泛的恐懼心理？這是因爲，體內已有伊波拉病毒的患者可能會搭機飛渡重洋，當這名乘客下機後，在某個富裕國家發病時，國境內的其他人就會被傳染。伊波拉並無任何有效的治療藥物，這當然也進一步強化了恐懼感。

世界衛生組織在二〇一四年三月底發布：伊波拉疫情已從幾內亞擴散到賴比瑞

亞。我記得自己當時草率地記下這條新聞。但當時的我完全不知道，自己會在半年以後，在該國首都擔任伊波拉疫情管控中心副主任一職，甚至在該國的衛生部設有一張獨立的辦公桌。除此之外，假如有人在二〇一四年初秋，預測這會是我五十年來第一次無法和妻子共度聖誕節，而原因正是伊波拉，我鐵定會一笑置之。但是最後的事實卻證明，我會和自己在賴比瑞亞的主管兼室友盧克·巴瓦，度過一個永生難忘的聖誕節。

當我離開賴比瑞亞時，當地人依傳統儀式任命我為酋長——在賴比瑞亞，這是一種榮譽。但我直到二〇一四年深秋才認知到，自己不得不中止其他所有計畫與演講活動，撥出時間，投入對伊波拉病毒的防治工作。

包括我在內的絕大多數專家早該體認到這一點的，但我們卻沒能做到，所以全世界也未能及時了解這件事。最初了解事態嚴重性的，只有世界衛生組織的少數幾位專家，而他們沒有防治疫情所需要的預算。

我們為什麼沒能及時理解事態的嚴重性呢？最近數年來，我們見過幾次發生在非洲偏遠國家的伊波拉疫情，它們從未波及各國的首都。換句話說，過去幾波疫情從未接近過政府機關的建築或是國際機場。

在二〇一三年的下半年與二〇一四年春，病毒由幾內亞偏僻的內陸高地擴散到賴比瑞亞與獅子山境內同樣偏僻的鄉村地區，當時全世界對此不聞不問，但幾內亞首都科納克里與賴比瑞亞首都蒙羅維亞，很快就傳出伊波拉疫情。

當有著大量貧民窟的城市地區出現伊波拉病例時，全世界當然應該有更強烈的因應之道。或者，請容我使用比較個人的說法：我應該早點有更強烈的因應之道的。我並不是一般的公共衛生學教授。數十年來，我的研究重點始終在貧窮非洲國家偏遠鄉間的流行病。我和絕大多數研究員的意見一致：唯有在疫情擴散到擁有國際機場、貧民區聚居大量人口的首都時，伊波拉才形成真正重大的威脅。而這已經發生了。

世界衛生組織在二〇一四年八月八日宣布：伊波拉疫情對國際社會大眾的健康，具有緊急、重大的危險。恐慌在全球蔓延開來。一開始，國際投資中止，這牽涉到撤銷飛機航班、試圖將受疫情影響的國家隔離等具有反效果的措施。隨後，人們才逐漸動用資源，希望能控制在西非擴散的疫情。

那時國際社會對伊波拉的恐懼絕非空穴來風，不過來得太遲了。我們唯一能做的，就是試著力挽狂瀾。

尤金．布夏雅直視我的雙眼，他面露憂慮之色。

「現在已經沒有人理解，蒙羅維亞那恐怖的伊波拉疫情到底是怎麼回事了。」他說。

尤金曾是無國界醫生組織的職員，我們剛與瑞典境內最了解瑞典能爲抑制伊波拉疫情採取哪些措施的學者和中央政府機關職員，開完非正式會議。散會後，會議室只剩下我們兩人。我們都很確定，似乎沒人眞的了解西非發生了什麼事。

尤金繼續說下去：

「無國界醫生組織用帳篷搭設臨時醫院。他們的治療單位每天仍然接到許多病患，大多數病患的化驗結果都是陽性，也就是說，他們確實染上了伊波拉病毒。但現在醫療站愈來愈多，而我們的組織並沒有和政府部門共同作業，所以已經無法確定總病例數了。單是我們在蒙羅維亞的治療站就指出，最近這一個星期內所確認的新病例數，就遠遠超出世界衛生組織在每週報告書中公布的數字。」

我深知，自己已經過了身穿防護衣，在野外的臨時醫院辛苦工作的年紀。但我仍相信，自己能以其他方式提供協助。

「尤金，我覺得我能夠協助調查，搞清楚現在發生了什麼事。二十年來，我主要研究非洲貧困國家的流行病，就是要弄清楚疫情的起因。問題是，我該如何提供協助？」

尤金面露微笑。

「你什麼時候能出發？」

斯德哥爾摩的非正式會議結束十天後，我已經帶著一個裝有電腦、印表機、投影機、隨身碟，以及包括合宜服裝在內等一切必需品的旅行箱，抵達蒙羅維亞。

出發前的準備工作緊湊且密集。聯合國替我搞定簽證與其他行政手續；卡羅琳醫學院重新聘任我——當時的我已經退休，但形式上仍必須是某個學術機構的職員；瓦倫堡[1]基金會則表示，他們會爲我提供補助款項。

1 瓦倫堡（Wallenberg Family），瑞典知名家族，成員包括許多知名金融界與政商要人。

安妮塔一開始對我的行程心存疑慮。眞的有必要親自到那裡去嗎？我這麼做，難道只是想要對自己與他人展示勇氣？我們因此促膝長談一番。安妮塔思考後結論道：我想必仍然能夠在那裡有所貢獻。她支持我的決定。

我在機上閱讀了關於伊波拉病毒的資料。降落前，我開始爲接觸到伊波拉傳染源的風險做準備。這座機場是怎麼運作的呢？我心想，自己眞該帶上能拭淨旅行箱的消毒紙巾。我腦海裡充滿了各種不可能或可能使我接觸到傳染源的情境。

我在下機前，盡可能多拿了幾份報紙。我心想，搭車離開機場的路上，我可以將報紙鋪在汽車座椅上。當我們緩慢但井然有序地依次通過護照檢查站、領取行李區與海關時，我從其他乘客嚴肅的臉部表情可以看出，他們同樣擔憂不已。賴比瑞亞的海關職員彬彬有禮，完全不刁難人。

一位來自瑞典大使館的友善女士在機場接我，載我前往大使館爲我在高級旅館預定的房間。我必須用擺在旅館大門外的水桶裡的加氯水，和下方的小型水龍頭，洗淨雙手，才能進入旅館。那個水桶放在一張椅子上，旁邊還有一個塑膠浴盆，裡面也盛著加氯水。我依照指示穿著鞋子踏進那個塑膠浴盆，然後才能走進華麗、高聳的旅館入口。旅館顯然相當新，大廳裡有著暗紅色的石柱與看起來朝氣蓬勃的淺黃色牆壁，右邊則是一座提款機與兩家小店。我走向面露微笑的櫃檯接待人員，入住三樓的客房。

這是我見過水準最高、最讓我感到滿意的旅館客房。衛浴間鋪有瓷磚，偌大的衣櫃裡簡直一塵不染，連角落都乾乾淨淨。我在房間裡張望一下，這與世界上任何一家優質的旅館沒有兩樣；只不過，我跟以前不太一樣了。在瑞典，這種傾向會被稱為「細菌恐懼症」——我極其仔細地沖澡、盥洗，用浸過自備洗必泰溶液的紙巾擦過已經很乾淨的架子，像強迫症患者一樣把自己的衣服堆在架子上，就是不讓它們接觸到牆壁。我還把書桌和旅行箱的外側擦乾淨。最後我躺到床上，不安地入睡，並夢見自己發了燒。

在我居留於蒙羅維亞的數個月內，這種細菌恐懼症並未消失，只不過約莫一星期以後，它就成了我生活作息的一部分，我對它已經渾然不覺。

在蒙羅維亞的第一天，同事帶我到幾個與伊波拉反應與疫情追蹤有關的工作站參觀，以便了解第一線的情況。但我還不知道自己會在哪個單位工作。

各處室的工作正如火如荼進行著。許多專家坐在狹窄的辦公室裡，牆上則掛著賴比瑞亞地圖。我在多棟大樓之間進出時，都必須先在入口前洗手，踏進裝著加氯水的浴盆，才得以進入。我在美國的防疫機關內做了簡單的自我介紹，那些美國人聽過我在TED大會上的演講，而且都認得我。對我在賴比瑞亞要做什麼，他們感到極度好奇，也覺得很驚訝：我怎麼會以獨立教授的身分到這裡來工作幾個月？

當天，我在其中一座建築內的走道，遇見賴比瑞亞的衛生部副部長托伯特·尼恩斯瓦，而他也認得我。

「托伯特·尼斯瓦博士，您好。」

不幸的是，我念錯了他的姓氏，但他似乎對此習以爲常，面露微笑。我將手放在胸前。當我說出自己的名字以及來意時，他的笑容更加燦爛。

「我知道你是誰，我看過好幾次你的演說。當你今年五月在華盛頓人類健康發展新趨勢的會議上演講時，我也是聽眾之一。不過你來賴比瑞亞要做什麼呢？」

他打開一扇通往四樓小型陽台的門，在那裡，我們可以沉靜、不受打擾地交談。我們踏進閃亮、燦爛的日光中。雖然幸運的是，陽台位處陰影所覆蓋的一側，然而那時日正當中，我們不得不緊貼著牆壁，才能被陰影遮蓋到。

「我希望能爲遏制疫情貢獻一分心力。」我說著，露出微笑。

托伯特聽到我的回答以後，登時嚴肅起來。

「你會待多久？」他迅速地反問道。

「直到疫情結束爲止。」我不無優越感地說。

但我立刻更正：

「我已經推掉了接下來三個月內的所有工作。」

我將自己印有卡羅琳醫學院職稱的名片給他，並提到自己在近二十年來研究過非洲貧窮國家的流行病，且曾在莫三比克的公共醫療體系內擔任社區主治醫師。

「所以我對資源短缺的問題，有深切的了解。」我說。

他露出夾雜著驚訝與讚許的表情，點點頭。對我在成爲知名演講者以前的職業生涯，他一無所知。我彎下腰來，從公事包裡取出一封信件。

「這是一封瑞典皇家科學院寫給貴國艾倫・強森・瑟利夫[2]總統的信函，是否可以請您轉交給他呢？」

2 艾倫・強森・瑟利夫（Ellen Johnson Sirleaf, 1938-），賴比瑞亞政治人物，曾於二〇〇六年至二〇一八年任該國總統，亦爲二〇一一年諾貝爾和平獎得主及非洲首位民選女性元首。

這封信件以瑞典皇家科學院厚實的信紙印製，極爲精美。正式職稱爲常設祕書的史蒂芬·諾爾馬克，在信中代表皇家科學院與全球科學界，針對伊波拉相關研究的不足，向總統致歉；而我對此也感到很困擾。之前，我們這些國際公共衛生學專家，曾經向製藥公司提出一份列有十七種應更加詳細研究的疾病清單，那份清單上並沒有列舉伊波拉；由於缺乏研究，我們也就缺少簡易的檢測措施、疫苗以及針對性藥物。

托伯特以嚴肅的表情看完那封短信。他輕嘆一口氣，瞇眼望著我，沉默片刻，然後說道：

「謝謝，我們從未聽過這樣的措辭。總統將會接受這份致歉的。」

隨後，他立刻轉回自己的角色——一名效率超高的主管。

「星期三早上九點，請你參加在一樓舉行的統整協調會議。我在會議中，會向國內外負責追蹤疫情演變的專家介紹你。」

他再度露出燦爛的微笑。

「同時，非常感謝你來到這裡。我們非常歡迎你。」

我對托伯特·尼恩斯瓦卓越的領導特質，以及主導伊波拉疫情追蹤的睿智、沉著和堅決的手腕，感到景仰與佩服。我很榮幸與他共事。那幾個月，讓我對他只有更加景仰與佩服。

///

我的房間是有附空調設備的。當我回到旅館房間時，衣服已經有了一些汗漬；房裡的空調，讓我覺得自己被感染了。我先用沾過乾洗手的紙巾擦拭手提包。我脫得一絲不掛，再將所有衣服放在浴室的洗衣籃裡。我甚至以乾洗手擦拭自己的皮帶，再花半個小時洗澡，將手指、腳趾上所有指甲清得乾乾淨淨。

我穿著乾淨的內衣褲，將床上的毛毯、被單和床罩推開。我躺在乾淨的床單上，望著天花板。第一天順利結束。我是否能完成自己承擔下來的任務呢？我對自己密集洗滌、清潔的程度感到丟臉，但我在蒙羅維亞停留期間，這卻成爲一種讓我鎮定下來的儀式。我保留了這個儀式。休息片刻之後，我就掏出手機打給安妮塔，感謝她在我出發前所提供的一切支持，並告訴她蒙羅維亞的情況比我事先的預想來得平靜、有條理。

「你住在哪裡？」她問道。我給出最令人安心的答案。但我並沒有提到自己花了多長時間洗澡——安妮塔是精神病學家，這不會令她安心。

我又多休息了一輪，然後到頂樓的餐廳享用一頓美味的自助式晚餐，最後在漆黑、閃爍著星光的夜空下喝了一杯可口可樂。我在餐廳旁邊的露台度過這個暖熱、富有熱帶氣息的夜晚。瓦倫堡基金會的補助款，使我能在蒙羅維亞享有最高的住房水準。我迅速抑制自己的罪惡感，同時沉默地告訴自己：請你努力工作，來回報物質上的享受與舒適。

隨後，我回到自己的房間，很快就沉沉睡去。然而，我做了一個噩夢，夢見自己發著高燒，還有腹瀉。

///

「世界衛生組織彙報，蒙羅維亞已經過確認的伊波拉新病例數近乎是零。但這很明顯就不是眞相。爲什麼會這樣？」

我在與美國疾病預防與控制中心的晨間會議中，開門見山地問道。法蘭克．馬洪尼是全球最優秀、最有經驗的感染與流行病學家之一，他對這件事最爲憤怒。他開始有系統地描述自己所判斷出的原因。法蘭克身材矮小，體態稍微過重，留著短髮，沒有刮鬍子。他的領帶打得很草率，暗色西裝外套不怎麼合身。他的同事喬伊．蒙哥馬利也是經驗同樣豐富的感染與流行病學家，不過他的襯衫比較白淨，頭髮比較長一些，講話方式也比法蘭克沉著。

兩人的說明，都歸結出一點：問題出在賴比瑞亞衛生部伊波拉疫情管控中心的主任身上。他是個賴比瑞亞人，名叫盧克．巴瓦。他們覺得我應該努力說服他，不要改用他目前正在更新中的資料庫。但我從來沒能眞正了解盧克．巴瓦到底犯了什麼錯。

泰瑞．羅恩是另一名當時一直保持沉默的美國流行病學家。當我提出問題與質疑時，他打斷我的話：

「我認爲，你應該直接先去跟他談談。他平易近人，很好溝通的。我和他在衛生部的小組共事。這場會議結束以後，我就會到那裡去。你可以一起來。」

那天早上的蒙羅維亞陽光普照。一刻鐘的車程以後，我們抵達衛生部那棟外觀發黃的三層樓水泥建築。建築被同樣發黃的圍牆所圍繞，停車場上的車，大多都是塗有衛生部徽章的白色吉普車。

大門口的警衛仔細地監控我們。我們先用加氯水洗過手，才獲准進入其中，踏上裡頭的長廊。

泰瑞・羅恩的房間裡塞滿正在工作的人，四張書桌擠個水洩不通。

「我負責監控HISP數據庫。」一名由世界衛生組織派來的愛爾蘭中年男子表示。

「什麼是HISP？」我問道。

所有人意識到我不認識這個簡寫時，都不勝驚異地盯著我看。

「就是醫院管理資訊系統（The Health Information Systems Program）。」他回答道。

我正準備提問相關問題時，房門被推開了，一名戴著眼鏡的短髮黑人男子，迅速走進房間。他的一條腿已經失去正常功能，他必須用一隻手扶住那條腿才能前行；即便如此，他的移動速度仍然相當迅速。我對此感到驚訝，不過房裡的人看起來都不怎麼訝異。他的動作十分俐落，他的腿想必是在很久以前就殘廢了。泰瑞向那名男子伸出手，說道：

「羅斯林教授，這位是我們的主管盧克．巴瓦。」

盧克氣喘吁吁。他想必是在聽到我出現以後，急急忙忙地趕來這裡與我見面。他的英語有很濃重的賴比瑞亞口音，我必須聚精會神地聆聽，才能理解他在說什麼，不過我們的對話進展得很快。他開門見山，急切地想了解我到這裡的原因。我表示，自己想要爲遏阻疫情貢獻一分心力；我以獨立教授的身分來到這裡，費用也自行打理。

「不過這裡也挺擠的，應該很難再多塞一張書桌，多容納一個人了。」我說。

不過，空間還是有的。盧克很快就將我帶到隔壁的一個房間，用手臂比出一個歡迎的手勢，指向一座冷氣機、一個小冰箱和兩張被漆成灰色的鋼製書桌。書桌桌面上鋪著有花斑的栗色塑膠墊。其中那張比較大的桌子堆了許多文件、盒子，以及一台印表機，比較小的那張桌子是空的。盧克指著後者。

「這是你的辦公桌。」他說。

「謝謝。」我又驚又喜地回答。

「不過，那是誰的辦公桌呢？」我說著，指指那張較大的書桌。

「那是我的辦公桌。你可以和我共用這間辦公室，擔任伊波拉疫情管控中心的副主任。我們共用一間辦公室的話，工作的分配就會更簡便。我會給你一把辦公室的鑰匙，我有備份的。把公事包放在這裡吧。」他一邊說，一邊指著我書桌後方的空間。

他不疾不徐，用沉穩而友善的口吻說話，彷彿一切再自然也不過。但他的聲音與臉部表情隨即嚴肅起來。

「我們這裡真的需要你，你能待在這裡嗎？」他說。

他用深邃的眼神打量著我。我內心確實感到紛亂，但我喜歡他這種直來直往、清楚明確的溝通方式。我進入衛生部的大門，也只是不到二十分鐘以前的事，而現在，他已經給了我具體的工作、一張挺舒服的辦公桌，讓我立刻就可以開工。回想起來，我意識到，自從我在收到聯合國協調與統籌人員答覆後的二十四小時內，一切就步上軌道，按部就班地運作。我來得及在瑞典做好準備，入住最優質的旅館，並且對賴比瑞亞主導伊波拉疫情防治工作的主任有了最良好的印象。

事後我回想起來，其實我在一秒鐘內就做了決定。

「好的，可以。不過真有這麼簡單？我們難道不用簽署一份協議？」我說。

盧克說不用。

「那麼就算現在有伊波拉疫情的問題，我們還是這麼做吧。請你幫忙拍個照。」我一邊說，一邊將手機遞給站在門口的泰瑞。

我穩穩地握住盧克的右手掌。泰瑞替我們照相時，我們直視著鏡頭。隨後我倆高聲大笑，用擺在盧克桌上的乾洗手把手洗乾淨，我甚至用口袋裡的紙巾擦拭手機。然後，一切準備就緒。

盧克還眞是滿足了你對一名優質主管所能有的各種期待。我們成爲非常要好的朋友，我將會和他以及他的家人共度當年的聖誕節。

幾天內，我就收到印有賴比瑞亞國徽與衛生部職稱的名片；再過了幾天，我收到幾件色彩燦爛的西非襯衫，相當漂亮。

「你可不能再穿那些淺藍色的襯衫囉。你的衣著必須要與我們的一致。」盧克說道。

絕大多數參與伊波拉疫情防治與追蹤工作的外籍職員，都穿戴印有他們原屬組織徽章或縮寫名稱的T恤、背心與棒球帽。現在我已正式受賴比瑞亞政府聘任，我們得凸顯這件事。我將會十分適應自己的新角色，而更重要的是，由賴比瑞亞專家所組成的領導團隊通過了這次考驗，在艱困時期表現出令人讚嘆的敬業精神，這讓我十分感佩。

我很快就全面投入日常作業的統整報告。我和盧克的團隊共同制訂了長達十頁的報告書，經他核准內容後再予以發布。

報告流程的問題，很快就非常明顯。他們所使用的資料庫，取自美國疾病控制與預防中心。在過去幾次伊波拉疫情中，這些作業流程運作良好，但這一波疫情的每日罹病人數卻多出甚多。

我在第一天就發現，全國十三個省分，並非每天都有確實的彙報。事實顯示，問題出在以電話與電子郵件進行溝通的不規律性。在先前已傳送到世界衛生組織的每日病例數報告書中，還出現了一項經典的錯誤——不含新增病例的報告書，以阿拉伯數字「0」標示；而沒有報告書時，同樣也是用「0」標記。我的第一個貢獻，就是用黑色欄位標示表格中缺少報告書的情形，而非繼續使用「0」。

之後，我們也發現，衛生部的團隊被要求使用自己的電話與電話卡和全國各地的同事對話，而這讓聯繫各省疫情彙報部門變得更加困難。衛生部沒有多餘的預算支應這些電話卡的費用，而帶著龐大經濟資源前來的國際組織，很可能是因爲想要避免貪汙，因此拒絕爲負責防疫工作的重要官員提供免費的電話卡。

我迅即代表蓋普曼德基金會與賴比瑞亞衛生部簽訂了一項協議，設立特定基金，爲所有需要的人提供免費的電話卡。這些電話卡的使用規則是：使用者不僅要用它們撥打公務電話，還必須在每天晚上打給定居在全國各地的朋友與熟人，蒐集關於伊波拉新病例的消息與情報。但我們非常愼重、強硬地告訴使用者，如果他們轉賣電話卡的通話時間，是絕對不會被原諒的。支應這筆特定基金的費用，來自瑞典慈善機構與蓋普曼德基金會的少量小型捐款，其目的在於遏阻伊波拉疫情的擴散。多虧了所望世界基金會[3]、尤柯尼克基金會[4]與安德斯．沃爾[5]基金會的努力，我才能憑藉在賴比瑞亞衛生部的職權，迅速推行這項節省成本的措施。

---

3 所望世界基金會（The World We Want Foundation），又稱三W基金會。成立於二〇〇五年，總部位於瑞典斯德哥爾摩。

4 尤柯尼克基金會（Jochnick Foundation），成立於二〇〇四年，總部位於瑞典斯德哥爾摩市中心。

5 安德斯．沃爾（Anders Wall, 1931-），瑞典金融鉅子。

二〇一四年八月和九月，蒙羅維亞的貧民窟經歷了世界上截至當時爲止，人口密集區內規模最大的伊波拉疫情。美國疾病控制與預防中心的資料庫建立在幾個不同的數據來源，首先是居家調查的資料，再來是病患到達治療站的時間點，最後則是從化驗中心收到的結果。這個系統到了九月中旬以後，就瓦解了。

資料庫瓦解的原因是：它要求在三個階段進行輸入，並且事先認定同一名患者持有同一份身分證。最初在居家調查時，會先由一名工作人員輸入結果；在治療站接待該名患者的醫護人員必須彙報該患者已經到治療站求診；最後，當化驗室傳來這名病患的驗血結果時，同樣需要輸入資料。

由於居民沒有身分證號碼，如果拼錯姓名，或是彙報的年齡、住宅區等資訊有些微出入時，整個資料庫就會崩解。因此，同一個人有可能在調查過程中被重複計算三次，也沒有人會相信這些數據。所有化驗中心都將自己的驗血結果記錄在不同的 Excel 檔案中，而這些檔案也沒有經過整合。

業務涉及防疫工作的人士，或多或少都意識到問題所在，但諮詢與決策機關中竟然沒有人接受大幅度簡化彙報流程，讓領導階層能夠掌握疫情演變趨勢的做法。九月中旬以降，他們反而努力地引進一套新的資料庫（而這個資料庫直到兩個月以後才開始使用）。

兩天後，我建議採取下列的簡化措施，使彙報機制能在數日內跟上疫情的最新發展：

一、完全不再理會世界衛生組織的彙報格式（該格式要求我們核對來自當地社區、治療站與化驗中心的資料）。

二、現階段我們將完全無視資料庫，以Excel檔案處理所有數字。

三、我們先專心統整化驗中心的結果。這樣一來，我們大約能在一天內趕上彙報的進度。

四、蒙羅維亞當地似乎沒有能夠迅速統整各化驗中心大量Excel檔案資料的能手，所以我們向海外求助，針對這年中已過去且爆發疫情的時間段，統整Excel檔案中的數據。我們在衛生部的團隊致力於建立作業流程，使我們能夠追蹤、更新每日的疫情動態。

盧克走進來，坐在我的書桌桌面上，逐一看過各點建議內容。

「可是，如果我們不使用世界衛生組織的格式，他們會怎麼反應呢？」他帶著不安的表情說。

「他們得自己調適。我會打電話給克里斯．戴伊，讓他先做準備。喔，對了，」我以有點不確定的口吻繼續說道，「我是否能獨立聯絡我在全球各地的聯繫人？還是你希望由你來負責協調？」

這時盧克拉高音量。這很不尋常。

「漢斯，你想跟哪些人聯繫，就跟哪些人聯繫。你只需要在事後告訴我，聯絡的結果怎麼樣。他們比較會聽你的。如果是我打電話，他們只會告訴我，我應該怎麼做。」

我們不約而同大笑起來。

「好吧，那我就身兼團隊裡的副主任和外交部長囉。」我說。

盧克開心地確認這一點，然後繼續檢視我列出的清單。

我強調：我們身處嚴重的危機之中，必須在幾天內搞清楚統計數據。

盧克・巴瓦很喜歡我的構想：以Excel檔案爲主軸，專心統計化驗中心傳回的數據。可是他疑惑地問道：放眼海外，有誰能夠統整所有稍早由化驗中心傳回來的數據呢？

「我可以請我在斯德哥爾摩的主管奧拉・羅斯林協助，他是我的兒子。他能夠迅速整理Excel檔案的數據。」

盧克聽到這個建議，容光煥發。數小時內，奧拉就收到來自所有化驗中心的Excel檔案。他一路熬夜到隔天清晨，統整出了六千五百八十二個驗血結果。我在隔天早上醒來時，電子郵箱已經收到第一份以眞正的驗血結果爲依據（而非出現疑似症狀），經過確認的伊波拉病例總數的可靠線狀圖，顯示出每日新增確認病例數的曲線，其實已經開始下降。

///

「我覺得我已經找到了一個好辦法。」摩斯・馬薩奎說。

他留著剪短的小平頭，個性和善，頭腦非常精明。摩斯是對抗伊波拉疫情的六名賴比瑞亞主管之一，負責管理所有的治療站。十二月初，他對一個出乎我們意料且讓人感到困窘的問題，想到了解決方案。那天早上的統整協調會議結束以後，我和幾個賴比瑞亞人仍坐在桌前。我剛剛指出，蒙羅維亞每日的伊波拉新增病例持續下降，現在每天的新增病例數已降到十以下。摩斯也指出，首都地區五個運作正常的治療站幾乎空空如也，這代表有六百張空床位。困窘的是，好幾個國際援助組織一開始承諾要興建治療站，結果到現在才兌現諾言，但現在卻已經不需要這些治療站了。

「當初他們如果接受這個事實，不要將這些建案完工，事情或許會比較簡單。」摩斯說著，長嘆一聲。他轉向托伯特，說明道：不管我們在協調會議上和這些國際援助組織的主管說了什麼，他們的使節總會繞過我們，暗地裡向總統施壓，要求啓用這些治療站。對他們來說，開幕剪綵儀式的電視直播畫面顯然非常重要。

「是啊，總統是受到了施壓。你又想到了什麼好主意呢？」托伯特問道。

「我覺得，我們就讓他們辦一次隆重的剪綵，請軍樂隊來演奏，讓他們的職員身穿醫療防護裝備站在入口，再派一個人在場向他們的代表致謝。這樣上電視還是很風光的。但我們只讓他們剪綵，直到我們將治療站用於防治伊波拉疫情以外的目的，他們才能啓用治療站。」摩斯說著，容光煥發起來。

摩斯剛提出這個體面的建議，我們就聽到一聲粗啞的笑聲。

「這樣行得通。我來跟他們談談。」托伯特笑著說。

請別誤解我的意思。絕大多數國際援助組織都有極具價値的貢獻，但要向家鄉父老說明自己的工作時，他們的行爲都嚴重違規了。我猜想，他們出於私利的考量，需要確保自己的收入來源；這種收入可以是來自政府的補助款，或是從社會大眾募得的款項。或者說，這些組織想要力保個別主管的職業生涯。但不管怎麼說，從賴比瑞亞人的角度來看這件事情的話，它可就不那麼美好了。

進入十一月後，賴比瑞亞境內的伊波拉新病例數迅速下降，我們逐漸控制了鄉村地區的數波不同疫情。到了十二月初，僅有首都蒙羅維亞還有零星的新病例。十一月底的曲線圖會給你一種印象：整件事情在聖誕節以前就會畫上句點。

爲了避免大家心生「疫情會迅速結束」的幻覺，我反而用一張對數圖爲大家說明疫情的發展過程。圖表中顯示，伊波拉疫情將以其爆發時的同一種方式結束——病例數量會緩慢、逐漸地減少，但會突然爆發。防治伊波拉工作能夠獲致成功的一大因素是，賴比瑞亞全國人民都要理解情況很危急。例如，所有小商店在這段期間都設置一個讓客人先洗手再進店的空間，孩子們也不要上學。

十二月時，所有措施都逐漸受到疲勞的影響。對絕大多數人而言，防疫工作已經成了例行公事。重新調整思考模式，是很重要的。病患在幾乎空空如也的治療單位，受到良好的照護，但追蹤病源的管道，仍遠遠稱不上完美，數字化的簡報仍然不夠周詳。我們必須重新制定任務的先後順序，進入對抗疫情的下一階段。現在，救災階段已經完成，我們開始計算病例的數量，而下一步則是偵測階段，我們將使用名稱而非數字來進行登記。追蹤病源的管道完備以後，整體的防疫體系才算完美。

因此我在十二月中旬，將自己一半的業務由部長室的中央疫情監控小組轉移到首都地區的病源追蹤小組。我在那裡建立了「戰情室」，病源追蹤人員的協調員可以在每日晨間彙報時使用戰情室，而它同時也是由所有國際援助組織所派出，任職於不同部門流行病學專家的工作室。工作重點是將所有病例標示在全城的細部地圖上，並標出這些患者的居住地以及曾經造訪或接觸過的區域。藉此我們可以掌握疫情的最新動態。

當我們獲悉有人死於伊波拉病毒時，會盡力列出死者生前從事過的所有活動。

在染病後的最初數天，病毒是不會人傳人的，關鍵是在患者開始出現症狀時逮住他們，並直接隔離。你只能靠這一招抑制病毒的擴散。

我們追蹤這些清單，每天對曾與伊波拉患者接觸過的人士做家庭訪問。突然間，某一天，一戶人家的一個小男孩失蹤了。母親表示自己不知道出了什麼事，但事實上她只是不願告訴我們。這時我們找來一名賴比瑞亞籍的流行病學博士穆沙卡・法拉，他既熱忱，頭腦也十分機敏。

那位母親是一名被丈夫拋棄的單親媽媽，穆沙卡登門拜訪這位女士。她說丈夫帶走了那名小男孩——他有時候會這麼做，而她無從置喙。這就是住在貧困社區女性的命運：她們無法報警，也沒有可供撥打的社會局專線。

穆沙卡・法拉謹慎地試著說服這名婦人，將兒子接回來。但她沒錢搭車橫越大半個城市，因此穆沙卡便借錢給她。她說隔天就會出發。

但當她拿到鈔票時，卻翻轉、擰著它們。

「這些都是全新、沒有折過的新鈔，我沒法將它們弄皺，他還是會看出這些都是新鈔。我得拿到舊鈔才行。」

她的丈夫會發現她剛從某個有錢人手中拿到新鈔，因為在貧民窟裡流通的鈔票都已被使用過幾百次，看起來破破爛爛的。她可不能露餡。

因此穆沙卡．法拉設法弄來舊鈔，這名女士隔天就將兒子帶回了。她與穆沙卡．法拉建立了互信，成爲病源追蹤業務中的一員。他終於了解，要對抗這種流行病的疫情，你只能一手抓著Excel報表，另一手緊握對人類的關愛。

進行數據統計工作並理解人們需求的能力，從未如此重要。我們最艱難的任務之一，就是辨識出伊波拉病例的總數在哪些區域增加，又在哪些區域減少。這時，葬禮就對我們造成了問題。我們無法理解的一點是，已經到了這種緊要關頭，人們爲什麼還要將死者的屍首運回戶籍地所在的村莊，在其家中舉行葬禮？

我對其中一戶人家的情況，記得特別清楚。這戶家人的外婆得了伊波拉，不治身亡。她最後的願望是被埋葬在已故的丈夫身旁，她的家人允諾會履行她的遺願。

他們信守對外婆的承諾。他們洗淨她的遺體，將一件漂亮的洋裝套在她身上，將她塞進一輛破舊的計程車，再跳進車內，坐在她身旁。她的遺體被運回村裡。司機全程配合，事後還因爲這冒險的舉動多收到了一點酬金。

然後外婆入土爲安，而伊波拉病毒卻已經傳開。人們確實努力保持謹慎，但最後仍舊徒勞無功。

這眞是難以理解。我們也許會想：怎麼會有這麼笨的人？但他們並不笨。這關乎對母親或是對外婆的關愛，她甚至可能是協助全家人度過人生關卡，甚至內戰歲月的女豪傑。對她所做的承諾以及對政府機關所做的承諾，哪個才是最重要的？從個人的角度來看，這並不難選擇。

我們有必要提供某種形式的葬禮協助措施，在疫情進入尾聲時，我們總算做到了這一點。人們有權決定在哪裡安葬自己的親人，紅十字會則協助他們，提供一種類似壽衣的服務，使他們以遮蓋全身但臉部仍保持可見的方式參加葬禮。葬禮由當地的殯葬業者安排，他們全身上下穿戴防護裝，將棺木置入土中。只要能保留一點人性，而不僅僅只是強調科技，人們總會從善如流的。

///

「我可以進來嗎？」

一陣輕巧的敲門聲後，一名女子將頭探進我和盧克的辦公室。她烏黑的美麗細辮子從肩上垂落，並勾勒出她臉部的輪廓。我馬上就認出她——米雅塔．班雅，她是伊波拉追蹤與防治部門的副主任，也是衛生部的財務總監。我請她進來，並表示這裡隨時歡迎她的大駕光臨。

「其實我是來找盧克的，你知道他上哪去了嗎？」

我不知道。不過他很快就會出現，因爲我們即將檢閱當天的報告書。

當時已是十一月底，伊波拉的新病例數顯著地下降，上班時間的氛圍不再那樣緊繃。

「請坐，妳可能需要休息幾分鐘。」我一邊說，一邊拉來一張椅子。

我們已經進行過多次具體的工作討論。但能和防治伊波拉疫情工作中最忙碌的其中一人好好聊上幾分鐘，還是一種特權。我知道米雅塔・班雅的童年正值內戰時期，她接受護理職業教育，而後曾在剛果和南蘇丹與人道救援組織共事，然後在孟加拉最優質的大學攻讀公衛學，得到碩士學位。我非常景仰她，想向她提出一個至今還不敢提出的問題。

此時的她顯然心情很好，滿足我好奇心的時機似乎已經成熟了。

「我現在已經了解，對你們來說最糟糕的時期是我在十月底抵達時的前一個月。當時是什麼情況呢？妳遇過最糟糕的情況，是怎麼樣的呢？」

她露出謹慎思考的表情。她確實經歷過許多艱困的事件。

「最糟糕的情況發生在十月初。當時我正在努力說服美國將一筆附加性的鉅額補助款，投入防治伊波拉的工作，那時他們正想要將這筆鉅款用於其他錯誤的目的。當時，我左手握著工作用的手機……」

她將手貼向左耳，示範當時的情況。

「結果，我的私人手機在那時響起。那是我表妹打來的。我拜託美方的談判人員，給我半分鐘接聽這通私人電話。他們回答：我可以接我表妹的電話，但他們幾分鐘之內就會做出決定。我最後沒能說服他們。」

她將右手貼向另一邊的耳朵。

「我表妹哭著說，她母親剛剛突然出現腹瀉和發燒的症狀，她把她送往一家伊波拉診所，但是診所大排長龍，他們不收她。她問我能幫幫她們嗎？我其中一邊的耳朵聽到的是攸關全國的責任，另一耳聽到的是我得對親愛的嬸嬸所負起的責任。」米雅塔說。

隨後她陷入沉默，視線掠過我的臉孔。她的雙手仍然固定在耳邊。

沉默片刻以後，我耳語道：

「妳是選擇對國家負責，還是對家人負責？」

米雅塔再次與我四目相對。

「我選擇對國家負責。這一年秋天，我們所有領導階層也一直選擇對國家負責。而我們在衛生部，也是每天盡心盡力。我們一直維持機關的正常運作，我們每天都守在這裡。我們白天工作，夜裡則爲了死去的朋友、同事和親人痛哭。我們逐漸獲得我們所需要的支援，逐漸戰勝了伊波拉。」

我提出最後一個問題。這是個不得不提出的問題：

「妳嬸嬸最後還好嗎？」

「她死於伊波拉。」米雅塔回答的口吻，彷彿這是必然會發生的事。

我們沉默許久。最後，我繼續說道：

「我對你們的任務感到非常敬佩。我得說，連我都沒有理解，像你們這樣的賴比瑞亞領導階層，在對抗疫情、最終力挽狂瀾的過程中，扮演了何等關鍵的角色。在我來到這裡之前，歐洲的電視新聞和報章媒體總讓人覺得，在國際流行病學家尚未抵達時，一切都是亂七八糟的。」

「是啊，我們知道他們把我們刻畫成這個樣子。他們非常喜歡爲自己的組織打廣告。其中有些組織還是不錯的，有相當多善心人士到這裡來提供協助；不過他們當然也想要多獲得誇獎。」

她笑了起來，笑得相當諷刺。這時盧克推門走了進來。

「你們敢在我背後開我玩笑，嗯？」他逗趣地說。

「喔，哪有。我們是在笑那些一心想要獲得誇獎、表揚的鯊魚。」米雅塔高興地說。

當賴比瑞亞領導人對那些國際組織感到惱火、厭倦的時候，我注意到他們會使用一個俚語來形容這些組織：鯊魚。

///

二〇一五年初，賴比瑞亞、幾內亞和獅子山境內每星期的伊波拉新病例數，被壓制到一百起以下，這是自二〇一四年六月以來，第一次出現的情況。

這時，我重新開始參與在伊波拉防治工作期間擱置的活動，並於二〇一五年一月再度與安妮塔前往達沃斯，參加世界經濟論壇。

我帶著一個超大型黑色旅行箱。上火車時，我費盡千辛萬苦才將它放上車廂內的行李架。

我將在偌大的議會廳內，對上千人發表演說。在星期五晚上的首要議程中，我和蓋茲夫婦的演說被排在第一位，標題是「永續發展」，架構則相當簡單：比爾．蓋茲和梅琳達．蓋茲將和CNN電視台的主播法里德．扎卡利亞，針對「未來的願景」展開爲時三十分鐘的對話。但在此之前，我將以「解開事實的神祕性」爲主題，單獨演講十五分鐘。

這時候，那個超大型黑色旅行箱就派上用場了。

旅行箱塞滿了課堂表決器。這是一種能讓每一位聽講者表達意見與看法的黑色電子盒，我們打算測試一下，這批世界頂級的菁英是否掌握關於當今世界的基礎知識。主辦單位對我們的計畫非常感興趣。在會議廳的門開啓之前，我們早就將作答用的黑色電子小盒子塞在每張椅子下了。蓋普曼德基金會過去曾經用這些盒子，來測試不同群體對世界的理解與掌握度。在包括金融界、政治人物、媒體，甚至是來自各國際組織的活動家等好幾個不同的群體中，測試結果出人意料地糟糕。我過去演講過的對象，絕大多數人對世界的認知彷彿還停留在三十年前。

但我這回眞心相信：情況總該不一樣了吧！聽眾可是來自各個領域的世界級菁英。

當我踏上講台時，我發現聯合國祕書長科菲．安南和他的妻子坐在最前排。

當我開始演講時，我眞的很緊張。

「演講一開始，我希望提出三個問題。」

我在螢幕上指出第一個問題：「在過去二十年來，世界上處於赤貧狀態的人口比例……」

螢幕上也顯示了選項：A，幾乎增加了一倍；B，大約維持不變；C，幾乎減半。

我看到科菲．安南迅速按下按鈕。

該輪到第二個問題了。

「全世界年滿一歲的幼童中，接受痲疹疫苗注射的百分比爲？」

A，百分之二十；B，百分之五十；C，百分之八十。我看見會議廳裡蹙著眉頭的面孔，而我從螢幕上看見答案迅速浮現。技術與硬體設備運作良好，我迅速跳到與世上孩童總數有關的最後一個問題。針對這個問題，我附加了一張圖表，顯示一九五〇年，世界上的兒童人數少於十億人，往後逐漸增加，在本世紀初來到了二十億。之後出現了三個選項：一條被定名爲A的虛線顯示，全球孩童人數將在二一〇〇年達到四十億；線段B顯示較緩慢的成長，全球孩童人數將在二一〇〇年達到三十億；線段C則顯示全球孩童人數將不會增加，到本世紀結束時仍維持在二十億。

這個問題的核心是全球人口學最基本的知識。

這時，聽眾看來相當遲疑。我望著科菲．安南。他湊向妻子，徵詢她的意見。大家作答的速度比前兩題緩慢，不過，所有人最後還是回答了問題。

結果揭曉。這一年，針對赤貧人口百分比的問題，有百分之六十一的達沃斯會議聽眾答對了——過去二十年來，全球生活在赤貧狀態的人口減少了一半。我們曾經與調查公司Novus推出網路調查，測試瑞典與美國大眾；有百分之二十三的瑞典受測者答對這一題，在美國則只有百分之五。我們眼前的這個結果要理想得多。

接著我們問了關於痲疹的問題。這個問題非常適切，因爲政治人物旗下的醫療專家與大型藥廠的代表都出席了達沃斯會議，疫苗因此成爲會議中的一大重點；此外，在我的演講之後，就輪到比爾．蓋茲和梅琳達．蓋茲發言了，他們的基金會是爲全球最貧困孩童提供疫苗的最重要贊助者之一。因此我完全有理由相信：會議廳內大多數聽眾知道，全球有百分之八十以上的兒童，在滿週歲以前就施打過麻疹疫苗。但使我震驚的是，只有百分之二十三的聽眾答對這一題。

最後登場的則是關於全球人口學的基本問題。正確答案是：孩童總數將不再繼續增加，在本世紀結束以前會維持在目前的數字。事實與依據是，目前全球的新生兒生育數字，已經固定在一億三千萬，因爲全球有百分之八十的夫妻或情侶會採取避孕措施，且絕大多數的女性都能夠墮胎。

所以有多少聽眾答對呢？百分之二十六。僅有百分之十一的瑞典人和百分之七的美國人答對這個問題，所以達沃斯會議上呈現的結果還比較好一點。然而我還是忍不住要取笑一下聽眾，將他們和動物園裡的黑猩猩做個比較。當我們將貼有字母A、B、C的香蕉拿給黑猩猩時，牠們選出其中一個字母的機率各爲百分之三十三。換句話說，假如一群對這些問題一無所知的人必須挑出一個選項，隨機選對的機會約爲百分之三十三。

但是這些排隊聆聽關於社經與永續發展研討會的世界領導人在回答這三個問題時，竟有兩題的答對率低於黑猩猩。

對我而言，站在達沃斯論壇的講台，看到全球領導人與頂級菁英，對這三個攸關全球局勢的基礎問題，答題結果竟是如此慘不忍睹，是一趟漫長旅途中的重要時刻。這趟旅程自十五年前展開，當時瑞典最優秀的醫學生回答與全球公共衛生有關的核心問題時，答對率竟低於黑猩猩。我兒子奧拉說服我在二〇〇六年第一次參加TED大會簡報時，用這個數字為序，現在已經有超過一千萬人看過那段影片，那項測試也被稱為「黑猩猩測試」。

我們利用蓋普曼德淺顯易懂的數據，獲得了令人訝異的可觀成就。我們藉由十次TED大會簡報、兩部由英國BBC拍攝的紀錄片、免費的影片與視覺化工具，每年使全球超過六百萬人了解這些數據。即使這些資訊獲得了傳播，對被預期最有知識的群體的世界觀，我們所發揮的影響力卻彷彿微乎其微。這三個問題並非簡單的益智問答競賽，而是與世界局勢變化最基本的模式有關，而許多人對這些變化卻渾然不覺。

全球生活在赤貧狀態下的人口比例是急遽增加，維持不變，還是迅速降低？這些選項之間的差異非常明顯，簡直可以和你考駕照時的第一堂駕訓課所學到的相比：綠燈、黃燈和紅燈，哪一種燈號表示可以開車前行？

詢問接受麻疹疫苗注射孩童的百分比，等於是在問當前世界上能享有基本醫療照護措施的孩童百分比。假如你的答案不是百分之八十，你對世局的了解和現實之間至少有三十年的落差。假如你不知道大多數夫妻或情侶使用避孕措施，且全球孩童總數已經停止增加，你就不具備關於世界人口學最基本的知識。

當我回到斯德哥爾摩，告訴安娜與奧拉，即使出席達沃斯論壇的世界級領導人也不具備以事實爲本的世界觀時，我們開始重新調整思路。我得到的結論是，我們得製造出更好的教材，而奧拉和安娜則不同意。安娜指出，我們的教材其實已經很好了，其中另有原因。「古老西方世界」裡的一般大眾、專家與領導者，必然有著某種形式的心理阻礙，使他們無法了解並記住世界當前的面貌。我們必須讓聽眾注意到，究竟是哪些因素使他們對世界如此無知。安娜與奧拉不久後就想到了「眞確」（factfulness）的概念，我們旋即開始使用這個詞語來表述我們的想法。

結語 I

我的人生演講

漢斯・羅斯林

請各位設想一下：這位來自歐洲，時年六十五歲的公共衛生學教授，花費他職業生涯中的二十年，研究非洲的女性小自耕農。這天，他受邀與非洲大陸上最優秀、最有影響力的五百名領導人分享二十年來的研究成果。這是我人生中的重大演說。我受邀在非洲聯盟總部於衣索匹亞首都阿迪斯阿貝巴的議會席上，向數以百計的非洲女性領導人發表演說。

我在幾星期前收到來自恩科薩扎娜・德拉米尼—祖馬[1]博士的官方邀請函。我立刻理解，對於像我這樣的人來說，這可是一份獨特、充滿榮譽的使命。就在一個月以前，我在斯德哥爾摩與恩科薩扎娜見過面。當時顏斯・亞速爾[2]的攝影展「非洲：偉大的國度」在利勒巴克藝術廳[3]舉行，我和她都是剪綵儀式上的致詞來賓。顏斯精

1 恩科薩扎娜・德拉米尼—祖馬（Nkosazana Dlamini-Zuma, 1949-），南非女性政治家，曾任非洲聯盟委員會主席。
2 顏斯・亞速爾（Jens Assur, 1970-），瑞典導演與攝影師。
3 利勒巴克藝術廳（Liljevalchs konsthall），位於斯德哥爾摩市中心動物園島（Djurgården）上的藝術廳，於一九一六年落成。

妙的照片，以嶄新、令人驚豔的視角，呈現了現代化、持續進步的非洲大陸。恩科薩扎娜要求主辦單位，在剪綵典禮結束後的晚宴上，將她的座位排在我旁邊。我們聊了好幾個小時。我記得自己當時問她：擔任南非政府高官和領導非洲聯盟之間最大的差異是什麼？

「南非是有錢的；但在非洲聯盟，我們幾乎身無分文。」她說。

她解釋道：大多數非洲國家的經濟水準仍然相當低落。她一再強調，非洲在經濟上需要大量外援。毫無疑問地，我從這段對話中學到了許多東西；但由於她在隔週就寄給我邀請函，她肯定認爲，我在她爲非洲女性領導人所舉辦的大會上，能夠有所貢獻。

大會的主題是「二〇六三年非洲復興大計研討會」。非洲聯盟在獨立國家浪潮席捲這塊大陸的五十年後舉辦了一系列的會議，而這正是其中之一。這些會議的目的在於讓非洲領導人能夠討論，如何在接下來的五十年間，加速、深化非洲的發展，並提出具體的可行措施。

我立刻答應了邀請，並在啓程前往衣索匹亞以前準備就緒。儘管如此，我仍在會議前一天感到相當緊張；一整個下午和晚上，我都窩在房間裡不斷複習演講稿。

我演講時看起來總是非常即興，但是事實上，我事先的演練準備做得十分周詳。然而，這次我即將在阿迪斯阿貝巴面對的聽眾類型，是我過去不曾遭遇過的，因此我還是很緊張。優質演講的關鍵是，針對聽眾調整內容與形式。我對這批聽眾的認識不夠，但我很快就有機會認識她們了。

隔天早上，當我下樓進入旅館的早餐室時，餐廳裡清一色坐滿了充滿自信、衣著豔麗的女性。大家坐在桌邊，交流極爲熱絡。我的情緒由緊張轉變爲害羞。

「沒錯，今天大家都是來參加這場大會的，不過有許多人住在其他旅館。」一位侍者確認道。

談話的氛圍非常友善，只有在老朋友從桌間擠過，開心地向彼此打招呼的時候，對話才會中斷。我在那裡連一個人都不認識，而其他人似乎都已經相當熟悉彼此了。令我感到害羞的，並不只是因爲我完全不認識與會者，而是因爲當時我還是餐廳裡唯一的男性。我那件乏味的灰色西裝大衣、淺藍色襯衫和暗色領帶，與眾多色彩鮮豔、樣式紛雜的洋裝，形成強烈的對比。

我選定一張靠近門口的空桌子，在椅子上坐定，迅速吃完早餐。沒有人注意到我。隨後我到房間裡取來公事包，提前來到櫃檯，準備搭乘載與會者前往非洲聯盟總部的接駁公車。當我來到車前時，車內已經坐滿了衣著光鮮、談笑風生的非洲女性。在這個時間點上，對於自己因爲和其他人不同感到如此害羞，我覺得眞是丟臉。正常情況下，我的自信心是不可動搖的；但面臨這種情況的我，簡直感到恐慌。我得強迫自己上車。

當我從巴士的前門上車時，對話聲戛然而止，大家都望著我這名身穿灰色西裝大衣的白人男子。我在這片沉默中聽見自己的心跳聲。四十雙驚訝的眼睛打量著我。我想，她們肯定覺得我上錯車了。我清了清喉嚨，開始結結巴巴地說話。

「我是受到恩科薩扎娜・德拉米尼—祖馬博士的邀請，在各位的大會上發表演說。」

這句話馬上見效。人們帶著微笑望著我，車內發出一陣友善的笑聲。

「別嚇成那樣嘛，我們沒那麼危險啦。」一名女子說。

這番話讓車內的笑聲更加友善了。

「這邊有空位，過來坐我旁邊吧。」有人說。

當我進入車內，往後排走時，有許多人問我問題。你從哪裡來的？我回答，瑞典。我聽到有人這麼評論道：「瑞典男人，沒關係的啦。」笑聲很快就轉回一般性質的談話，只有坐在我周邊的幾個人繼續問我問題。她們非常友善，很快就讓我覺得自己是群體中的一分子。當接駁車啓程開往非洲聯盟的總部時，我已經開始了解她們的背景。她們好奇地問我，我是到非洲的哪些地方工作、工作的時間與負責的職務。至於我的害羞，她們解釋道：她們每個人都曾多次經歷過同樣的感覺。

「這對你來說好像是第一次，不過我們大家都曾經是和整個群體不太一樣的那個人。」我旁邊的一名女子解釋道。

她是該國第一位女性國會議員，另一名女子則是全非洲第一位到另一大洲攻讀大學學位的女性，第三位則是某國際組織理事會中唯一的黑人，也是唯一的一名女性。她們許多人都曾經是國際會議中唯一出席的非洲女性。她們說得對，到目前爲止，那天早上是我這輩子唯一一次成爲一大群女人之間唯一的一名男性，而且膚色與其他人不同。

演講廳相當大，座位上坐滿了女性聽眾。我的演講被安排在議程的前段。會議講程包括超過二十名講者與專題討論小組的參加者，其中只有三名男性。這三人有一人來自歐洲，那個人就是我。

非洲聯盟主席恩科薩扎娜·德拉米尼—祖馬博士已經在場，她身穿一件搆到腳邊、有著鮮豔圖案的長洋裝，一串閃閃發亮的金項鍊，以及一條優雅地向一旁傾側的頭巾。她的衣著與步態同時顯示出穩重、尊貴的領導特質，以及友善與關懷。

在會議開始時，我已經對她的領導方式，以及她那篇針對非洲前途所發表的目光宏大的演說，留下了深刻的印象。

我演說時，恩科薩扎娜全程坐在會議廳講台的一張扶手椅上。那張扶手椅面向大螢幕，我注意到她非常專注、仔細地聆聽我所有的演說內容。我根據事先的計畫，按照我自己的風格，搭配動畫圖表，再夾帶一點幽默感，以及其他各大洲不同國家在近數十年來發展概況的嚴肅資訊，開始發表演說。恩科薩扎娜輪番望著我和圖表，其他聽眾也輪番望著我和圖表。我發現，她們都相當感興趣。

我聚焦於說明，來自各方的共同努力，該如何在未來不到十五年的時間之內，消除非洲鄉村地區的赤貧問題。我覺得演講進行得很順利。演講結束時，我很有禮貌地表達自己的心願：希望我的孫子有朝一日能夠搭乘新式高速鐵路在非洲旅遊。會議剛開始時，恩科薩扎娜曾提及非洲聯盟正在計畫興建高速鐵路網。

聽眾對我報以熱烈的掌聲，恩科薩扎娜也向我致謝。對她的致謝，我的回應是：嘴邊帶著微笑，走到她的面前，以充滿自信的口吻，詢問她是否喜歡我的演說內容。

「是啊，圖表是很漂亮。」她說道。然而她旋即以低沉、柔和的聲音說：「但你說到非洲的前途時，並沒有提出任何願景。」

我感到震驚不已，錯愕，甚至完全陷入癱瘓。我本來預期她會稱讚我的。她的腔調雖然相當友善，卻讓她傳達出的訊息更加強而有力。

「什麼？我沒有提出非洲的願景？難道我沒有以很有說服力的方式指出，非洲將在二十年以內完全擺脫赤貧嗎？這難道不是對未來最強而有力的願景嗎？」我抗議道。

恩科薩扎娜沒有任何情緒化的手勢或表情。她只是平靜地說下去：

「是啊，我們都聽見你說的了。不過，這也是你唯一所說的。除了那一點以外，你沒有提出其他的展望，而這場會議的重點在於探討未來五十年內的發展。聽你的口吻，大多數非洲人好像在二十年之後將會很快樂地活在一般的貧窮狀態，或者說相對貧窮之中。」

恩科薩扎娜察覺，我正聚精會神地聽著。她誠實、一針見血的評語，逐漸滲入我的內心。當時我看起來想必既困惑又尷尬，因為她輕輕地將手搭在我的肩膀上，想要安慰我。她看著我，不帶怒氣，卻也毫無笑容。我從她的表情中，看到了她是想讓我了解自己的缺點。

「我們都知道，我們必須徹底擺脫赤貧。而我們也知道，時間很緊迫，任務很艱鉅。我們知道，在未來的十五年內，我們需要從富有國家獲得大量、可觀的發展援助，才能持續向前邁進。」

她暫停一下，深沉地盯住我的雙眼，更用力地抓住我的胳膊。

「儘管我們必須先徹底結束赤貧才能繼續前進，但那僅僅只是第一步。我們對未來五十年設定了許多目標，而那只是其中之一。我們不能只專注於擺脫赤貧。從現在起，我們就得為赤貧逐漸減輕，到最後完全消失時，社會上各種長期、漸進的變化採取行動。我希望非洲國家能夠一路向前挺進，與世界上其他國家並駕齊驅。」

她花了點時間重複自己所說的話，以確保我真正了解她的意思。一名助理走向她，遞交一封信件，但她對此視而不見。

「為了要能夠迎頭趕上世界上其他國家，我們必須同時展開許多工作。在徹底消滅赤貧的同時，我們現在也有針對五十年，甚至在更久遠的時間以後所要達到的目標，進行規畫與投資。我們將會吸引興建基礎建設、鐵路、具永續性的能源系統、城市、產業、科學研究機構所需要的外資，我們會逐步、循序漸進地與現代世界接軌。」

她鬆開我的胳膊，迅速讀了助理遞過來的信件，並在最下方寫了幾個字，再交還給助理，簡短交代一下。就在那一刻，三十二年前的那一幕從我面前一閃而過——當時的我和朋友奈赫雷瓦在海灘度過一天。我抱怨海灘上的人太多，而他對我狹窄的心胸感到震驚。他希望看到所有小孩，都能在週末到海灘上玩耍。

恩科薩扎娜再度轉向我，繼續以沉靜的口吻和同樣嚴肅的神情說下去：

「演講結束時，你說你希望你的孫子有朝一日能搭乘我們計畫興建的高鐵旅遊。這和一般歐洲人陳舊的世界觀，並沒有什麼兩樣。」

她將臉湊向我，直視我的雙眼，彷彿想要確保我會一輩子牢牢記住她即將說出口的話。

「我希望**我的**孫子女能夠搭乘**你們的**高鐵前往歐洲，以遊客的身分受到歡迎。我希望他們能夠前往瑞典的極北處，在你們那間有名的冰旅館裡住上一晚。**這個**才是我所謂的願景。」

這時她嚴肅的神情轉成微笑，聲音也放鬆下來。

「不過那張圖表眞的做得很好，非常感謝你前來。我們獲益匪淺哪。」

她握著我的手。

「我們去跟大家喝點咖啡吧，不然休息時間都快要結束了。」

結語 II

在內心的最深處，他其實並不無奈

芬妮・哈耶斯坦

「漢斯．羅斯林要寫一本書。妳願意幫他嗎？」

那是二〇一六年十二月的一個夜晚。當自然與文化（Natur & Kultur）出版社總裁理查．哈洛德打電話給我，提出這個問題的時候，我正在地鐵的車廂裡。

這本書不會像已經開始寫作的《眞確》那樣著重於漢斯的工作，而會講述他的個人生活史。

然而，時間非常緊迫。理查提到漢斯已經處於癌症末期的事，他或許來日無多了。寫作必須快速進行。

很快地，我們手邊就有了一篇已經開始撰寫，關於漢斯人生的文稿。他在最近幾個月已經開始撰寫這篇文稿，但它仍需要強化與進一步的整理。

一、兩個星期後，我和理查手上拎著一袋肉桂卷，站在漢斯與安妮塔位於烏普薩拉的家門口。這是我們第一次，也是唯一的一次會面。當我們按下門鈴時，我很緊張。我該預期什麼呢？他已經臥病在床了嗎？他有力氣說話嗎？

安妮塔前來應門，漢斯則笑容可掬，拖曳著腳步走來。我馬上理解：對他而言，談話不成問題。

我們在玄關待了一段時間，漢斯開始熱忱地為我們解說門廊上擺設的不同物品。有一個龐大的木鐘，擺放在巨大的木製搖籃裡，旁邊則是兩張相同的紅色木椅，占據了相當可觀的空間。這是一件藝術品，也是漢斯某次獲得的獎品。家裡只剩下這裡有空間能容納它。

牆壁上掛著一張安妮塔家族在瓦爾松達[1]的田產。如今，那裡已經興建了高爾夫球場。

「妳知道它在哪裡吧？」他問道，同時望著我。

這就像一次隨堂測驗，漢斯看起來心情很好。我承認自己對烏普薩拉的地理並不熟悉，不過他這時已經走向客廳，所以也許沒有聽到。他在走向客廳的途中提到，他和安妮塔才剛慶祝完結婚五十週年的紀念。

「假如你處於一段安穩的親密關係裡，你的空間概念和思緒都會變得很紊亂。」他說。

安妮塔和漢斯從初中一年級開始，就是同班同學。某天老師說，純粹從統計學的觀點來看，教室裡有幾個人在往後會結爲夫妻。安妮塔記得，當時她環顧教室，然後想著：「總之不是我就對了。」但幾年後，她與漢斯卻在同一場跨年派對上不期而遇——那是一場由烏普薩拉省政府酒類管制委員會[2]所舉辦，讓許多人喝得不省人事的派對。在此之後，他倆就形影不離了。

我們進入客廳時，安妮塔端出咖啡，漢斯則將自己事先預備好的履歷（總共兩頁，裝訂得整整齊齊）發給我們。

漢斯並不想多提自己罹病的事情，他比較想多聊聊世事。他將餐桌拉出來，擺在沙發椅旁邊，並將電腦放在桌面上。

「小心別踢到這裡的延長線。」他說，手上握著遙控器，同時攪動一下纜線。

他用細瘦的手臂在螢幕前比劃著，指著那張關於新生兒死亡率的圖表，將話題從烏普薩拉引開。在我弄懂來龍去脈以前，圖表和數據已經變成了故事。在我們倒完咖啡後的一段時間內，我和理查沉默地坐著，漢斯則描述年輕時的自己在一九七〇年代的莫三比克醫院擔任醫師時，被迫做出的艱難決定。他描述自己被迫裂解嬰兒的屍塊以搶救孕婦的生命，還有赤貧硬將他推進無法抉擇的兩難處境；在低收入

1 瓦爾松達（Vassunda），位於烏普薩拉省南緣的行政區。

2 瑞典語的「酒類管制委員會」（Nykhetsnämnden），字面上的意思爲「清醒委員會」。

國家工作所累積的挫折感，有時簡直要將他逼瘋了。他隨後提到在非洲研究時的艱難歲月、沉重的工作負擔，以及家庭悲劇。他見過許多失去子女的母親，而當他和安妮塔失去女兒時，他切身感受到了那種椎心之痛。

安妮塔偶爾會補充說明。大家的說話速度愈來愈慢，屋外的天色也已經昏暗。此時漢斯突然泣不成聲，開始流下淚水；坐在他身旁沙發上的安妮塔也哭了起來，她輕聲啜泣著。

「我們已經很久沒有提到過這一切了。」漢斯說。

就在當天晚上，我收到漢斯第一封電子郵件。他提到，即使患了重病，他的精神仍為之一振。在那之後，我們大致上每天都會用電子郵件與電話聯絡。

當時我在外地奔波，在這種情況下，我都會隨身攜帶用來錄下對談的錄音機。某天下午，他傳給我一張照片，照片中的他穿著長距離滑雪裝，站在滑雪場的軌道上，照片的標題則是「姿勢擺好，精神抖擻」。我們談話時，漢斯的精神相當好，這逐漸成為一種規律，每次可達數小時之久。有時候我們早上談過一輪，中午休息一下，下午再繼續談。他透過話筒傳來的聲音，總是那樣急切。

我決定從頭聆聽他的人生歷程，而他也喜歡這樣。

「我們從頭說起。」當他發現自己已經聊到和主題無關的論點時，總會重複這句話。

就在漢斯寫出一部分新的內容與章節時，我也在整理、潤飾現有的稿件。我先辨識出我想要提及或是深入說明的部分，然後再向他提問這些主題。

漢斯相當仔細，確保我了解他說的話與成長背景。與此同時，他也很想向我描述這個世界。

「芬妮，妳現在簡直是在上一堂關於世界發展的速成課程。」他總是這麼說。當我提出關於疫苗或是言論自由與經濟發展之間關聯性的後續問題時，我能聽見聽筒另一端的他露出滿意的微笑。

關於這本書的大方向，我們經過多次漫長的討論。漢斯總是注重結論，總是像個老師一樣講道理——讀者能夠從每一章的內容學到什麼？而我一直在探詢漢斯的個人經驗，以及他如何受到不同歷程的影響。要想讓他仔細說明這點，並不總是那麼容易。但當他真正描述起自己的經歷時，會全心全意、毫無保留地與你分享。一次，他在烏普薩拉家中的沙發上哭了出來；當他憶起自己生命中的情節與人事物時，也時常激動不已。

漢斯很擔心自己的人生與背景不夠有趣，沒有什麼可以寫的。他也很擔心，時間所剩無幾了。

「我還有很多想說的。」他常常這麼說。

針對他的第一層憂慮，我努力改變他的想法，卻徒勞無功；但是關於他的第二層憂慮，我心有同感。

我們最後未竟全功。他在最後一封簡訊裡告訴我：「等我好一點，能夠交談時，就會和妳聯絡的。」三天後他就過世了。

本書能夠寫成，我在二〇一七年一月與二月間訪談漢斯的錄音，扮演了重要的角色。我也參考了漢斯所寫過的其他東西，以及他過去接受過的訪談與講課內容。我甚至訪談了漢斯職業生涯與私人生活中的相關人士，以確認漢斯所提到的情境與事件中的細節是否相符。

我特地與安妮塔深談，她讓我看他們生活中的照片；其中包括了旅遊與工作，也有取自日常生活的照片，也就是漢斯身為丈夫與父親的那一面。漢斯還在世時，我沒能多了解他的這一面，但藉由安妮塔和孩子們的描述，我還是對這個部分有了基本的認識。

二〇一七年夏季，我和安妮塔在斯貢訥省[3]的海灘上度過了幾天，與強風和暖熱的沙子相伴。我們身上披著兩端留有絨穗的條紋浴袍。安妮塔從父親手上承接的那棟粉刷成白色的房子裡，玄關上所懸掛的也正是這種浴袍。她的家族一直將這棟原始建築作為夏季渡假屋使用，這傳統已經持續了好幾代。

這一年，斯貢訥省的夏天相當涼爽。然而只要水溫超過攝氏十三度，安妮塔每天早上仍會走到水邊游泳。

她通常與漢斯一起到此處靜養，最後這幾年，他們還談到搬來此處定居的可能性。漢斯很少像她那樣喜歡游泳，但他很喜歡待在海邊與沙灘上。他喜歡「在海邊散步」，常常穿著襯衫、長褲、襪子和拖鞋在水畔漫遊。

「不過，我帶他到那邊的碼頭游泳。」安妮塔一邊說，一邊指了指幾百公尺以

---

3 斯貢訥省（Skåne），為瑞典最南端、最接近歐陸的省分。

外的登岸碼頭。

小溪在沙灘上蜿蜒地流著，有幾個小孩正在玩水。每年夏天，漢斯總會修一小道堤，將那條小溪堵起來。這是他非常期待的計畫，就只是為了好玩。目標就在於改變小溪流動的方向，用大型石塊建立一道堤，高速將沙子鏟開。他為了搬運石塊，還動員了家人以及只是到沙灘上來散心、其實素不相識的遊客。他為小溪規畫新的流向。當風向也助他一臂之力時，他會很高興。風向改變，使小溪開始自然流動的時候，就是最美好的日子。

漢斯在自己人生中的最後一個夏天接受化療，雖然幾經磨難，他的身心狀況仍然良好。他比往常更容易喘，但還是保持游泳的習慣。他和安妮塔努力維持正常生活。他們每天散步，在已然雜草叢生的庭院裡吃早餐（奶酪三明治）。

屋子裡的每個房間都置有書桌，如此一來，漢斯就可以坐在桌邊。但他最主要還是在樓上寫作。他從樓上就能夠望見蘋果樹。

「他意識到，做總結的日子已然到來。他開始坐下來，專注於已經出現、發生過的事，而不再是未來。」

在過去，他可從沒時間這麼做。他一坐下思考，就被各種思緒吞噬。安妮塔確保他三不五時離開桌邊，稍微走動一下，或是用餐。如果她不強迫他起身，他根本不想走動，也不會起來吃點東西。

「他可不是那麼容易帶的。」安妮塔微笑著說。

她不僅教導他，而且適時爲他指引方向。

「我和漢斯遠行時，我從不只是跟著一起去而已。我的要求是：我也必須親身參與工作。」

他們受相同的價值觀與理念所激勵。許多人感到很納悶：安妮塔怎麼能夠承受漢斯強烈的情感？但事實上，他們非常相似。

兩人在斯貢訥省共度的最後一個夏天，常常談到感激。

「我們沒有什麼好抱怨的。我們理解：我們已經度過了富麗多姿的人生，也看遍了大千世界。」

而即使漢斯因爲重病，身體愈來愈虛弱，他談話的意願或能力也不受影響。

「他早上一睜開眼睛就開始說話。你根本沒機會搶在他之前開口。如果你想讓他安靜，那是徒勞無功的。如果你試著這樣做，他只會從另外一個角度繼續侃侃而談。」安妮塔一邊說，一邊露出微笑，望向水畔。

他可以在全家圍在桌前吃晚餐時進入講課模式，也可以在自助餐廳排隊取菜時深深陷入自己的談話中，導致旁邊的人都不敢開動。

當孩子們還住在家裡的時候，全家人曾制定一套時間表，註明漢斯要在哪幾天負責打理家務。

羅斯林家中的流理台很少是完全乾淨、一塵不染的。這也沒關係，安妮塔從來就沒有指望過兩人能以完全相同的方式處理家事。

當漢斯請育嬰假時，情況也是如此。當他和大女兒安娜在家時，他讀俄國作家亞歷山大·索忍尼辛寫的故事給她聽。由於安娜喜歡吃小甜餅和在地上爬動，漢斯就在房間裡扔小甜餅，讓安娜忙個不停。當她爬到一邊，吃掉小甜餅的時候，他就把握時間念幾行給她聽。小兒子馬格納斯則對字紙簍裡的東西很感興趣，於是漢斯就清空字紙簍，讓孩子自得其樂地玩弄著那些皺成一團的紙張，他則忙著寫自己的論文。

安妮塔想起這些情節時，只是聳了聳肩。

「不管怎麼說，他和孩子們都處得很好。」

也正是在這段期間，漢斯將燕麥粥定為孩子們的主食。他意識到：每天下午五點鐘左右，孩子們需要吃東西，而燕麥粥非常容易料理。他把燕麥粥稱爲「燕麥蛋奶酥」，就是想讓這一切聽起來更歡樂。總共有四種類型可選：燒焦的、沒燒焦的、有加鹽的和沒有加鹽的。只要他記得加鹽，孩子們都覺得沒有問題。

衣服消失的速度非常快，漢斯每年總會搞丟好幾件外衣。安妮塔經常購買整箱相同款式與型號的手套與毛線帽，全家人都可以取用。漢斯的冬季踝靴，還曾經被瑞典國家安全局扣押達一年之久。那次漢斯在哈普松德[4]開完會以後，竟然忘記換上踝靴，直接穿室內鞋坐車回家。整整過了一年，他才撥出時間取回它。

即使他和孩子們共處，有時仍然會恍神。羅斯林家冷凍庫裡的冰棒，就是在這種時刻被發現已經吃光的。那一回，當時還在上小學低年級的安娜與奧拉從學校回家，溫和地向父親要冰吃。漢斯只是「嗯」了一聲，繼續埋首工作。過了一會兒，孩子們再度找上他，提出同樣的問題，他仍然只是「嗯」了一聲。他們一次又一次地來要冰吃，直到漢斯驚訝地發現，冰棒居然已經吃光了。

4 哈普松德（Harpsund），位於瑞典東南部南曼蘭（Södermanland）省的一處莊園。

他自己倒是從不覺得餓。不過他有時會直接打開一包精白砂糖，取一點出來吃，迅速補充能量，繼續閱讀。

漢斯個性中以自我為中心的一面非常明顯，但他的強項也在於能夠看出他人的最佳利益為何。別人的想法傷不了他，所以他不需要受到保護。他從來不需要到處轉來轉去，問別人是否在生他的氣。漢斯人生中最後一個暑假過後，安娜就快要隨著她自己的家庭搬到美國去了。當時他的身體狀況已經很差，而這讓安娜感到很苦惱。她該不該去美國呢？即使她下定決心搬家，這仍是個困難的決定。所以她選擇和爸爸促膝長談，將這兩種選項的優缺點列成一份清單。

最初漢斯感到一陣衝動，想請她留下來。但他壓制住這股衝動，對整件事做了全盤的考量，然後對安娜說：他們當然應該去美國。他們總不能繼續待在瑞典，直到他死掉為止。

「漢斯生性一直非常謹慎。他表面上看起來很莽撞，但事實絕非如此。他會弄清楚事情的背景與脈絡，然後做出評估。」安妮塔一邊撥動著壁爐裡柴薪上的一塊鐵片，一邊說道。

漢斯唯一害怕的是孩子或孫子遭到意外。當幼子馬格納斯高中畢業後到北京進修一年時，漢斯曾對他說：「如果你動念想騎機車到某個地方，請你改搭計程車，我會把價差補給你。」他禁止他們騎機車。此外他也會這麼說：「別在城裡買醉，會被搶的。」

他很少開口勸阻他人，然而他一旦開口，就必定實話實說；拐彎抹角並非漢斯的風格。剛進入青春期的安娜，某次打算在一處青少年活動中心過夜，於是他想和她在辦公室裡私下聊聊。他所謂的「辦公室」，其實只是一間位於地下室，只有幾坪大，本來打算改建成蒸氣浴室的臥房。房間裡擺了一張書桌和椅子。漢斯拆了那張椅子的扶手，這樣一來他就能在座墊上轉來轉去。他給安娜上了一堂安全性行爲的課。他毫無顧忌地補充道：萬一她懷孕了，他和安妮塔當然會照顧孩子，讓她可以從學校畢業。孩子不是問題，染上愛滋病才是問題。安娜害羞地解釋說：她們只是要一起看蒙提．派森[5]劇團演出的電影，一起吃熱狗而已。

5 蒙提．派森（Monty Python），英國超現實幽默表演團體。

當孩子進入青春期時，漢斯與他們達成一筆交易：無論幾點，只要他們需要有人載他們回家，都可以打電話給他；但他們必須先打電話來。而他們則必須保證，以後會到醫院的長照中心探望漢斯。

安娜就讀初中與高中時，漢斯幾乎每週五和週六都會擔任她和她朋友的司機；他總是很清醒，隨時準備就緒。他對自己感到不是很自在。他通常只是不斷工作或是玩飛行模擬器。此外他也覺得：將安娜和她朋友一起塞到白色富豪汽車的座位和後座的行李箱，是很有趣的事。身爲司機的他安靜地開車，假裝漠不關心；事實上，他非常喜歡聽小女生聊著她們的夜晚，交流青少女的想法。

馬格納斯就讀高中的某天晚上，他玩得太瘋狂，最後還是漢斯接他回家。他非但沒有責罵兒子，反而爲他煮上一壺熱咖啡。

羅斯林家相當開放，而且常有許多人來訪。孩子的朋友會到他們家吃飯或睡覺，或是兩者兼而有之。大家在桌邊常被問到許多問題。漢斯的求知欲並不局限在工作，對於日常生活，他更是高度參與。他對孩子的朋友深感興趣，他想要知道他們從哪裡來，有哪些意見與看法。你常能看到漢斯來自非洲的博士生，在每年的聖誕夜、孩子的慶生派對或是高中畢業慶祝派對上現身。他們一起慶祝，是派對上非常自然、不可或缺的一部分。漢斯覺得，讓他們看看瑞典居家生活的情形，是很有趣的。

漢斯和家人會在每年夏天到外地露營和渡假，只要時機許可，他也會欣然回訪先前曾是自己的博士生，之後在歐洲其他地區工作的非洲醫師。他和安妮塔帶著孩子，開著一輛塞滿裝備，車頂上還加裝了一個箱子的白色富豪汽車，遊遍歐陸各地。漢斯總會帶著一個裝滿學術文獻與書籍的旅行箱，以便在路上讀書。不過最讓他愛不釋手的，還是小店裡精巧的暢銷書。他們沿途露營，每天選擇不同地點紮營。他們用的是透過廣告購買的六人用綠色帳篷，而且還是「全東歐最醜，所有人都已經不再使用的」那種。

他還會「蒐集」國家數。當他已經去過所有比較大的國家以後，便轉而探索其他比較小、比較偏遠的國家，如安道爾、摩納哥以及其他國家。他判斷是否「取得」某個國家的標準是，他是否在當地用過餐。車內有著一組崔吉亞[6]公司出品的戶

6 崔吉亞（Trangia），瑞典本土的廚具與炊具廠牌，建立於一九二五年。

外用炊具組，但羅斯林家族的成員從來不把用餐看得那麼重要。他們會吃點麵包，補充最基本的體力。安妮塔會在後座行李箱帶上熱水壺以及即溶咖啡粉。

某一年出遊時，漢斯忘了帶戶外用炊具，反而帶上一台便攜式的傳眞機。

「比起爲我們的行程打包，他更在乎自己的論文。」安妮塔說。

///

雨後的草地一片溼潤，但沙發座椅仍然乾燥。安妮塔稱用玻璃和木料建成的涼亭爲「銀髮族保溫箱」，而我們現在就坐在涼亭裡。安妮塔把色彩鮮豔的茶杯以及一罐消化餅放在桌面上。天花板懸掛著不同顏色的紙燈，一個桌燈斜斜地立在桌角；它被電線包覆，延長線接頭輕輕地搖曳著。

安妮塔戴上眼鏡，打開電腦。電腦裡滿是過去出遊的照片。

「這張照片中的我們，肯定是在納卡拉遇到了停電。我可以看出我們試著在雨中生火。」她一邊說，一邊若有所思地望著一張黑白照片。

二〇一六年秋天，儘管漢斯已經取消了所有的演講行程，仍然十分忙碌。一大原因是他與兒子奧拉、媳婦安娜在共同撰寫《眞確》一書，而他另一部分的時間則用於歸類所有的文件與紙張，並檢視舊照片。他在身體狀況許可時會不間斷地工作、書寫，努力回想地點與名字。他三不五時會顯得感傷，但絕不自怨自艾。他有時會待在閣樓，翻動著裝有書信與筆記的舊抽屜。他保存了所有的文件，並曾與家人說過，要想記得人生中各種經歷的先後順序，有多麼困難。

他持續閱讀跟癌症有關的資料，再把他所讀到的內容告訴安妮塔。漢斯一如往常，一陷入閱讀就難以自拔。他的專業知識，常常比爲他治療癌症的醫師還要豐富。

漢斯和安妮塔選擇不放棄，他們以一種彷彿能找到解方的形式過著日子。安妮塔專心地餵他吃東西，同時讓生活輕鬆、有趣些。

漢斯這輩子相當不在乎食物，也同樣不在乎休息。他從來就不甘心躺在沙發上無所事事，但在人生中的最後一年，他不得不學會這麼做。直到人生的最後一刻來臨前，他仍然關注著手機內建的計步器。「我現在得再走幾圈。」他一邊說，一邊在玄關與廚房之間蹣跚地行走著。

那天晚上，我們開車前往位於斯貢訥省南端的埃比克歐斯小漁村，探訪一座港口邊的酒館。海面上波濤洶湧，天色昏暗，我們則在斯貢訥省的原野上「嗖嗖」地前進。

那座港口邊的小酒館幾乎人滿爲患，兩名男子演奏著吉他，唱著飲酒歌。安妮塔與漢斯常會到這裡來，選定一張靠著牆壁的低調小桌子用餐。漢斯背對著吧檯，以免被人認出，而他在這個時候也懶得詢問酒保與服務生他們的生活過得怎樣。他在這種場合能夠抑制住好奇心，使自己不受打擾。

在其他情況下，不管是面對斯瓦特海灘的遊客、出席達沃斯會議的世界級領導人或是納卡拉醫院裡的職員，漢斯總是很樂於和他人討論。他想多了解人，搞懂事情的來龍去脈，直到他感覺自己已經有所了解，才會停止發問。改變的意願，都是在取得理解以後才出現的。他將此視爲自己的任務。

安妮塔描述了一件發生在莫三比克的往事。當時，納卡拉的藥師建立了複合口服避孕小藥丸的黑市體系。某天晚上，鄰居來敲他們的門。這戶人家住在街尾一座只有屋頂與三面牆壁的簡陋小屋，女主人最近剛生了孩子。在她生產後，曾與漢斯和安妮塔聊過天，從那之後他們就保持著聯繫，漢斯和安妮塔還建議她開始服用免費的複合口服避孕藥。

現在這對夫妻找上門來，告訴漢斯和安妮塔，他們買不起複合口服避孕藥。事情跟醫師說的不一樣，藥丸是要收費的。他們說藥師想要收錢。漢斯馬上就開始處理這件事。他向各個來源求證，結果發現，醫院裡許多職員都聽到了同樣的消息，原來是藥師中飽私囊。

漢斯本來非常信任這名藥師。他感到很失望，並啓動漫長、費時的法律程序。很少有事情會讓漢斯這麼生氣，而妨害公共衛生的不法情事正屬此類。安妮塔記得，漢斯某天晚上回到家時大罵「那個大壞蛋」，並發誓一定要讓他坐牢。警方介入調查，最後那名藥師入監服刑。

安妮塔與漢斯事後回想起這些磨難，總能一笑置之。有時，漢斯會無奈地長嘆一聲；但在內心的最深處，他其實並不無奈。

當工作繁重時，他會突然大喊：「我們要不眠不休地工作！」藉此鼓勵周邊的同仁。

當事態看來陷入絕望時，他會面帶微笑地說：

「放棄永遠不嫌太晚，所以我們下回還是可以再試一次。」

附錄
樹薯是什麼？

漢斯・羅斯林研究生涯最關鍵的突破點，也許就在於他對以癱瘓為主要症狀的綁腿病所提出的解釋。他指出：這種疾病常在鬧饑荒的地區爆發，因為以調理過程不完全的樹薯為主的單調飲食所引發。林利・齊沃那——卡爾敦（Linley Chiwona-Karltun，漢斯・羅斯林指導的博士生之一）在下文說明了樹薯是什麼。要想了解這項研究，就必須先了解這種作物。

樹薯，又稱木薯（maniok），是一種容易種植、相當可靠的作物，也是撒哈拉沙漠以南的非洲地區最主要的碳水化合物來源。樹薯最初原產於南美洲，在十六世紀時由葡萄牙航海家傳入西非。在二十世紀，樹薯的種植地區進一步地擴張。

樹薯是每公頃種植面積能生產最大量碳水化合物的農作物。其能量儲存於塊根中。它的葉片可以水煮熟，是蛋白質、礦物質和維他命的重要來源。樹薯又可區分爲有毒性的苦樹薯與不具毒性的甜樹薯。甜樹薯可不經調理生食，苦樹薯則含有攝取後會在體內轉變爲氰化物的氰苷，因此必須煮熟方能食用。

我們可以將塊根浸泡、削皮或發酵，藉此除去會釋放出氰化物的物質，然後再放在太陽底下曬乾或用火烤過，隨後加以調理。解毒的過程需時三到十四天。在莫三比克納卡拉周圍的乾燥地區，缺水的氣候條件讓人們只能將塊根放在太陽底下曬乾，這是一項需花上數個星期的過程。

在以樹薯爲最重要能量來源的區域，農民偏好種植有毒的苦樹薯，因爲它即使種在少雨、地力貧弱的農地仍能大量收成。苦樹薯的毒性，使其不致被人類或猿猴偷採。該區域的農民通常爲女性，她們能區分種植無毒甜樹薯和有毒苦樹薯的田地，而且精通此道。她們會在甜樹薯耕地周邊種植苦樹薯，以保護甜樹薯的耕地。

當漢斯與我在馬拉威做田野調查，研究當地婦女對樹薯苦味與毒性的知識時，曾針對不同種樹薯的毒性向她們提問。她們用手指著塊根，指出能夠食用而不致使人發病的分量。她們深知：我們之後能夠在實驗室裡核對她們講述的事實。

Eurasian Publishing Group
圓神出版事業機構
用心與你對話・視野無限寬廣
先覺出版社
Prophet Press

www.booklife.com.tw reader@mail.eurasian.com.tw

人文思潮 139

我如何真確理解世界：

漢斯・羅斯林的人生思辨

作　　者／漢斯・羅斯林（Hans Rosling）、芬妮・哈耶斯坦（Fanny Härgestam）
譯　　者／郭騰堅
發 行 人／簡志忠
出 版 者／先覺出版股份有限公司
地　　址／台北市南京東路四段50號6樓之1
電　　話／（02）2579-6600・2579-8800・2570-3939
傳　　真／（02）2579-0338・2577-3220・2570-3636
總 編 輯／陳秋月
資深主編／李宛蓁
責任編輯／蔡忠穎
校　　對／蔡忠穎・李宛蓁
美術編輯／林韋伶
行銷企畫／詹怡慧・黃惟儂
印務統籌／劉鳳剛・高榮祥
監　　印／高榮祥
排　　版／陳采淇
經 銷 商／叩應股份有限公司
郵撥帳號／18707239
法律顧問／圓神出版事業機構法律顧問　蕭雄淋律師
印　　刷／祥峰印刷廠
2020年1月 初版
2021年9月 8刷

定價 430 元　　ISBN 978-986-134-353-2

我們的資源何其有限，人們對醫療的需求又是何其龐大。……有待我處理的工作，相當於瑞典境內一百個醫生的分量。所以，我該以一百倍的速度爲每個患者看診呢？還是說，我只能在一百名患者中挑出一人呢？我每天都得在兩者之間採取折衷方案。

——漢斯．羅斯林

國家圖書館出版品預行編目資料

我如何真確理解世界：漢斯．羅斯林的人生思辨／漢斯．羅斯林（Hans Rosling），芬妮．哈耶斯坦（Fanny Härgestam）著；郭騰堅譯.
-- 初版. -- 臺北市：先覺，2020.01
416面；14.8× 20.8公分.--（人文思潮；139）
譯自：How I Learned to Understand the World
ISBN 978-986-134-353-2（精裝）

1. 羅斯林（Rosling, Hans）　2. 傳記

784.758　　108019490